問學

丛书编委会
（按姓氏音序排列）

主 编
傅 杰　刘进宝

编 委
程章灿　杜泽逊　廖可斌　刘跃进
荣新江　桑 兵　舒大刚　王 素
王云路　吴振武　张 剑　张涌泉

走近敦煌

张涌泉 著

浙江古籍出版社

图书在版编目（CIP）数据

走近敦煌 / 张涌泉著. -- 杭州：浙江古籍出版社，2024.8. --（问学）. -- ISBN 978-7-5540-3034-9

Ⅰ．K207-53

中国国家版本馆CIP数据核字第2024ES2037号

问　学

走近敦煌

张涌泉　著

出版发行	浙江古籍出版社
	（杭州市环城北路177号　电话：0571-85068292）
网　　址	https://zjgj.zjcbcm.com
责任编辑	林若子
封面设计	吴思璐
责任校对	张顺洁
责任印务	楼浩凯
照　　排	浙江大千时代文化传媒有限公司
印　　刷	浙江海虹彩色印务有限公司
开　　本	787mm×1092mm　1/32
印　　张	13.375
字　　数	275千字
版　　次	2024年8月第1版
印　　次	2024年8月第1次印刷
书　　号	ISBN 978-7-5540-3034-9
定　　价	98.00元

如发现印装质量问题，影响阅读，请与本社市场营销部联系调换。

走近敦煌（代序）

一

我曾属于被耽误的一代。上大学前，下过乡，做过砖瓦匠，干过搬运工，当过代课教师。这段时间艰苦生活的磨炼，使我懂得珍惜，培养了我坚韧耐劳的品格。1977年，我赶上了"文化大革命"后高考的首班车，成了被耽误的一代中的幸运儿。更幸运的是，上大学以后，我碰到了许许多多的好老师。在杭州大学读本科时，我们古代汉语课的任课老师是郭在贻先生，他激起了我对古代语言文字的浓厚兴趣；我大学毕业论文的指导老师是蒋礼鸿先生，他使我知道了什么叫敦煌变文和俗语词；1984年，已近而立之年的我又考上了杭州大学硕士研究生，导师是郭在贻老师，他引领我走向了"敦煌"。

20世纪80年代，在蒋礼鸿先生的影响下，郭老师的研究方向转向了以俗字和俗语词研究为核心的敦煌语言文字研究，并发表了《唐代白话诗释词》等一系列论文。在郭师的影响和熏陶下，我也对敦煌学研究产生了浓厚的兴趣和深深的迷恋。1985年暑假，我出差去上海，随身携带了王重民等编的《敦煌变文集》上下册，有空就读上几篇。很快我就发现该书校勘方面存在着不少问题。其中有些前贤已经指出，有些则没有指出。当时我想，造成这么多问题的原因何在？其间有没有一些规律性的东西可以总结？回杭州后，我向郭师谈了自己的想法。郭师颔首称赞，他要我分条写成专文。后来郭师因病住院，在病床上，郭师仍不时地关心着文章的写作情况。每写成一条，就让我读给他听。后来病情稍有好转，郭师就让我带上文章的初稿，陪他到医院外面走走。洪春桥边的茶室，植物园中的小亭，飞来峰下的石磴，郭师抱病为我审读论文的情景，至今仍历历在目。这篇题为《敦煌变文校读释例》的文章写成后，郭师专门写了一篇评语，对我这篇今天看来并不成熟的论文，给予了很高的评价，体现了郭师对我们年轻一代的热情扶持和殷切期望。在郭师的大力举荐下，后来这篇长达3万余字的论文分上下篇分别在《杭州大学学报》和《敦煌学辑刊》上发表了，对一个初出茅庐的年轻学子来说，那是多大的鼓舞啊！

1986年夏天，我完成了两年的研究生学习。由于郭师力荐，我得以留校任教，从而正式踏上了我至今仍深爱着的敦煌学研究道路。

二

在撰写《敦煌变文校读释例》一文的过程中，我曾把《敦煌变文集》中的一些疑点与敦煌变文的写本原卷（缩微胶卷）核对了一遍，结果发现该书的疏误大多与编者的误录有关。而当时发表的大量校勘、词语考释的论著大都依据《敦煌变文集》的录文，没能核对敦煌写本原卷，以致郢书燕说的例子举不胜举。而且这些论文散在报刊，读者查检不便，不利于研究工作的深入开展。如能汇辑各家校说，并核对敦煌写本原卷，编辑一个敦煌变文的新校本，那该有多好啊！我和郭师谈了我的想法，郭师亟表赞许。由于这一项目规模很大，正好当时黄征兄也在郭师的指导下从事王梵志诗校勘方面的研究，熟知敦煌文献，于是郭师便决定由我们三个人合作，一起来做这项工作。

1987年4月，在杭州富阳举行的中国训诂学研究会年会上，郭师正式提出了编著《敦煌变文汇校》一书的设想，在学术界引起了广泛的反响。吕叔湘、项楚、王锳等著名学者都对我们的工作表示积极的支持。后来郭师又和我们一起讨论，提出编著《敦煌变文集校议》和《敦煌吐鲁番俗字典》二书的计划，这样，加上《敦煌变文汇校》，就是郭师和我们合作撰著的"敦煌学三书"。

"三书"的设想和写作步骤大致是这样的：在前人校勘的基础上，通过核对敦煌写本原卷，对《敦煌变文集》的失误逐篇写出补校论文，在刊物上公开发表，广泛征求意见，然后加以修改并系统化，形成《敦煌变文集校议》一书；在《敦煌变文集》的基础上，增补其所未备，汇辑各家校说，并以己意加以按断，形成集大成的《敦煌变文汇校》一书；广泛调查搜集敦煌、吐鲁番写本中的俗字，并与传世字书、碑刻等文献中的俗字材料相印证，上讨其源，下穷其变，勾勒出每个俗字的渊源流变，形成《敦煌吐鲁番俗字典》一书。

1987年春夏之交，"三书"的第一种《敦煌变文集校议》的撰著工作正式启动。我们首先复印了所有当时能搜集到的敦煌变文研究方面的论著，并把与校勘有关的部分按《敦煌变文集》的页码逐篇逐句逐字顺序剪贴汇辑在一起；然后我和黄征冒着酷暑，用整整一个暑假的时间，借助阅读器把《敦煌变文集》所收变文与写本缩微胶卷核对一过，并作了详细记录。在此基础上，我们便开始逐篇撰写补校论文。我们三人的分工情况是这样的：黄征负责《敦煌变文集》上册各篇补校论文的撰写，我负责下册各篇补校论文的撰写，初稿完成后，互相交换校阅一过，再呈交郭师审阅，最后由执笔人写定。

在郭师的悉心指导和直接参与下，《敦煌变文集校议》的写作进行得相当顺利。1988年初即已有多篇论文寄交各刊物发表。1988年5月20日，郭师在写给西北师大赵逵夫教授的信中说："弟与张、黄两位青年朋友合作撰写的'敦煌学三书'，其中《敦煌变文集校议》一稿将于年底蕆工，全稿约30万字。此稿专谈我们自己的看法，自信不无发明，其中俗字和俗语词的考释方面，尤多独得之秘。"

1989年初，正当《敦煌变文集校议》全书即将完稿的时候，敬爱的导师匆匆离开了我们，这使我们万分悲痛。郭师在留给我们的遗嘱中写道：

涌泉、黄征：

匆匆地告别了，万分惆怅。你们要努力完成我们的科研规划，争取把三本书出齐，以慰我在天之灵。有件事拜托你们：请把我未收入《训诂丛稿》的文章搜集起来，编一个续集，过几年后争取出版（现在当然不可能），为的是赚点儿稿费，以贴补我的家属，我个人则无所求也。

在病床上，郭师又多次和我们谈起"三书"的撰著、出版，其情其景，催人泪下。

完成郭师的遗愿，当然是我们弟子义不容辞的责任。在许多郭师生前认识的、不认识的朋友的关心和帮助下，我们把郭师的遗稿整理结集为《郭在贻语言文学论稿》《郭在贻敦煌学论集》《郭在贻文集》《新编训诂丛稿》，先后由浙江古籍出版社、江西人民出版社、中华书局、浙江大学出版社出版。"敦煌学三书"的第一种《敦煌变文集校议》1989年底定稿以后，次年11月即由岳麓书社出版。该书后来评获北京大学王力语言学奖和国家新闻出版署全国首届古籍整理图书奖。

1989年下半年,《敦煌变文集校议》向出版社交稿后,我和黄征便开始把主要精力集中到《敦煌变文汇校》(后易名为《敦煌变文校注》)上来。考虑到敦煌变文写本多俗字、俗语词,此类字词,识解匪易;字典辞书,又多告阙如。而以往校录的失误又往往与这类字词有关,要纠正这种失误必须指出失误的原因,才能使读者信服,所以我们决定在汇校的同时,适当增加一些注的内容,对那些"字面生涩而义晦"或"字面普通而义别"的俗字、俗语词酌加笺释,以便读者。姜亮夫先生在序中称《敦煌变文校注》"重在俗字、俗语词之诠解,以俗治俗,胜义纷纶",可以说在一定程度上指出了该书的特色所在。这也是我们后来把书名由"汇校"改为"校注"的原因所在。《敦煌变文校注》的另一个特色在于"汇校"。我们把当时所能见到的与敦煌变文校勘有关的100多篇(部)论文(著作)中的重要成果全部荟萃其中,并加以自己的按断,既免读者翻检之劳,又不难得出各家校说的优劣短长所在。姜序称该书"为敦煌变文校理之集成之作",自然也非虚言。另外,我们在逐字逐句校核敦煌变文写本原卷的同时,还注意归纳总结敦煌写本的书写特例,并自觉用这种特例去指导敦煌变文的校勘工作,从而纠正了前人在这方面的不少疏误。

《敦煌变文校注》的撰写和排录,花了我和黄征五六年的时间。1997年5月,这部160多万字的著作由中华书局正式出版,得到学术界较高的评价,并先后评获新闻出版署优秀古籍整理图书奖一等奖、第四届国家图书奖提名奖和首届国家社科基金项目优秀成果奖三等奖，后来又被国家新闻出版广电总局、全国古籍整理出版规划领导小组评为首届向全国推荐的优秀古籍整理图书。"三书"的另一种《敦煌吐鲁番俗字典》，后来由黄征编纂了《敦煌俗字典》，我主编的规模更大的《敦煌异体字大字典》则仍在资料搜集之中。

三

20世纪80年代末90年代初的三四年，是我的心情最感到郁闷的几年。很长一段时间，我难以从遽失恩师的悲痛中摆脱出来。当时的我，有如漫漫风雪中失群的羔羊，不知道路在何方。

正在我迷惘困顿之际，项楚先生伸出了救援之手，使我重又燃起了求学的火焰。项师研究古典文学出身（他是"文化大革命"前古典文学专业毕业的研究生），但他深厚的小学根柢和广博的古典文献（尤其是佛教文献）学养同样令人惊叹。他的《敦煌变文选注》《王梵志诗校注》《敦煌文学丛考》等著作蜚声海内外学术界，从而当之无愧地在敦煌俗文学作品的研究中居于世界领先水平。郭师生前就曾不止一次地对我们说过，在敦煌变文和王梵志诗的研究方面，当推项楚为第一人。作为一个正处在迷途中的敦煌学爱好者来说，还有什么能比到项师的身边学习更幸运的呢？1992年春，在项师的鼓励下，我参加了四川大学的博士生入学考试，并荣幸地被录取了。1993年初，在一个阴冷的春日，年近不惑的我挥别杭州,踏上了"难于上青天"的巴蜀之路。我当时的心境,套用一句古话,真有几分"风萧萧兮易水寒,壮士一去兮不复还"的悲壮色彩。

成都的天总是阴沉沉的,但我那郁积多年的心却豁然开朗了。在川大,我感受到的到处都是灿烂的阳光。面对许许多多的爱,我也渴望着用"灿烂"来回报。我用屈原《橘颂》"深固难徙,更壹志兮"的名言来勉励自己,而不敢稍有懈怠。1993年10月,我在拙著《汉语俗字研究》的后记中把自己所住的学生宿舍称为"自乐斋",虽出于一时戏言,却也表明了自己献身于祖国传统文化研究的信心和决心。

辛勤的汗水,换来的是丰厚的回报。在川大不到两年的读书时间里,除撰写了一些单篇论文外,我还完成了30万字的《汉语俗字研究》以及近70万字的《敦煌俗字研究》的初稿。当然,这两部书的写作经过了较长时间的酝酿和资料的准备。20世纪80年代初,我在阅读敦煌卷子的过程中,发现其中有许多殊异于后世刻本的特点,其中最重要的就是俗体字多。但由于种种原因,俗体字的研究是我国文字研究中最为薄弱的环节,而敦煌俗字的研究更是几乎等于零。在这种情况下,前人在校录敦煌文献时发生这样那样的错误便是不可避免的了。所以当时我便把研阅的重点放到了俗体字上面。后来我在郭师的指导下,撰写了《敦煌变文整理校勘中的几个问题》《俗字研究与古籍整理》《俗字研究与敦煌俗文学作品的校读》等一系列与俗字相关的学术论文。当时郭师还对我说，俗字的研究是一个前人不曾措意又十分重要的研究领域，值得下大力气作更进一步的研究；将来这方面的材料积累多了，可以考虑写一部概论性的著作。《汉语俗字研究》的写作，就是遵从郭师的遗嘱从1992年初开始着手进行的。该书作为入选国家古籍整理出版规划小组主编的《中国传统文化研究丛书》第1辑中的唯一的一种语言文字学著作，1995年4月由岳麓书社出版后，《中国语文》、《汉学研究》（台湾）、《大公报》（香港）等报刊纷纷发表评论，称该书是"迄今为止第一部俗文字学的概论性著作"[①]，"填补了文字学领域的一大段空白"[②]。1995年，该书评获北京大学第六届王力语言学奖；2013年，该书又荣获第二届思勉原创奖。

写一部敦煌俗字研究著作的设想，是在考虑写《汉语俗字研究》的同时产生的。唐五代是汉语俗字流行的一个高峰，而数以万计的敦煌写卷就是这一高峰的实物见证。我试图通过《汉语俗字研究》从比较宏观的角度对汉语俗字发生、演变的历史以及相关的理论问题作出大笔的勾勒；而写《敦煌俗字研究》的目的则在于通过对唐五代这样一个俗字流行高峰期的微观分析，对汉语俗字在某一特定历史阶段孳乳、发展的面貌作更具体的描述，同时更直接地为敦煌文献的校勘整理服务。1989年，台湾新文丰出

---

① 许嘉璐、王福祥、刘润清主编：《中国语言学现状与展望》，北京：外语教学与研究出版社，1996年，第85—86页。
② 石梅：《评〈汉语俗字研究〉》，《大公报》1997年6月24日。

版公司组织国内外学者编写"敦煌学导论丛书",项楚师曾推荐让我来写"敦煌俗字研究导论",正与我的研究计划不谋而合。但当时在贻师刚刚去世不久,我还沉浸在失去恩师的巨大悲痛之中。由于种种原因,这个写作计划一直未能付诸实施。只是到了川大以后,在项楚师的鼓励下,我才正式把它当作博士学位论文着手进行写作。从那以后,我在"自乐斋"里和敦煌俗字为伴,度过了几百个"快乐"的日日夜夜。论文的写作,倾注了项师的许多心血,从论文框架的构建到最后的写定,项师都给予了悉心的指导,帮我避免了不少疏误。1994年10月,论文提前完成进行答辩。由蒋绍愚、江蓝生、杨明照、张永言、赵振铎、项楚六位博士生导师组成的答辩委员会以及论文评议人都对论文给予了较高的评价。如北京大学周一良教授认为本文"是今后读敦煌写本的重要参考,功德无量,与蒋礼鸿先生的《敦煌变文字义通释》堪称双璧";裘锡圭教授认为本文是"俗字方面的拓荒性著作";季羡林教授认为本文是作者把四川大学和杭州大学这两个敦煌学研究中心联系起来"所产生的优异的成果"。1996年12月,《敦煌俗字研究》由上海教育出版社出版。《中国社会科学》1998年第2期发表书评称该书"是一部规模宏大、新意迭出的学术专著"[1]。北京大学蒋绍愚教授撰文称:"张涌泉《汉语俗字研究》《敦煌俗字研究》是两部开创性的著作,得到学术界很高

---

[1] 蒋宪平:《敦煌语言文字研究的又一硕果》,《中国社会科学》1998年第2期。

1994年博士学位论文答辩会合影

的评价。"[①]1998年,《敦煌俗字研究》评获教育部第二届普通高校人文社会科学研究成果奖一等奖。当然,我深知这些评论和荣誉只是前辈学者对后学的提携和鼓励,并不能真实地反映论文所达到的水平,我没有理由也不应该因此而沾沾自喜。但得知这些评价之后,我自信我近两年的心血没有白费,我没有辜负老师的教诲,一种高度紧张之后的欣慰、轻松之感洋溢在我的心间。

---

① 蒋绍愚:《近十年间近代汉语研究的回顾与展望》,《古汉语研究》1998年第4期。

四

博士毕业以后,何去何从,是摆在我面前的一个新的"课题"。命运之神再一次显示了她的慷慨和无私,使我有机会到我国的最高学府——北京大学做博士后研究。在北大期间,在合作导师裘锡圭先生的指导下,我完成了100多万字的博士后课题《汉语俗字丛考》,这是我在出版《汉语俗字研究》《敦煌俗字研究》两部俗字研究理论著作后,在具体疑难俗字考释方面所做的尝试,试图对《康熙字典》以后的大型字典在俗字方面的缺失进行一次总的清算。裘锡圭师评价拙著"立论审慎,创获极多","其成绩大大超过了前人"[1]。能得到裘师这样学界公认的严师名师的褒赏,是作为一个学生所能感受到的最大的荣耀。该书后来荣获中国社科院青年语言学家奖一等奖和教育部第三届中国高校人文社会科学研究优秀成果奖二等奖。

虽然《汉语俗字丛考》也有不少内容涉及敦煌文献或敦煌俗字,但它毕竟不能说是敦煌学方面的著作。在北大求学期间,我有机会得到季羡林、周一良、王永兴等著名敦煌学家的关心和教诲(季先生、周先生都是我博士论文的评阅专家,季先生还亲自推荐我的论文《敦煌写卷俗字的类型及其考辨方法》《俗字研究与大型字典的编纂》参评中国社科院青年语言学家奖),也得以

---

[1] 《博士后张涌泉的〈俗字丛考〉获专家高度评价》,北京师范大学《汉字所快讯》1996年第3期。

与柴剑虹、邓文宽、赵和平、郝春文、王邦维、荣新江等一批北京的少壮派敦煌学家过从往还，切磋学术。京派敦煌学家渊博宏大的学术气象，让我如坐春风，受益匪浅。季先生与杭州大学老校长沈善洪教授私交甚笃，据说季先生曾在多个场合向沈校长推介卢向前、黄征和我这样一些老杭大的青年学人，于是沈校长记住了我的名字，也因而让我再次和敦煌学牵手结缘。大约1996年初，我从北京回杭州过节，因住处相邻，我曾和沈校长有过几次接触。当时的话题之一是如何发扬杭州大学敦煌学的传统优势，推出一些有影响的标志性的成果。经过一番思考，我提出了编纂《敦煌文献合集》的设想。对此，沈校长极为赞同，并让我通知黄征、卢向前、王勇等人，在他家里一起讨论了项目的可行性，并决定尽快上马。为此，沈校长通过他任评审委员会主任的杭州大学董氏基金会提供了启动经费，同时又请王勇教授出面争取日本等海外经费的资助。1996年底，在裘锡圭师的关心下，"敦煌文献合集"获评为教育部全国高校古籍整理研究工作委员会重点项目。

1997年初，我博士后出站，面对母校的召唤，我辞别北京的老师和朋友，重新回到了杭州大学任教。从此，"敦煌文献合集"项目进入了正式实施阶段。为保证编纂出版工作的顺利进行，杭州大学专门成立了《敦煌文献合集》工作委员会，沈校长亲自出任工作委员会主任。在沈校长的直接主持下，工作委员会曾先后五次召开有关会议，并以学校文件的形式下发了《"敦煌文献合集"项目工作会议纪要》,解决了编纂工作中的一些具体问题;校图书馆斥资数十万元购买了国内外业已出版的绝大多数敦煌文献方面的出版物,并特辟敦煌学资料中心,由"敦煌文献合集"课题组负责管理。所有这些,作为一个具体的科研项目来说,也都称得上是破天荒之举,从而为编纂工作的顺利进行提供了强有力的保证。2003年,在《姜亮夫全集》出版座谈会上,作为《姜亮夫全集》的主编,沈校长在发言中把《敦煌文献合集》和《姜亮夫全集》的编纂当作他校长离任时未了的两大心愿,其情殷殷,让人动容,也催人奋发。

正是在沈校长的直接领导下,尽管难度大大超出我们的预期,但《敦煌文献合集》的编纂工作仍不断向前推进。2008年8月,其中的第一部《敦煌经部文献合集》11册600万字由中华书局精装推出。该书出版后,受到学术界很高的评价,日本著名敦煌学家、东京大学教授池田温先生发表书评称本书"是一部令人惊叹的巨著,是敦煌学繁荣昌盛的标志"[1]。该书先后评获浙江省哲学社会科学优秀成果奖一等奖、中国出版政府奖图书奖、教育部第六届高等学校人文社会科学研究优秀成果奖二等奖,并被国家新闻出版广电总局、全国古籍整理出版规划领导小组评为首届向全国推荐的优秀古籍整理图书。现在,我们正在努力推进《敦煌史部文献合集》和《敦煌子部文献合集》的编纂工作。

---

[1] 池田温:《敦煌汉文写本经书·小学类全集》,《东方》(日本)2010年第353号。

五

在编纂《敦煌文献合集》的同时,这些年我还在穿插进行其他一些项目,其中比较重要的有《敦煌写本文献学》《敦煌文献语言大词典》和《敦煌残卷缀合研究》。

我国传世的古书,宋代以后大多是以刻本的面貌呈现的,因而有关古书的学问也多以刻本为中心生发展开。清代末叶,敦煌藏经洞被打开,人们从中发现了大批唐代前后的纸写本文献,震动了整个世界。民国以后,又有吐鲁番文书、黑水城文献、宋元以来契约文书、明清档案等众多纸写本文献陆续公之于世,耀人眼目,写本文献的数量一下子充盈起来。于是,逐渐形成了敦煌学、吐鲁番学、徽学等一批与纸写本文献相关的学问,在很大程度上改写了中国学术文化的历史。但人们在兴奋忙乱之余,还来不及对写本文献的风格、特点进行系统全面的研究,仍习惯于用刻本的特点去看待写本,因而整理和研究不免有所隔阂和误解。

其实写本文献与刻本文献的区别还是挺大的。古书一经刊刻,随即化身千百,既促进了书籍的普及,也使古书的内容、格式逐渐被定型化。而写本文献出于一个个单独的个体,千人千面,本无定式;即便是那些前人传下来的古书,人们在传抄过程中,也往往会根据当时抄书的惯例和抄手自己的理解加以改造,从而使古书的形制、字体、内容、用词、用字、抄写格式等都会或多或少发生一些变化,都会带上时代和抄者个人的烙印。所以写本文献的形式和内容富有不同于刻本的特色,并呈现出参差不一的特点,我们不能用我们熟悉的已经定型的刻本文献的观念去衡量它们。

敦煌文献既以写本为主体,同样具有写本文献的特点;即便是那些少量的刻本,由于其处于刻印的早期,传播范围有限,内容、格式的定型其实也还谈不上。所以了解和认清敦煌文献的写本特点,是正确校理敦煌文献的最基础一环。而且敦煌写本湮埋一千多年,未经后代校刻窜乱,保存着唐代前后的原貌,可借以考见当时写本的风格、特点,推寻一代语言之特例。这些,用蔡元培的话来说,就是"可以得当时通俗文词的标本"[1]。一百多年来,研究敦煌学的前辈学者在敦煌文献的整理方面取得了巨大的成绩。但由于先贤们对敦煌写本的语言和抄写特例还没来得及给予足够的关注,因而难免影响敦煌文献的校理质量。尽管一些学者已经注意到敦煌文献的写本特点,并有所讨论,但有关的论述零散而不成系统;台湾学者林聪明的《敦煌文书学》[2],是这方面较为系统的著作,但所论多为敦煌写本的外在形态,而对敦煌文献整理校勘的实践着墨不多,讨论的深度和广度似也还有待进一步提升。

正是有鉴于此,笔者从20世纪80年代初便开始留意敦煌写

---

[1] 蔡元培:《〈敦煌掇琐〉序》,《敦煌丛刊初集》第15册,台北:新文丰出版公司,1985年,第3页。
[2] 林聪明:《敦煌文书学》,台北:新文丰出版公司,1991年。

本文献语言和书写特例的钩稽和归纳,并在郭在贻师的指导下,撰作了以《敦煌变文校读释例》为题的硕士论文,对变文写本的用字、用词特点及标识符号等都有所论列。当时论文的评阅专家之一贵州大学王锳教授曾给郭师写信,他说:"涌泉同志此作,已刊部分前承他惠赠一份,已拜读一过。此次重点是读未刊部分。具体意见已见所附表格,所未尽者,深感'强将手下无弱兵''后生可畏'二语之不虚耳。所论二十四节,实可视作古白话文献研究之《古书疑义举例》,倘能扩而充之,勒成一书,自可造福同行,衣被后学,不知吾兄以为然否?"[1]正是在郭师的期许和王锳先生的鼓励下,此后的二十多年中,尽管有其他科研任务的压力,但撰作一部敦煌写本文献通论性著作的愿望始终萦回在我的心头,并且忙里偷闲,时不时做一些材料的搜集和整理工作。后来又以此为中心,给博士生、硕士生在课堂上讲授过多次。教学相长,师生间的讨论乃至争论也对我多有启发。2013年底甘肃教育出版社出版的拙著《敦煌写本文献学》,就是这二十多年来自己在敦煌文献整理、研究和教学的过程中,对敦煌写本文献语言和书写特例钩稽探讨的结晶。全书共分绪论、字词、抄例、校理四编,凡二十章,试图对敦煌写本的语言特点和书写特例进行系统全面的归纳和总结,建构敦煌写本文献学的理论体系。该书出版后,颇得各方好评。首都师范大学特聘教授、中国文化遗产研究院研究员邓文宽称许该书"独树一帜,博大精深",是"一部

---

[1] 王锳先生1987年9月16日致郭在贻师函。

敦煌学者的必读之作"[①]；日本关西大学玄幸子教授称其为"反映百年来敦煌学研究成果的集大成著作"[②]；敦煌研究院网站载文称"全书内容厚重、资料翔实、例证丰富，并能引人投入其中以见学术的魅力、敦煌学的魅力、文献学的魅力"。

六

《敦煌文献语言大词典》的编纂也是我这二十多年来念兹在兹的宏愿。

如众所知，总数达7万件的敦煌写卷，佛教文献占了绝大多数，但其中也包含有大批久已失传的中国人造的所谓"疑伪经"，此外还有相当数量的通俗文学作品和案卷契约等社会经济文书。由于这些写经和文书的"民间"或"半民间"性质，从而为口头语词"施展身手"展示了广阔的天地。我们随便打开一个敦煌写卷，无论是佛教的还是世俗的，往往都可见到若干口语的成分。由于这些口头语词的方俗性质，加上时过境迁，我们今天理解它们的难度往往要比"雅言"大得多。所以在校理以口语为主体的敦煌文献时，对唐代前后口头语词的了解和把握，就是一个必备的条件。正是有鉴于此，早在20世纪50年代，蒋礼鸿师就撰作了划时代的名著《敦煌变文字义通释》，对变文中的一些他认为"不

[①] 邓文宽：《一部敦煌学者的必读之作》，《敦煌研究》2015年第2期。
[②] 玄幸子：《敦煌写本研究的必读书》，《东方》（日本）2014年第406号。

容易知道它的意义"的语词从纵横两方面进行了"通释",为正确校读、理解变文的意思作出了极大的贡献。后来他又带领包括笔者在内的他的几位学生编纂了《敦煌文献语言词典》,收词的范围略有扩大。在蒋先生的影响下,当年郭在贻师、项楚师等一批中年学者及不少年轻学子也陆续加入到敦煌文献语词考释的队伍中来,不但范围多所拓展,成果亦颇可观。

笔者20世纪80年代初在蒋礼鸿师的指导下撰写题为《〈太平广记〉引书考》的本科毕业论文,就对俗语词产生了浓厚的兴趣。后来在郭在贻师的指导下撰写硕士学位论文《敦煌变文校读释例》,更是有不少篇幅直接与敦煌文献的口头语词有关。我在该文开篇中写道:"清末在敦煌石室发现的变文,是唐五代间的民间文学作品,它的作者和传抄者,大多是处于社会底层的'下里巴人';它的语言,也大抵是当时的口语,其中俗字、别字、俗语词之多,保存口语材料之丰富,实为它书所未有。它对于推究古今语音演变之轨迹,考索宋元白话之沿溯,都有重大的参考价值。"可以说,当时自己对敦煌文献口头语词研究的意义已有了一定的认识。1986年研究生毕业后,郭在贻师引领我和黄征师弟合作撰著"敦煌学三书",更是直接和敦煌俗字、俗语词研究结下了不解之缘。20世纪90年代初,我有幸陪侍蒋礼鸿师主编的《敦煌文献语言词典》编写者末列,其中一些条目就是自己前一阶段学习、研究敦煌文献俗语言的结晶。

在此后撰作《敦煌变文校注》《敦煌文献合集》等著作的过

程中，特别是20世纪90年代有幸跟随项楚师研习敦煌语言文学的过程中，耳濡目染，我对敦煌口头语词研究的意义及对敦煌文献校理的价值有了更深刻的认识。但此前的敦煌文献语词考释论著所释对象基本上局限于变文、王梵志诗、歌辞等通俗文学作品，而数量更为庞大的敦煌社会经济文献（民间契约、判词、发愿文、书仪）、佛教文献、道教文献却基本上没有得到注意。另外，敦煌文献中还有一些贴近生活、注重实用的通俗辞书，是当时语言面貌的真实记载，不仅对了解唐代前后的社会经济、生活、风俗等大有帮助，而且以俗治俗，对校读以口语为主体的敦煌俗文学作品和社会经济文书可收左右逢源之效。但这些辞书也多未入前人法眼。正是因为存在这种种的局限，使得我们对敦煌文献的校读还颇有隔阂，对一些方俗词语的诠释尚多误解。加上已有的敦煌文献词语考释成果大多散布在报刊或专著的行文之中，读者寻检利用不便。很有必要在汇集前贤成果的基础上，把词语收集考释的范围扩大到所有敦煌文献，编纂一部集大成的敦煌文献语词词典。2000年，我申报的"敦煌文献语言大词典"项目获批为教育部人文社科基地重大项目。于是，这一酝酿已久的科研计划正式启动。原以为这样一个项目要不了三五年即可完成。承蒙四川辞书出版社的厚爱，早在2000年，我便和该社签订了出版协议，约定2004年交稿付排。但由于一些敦煌文献资料刊布时间的滞后和词条搜集、合成写定等环节意想不到的困难，加上不断有其他科研任务的干扰，原定交稿的时间不得不一再推延。现在，经过二十多年持续不断的努力，这部全书收词21939条共550万字的大型学术词典终于在2022年12月正式出版。评论者认为该词典具有收录字词齐全、释义详尽准确、编排体例新颖等特点，是迄今为止对敦煌吐鲁番文献字词考释的一次最大规模最彻底的集成，堪称"敦煌文献语词和俗字考释的一座里程碑"[①]。2023年，该书评获浙江大学第四届哲学社会科学研究优秀著作奖特等奖（四届中唯一的特等奖）、浙江省第二十二届哲学社会科学优秀成果奖一等奖，入选2023年四川好书。借此机会，谨向参与词条撰写的各位朋友表示衷心的感谢，也向为本书出版付出了最大心力的四川辞书出版社和责任编辑表示深切的谢意。

七

敦煌写本残卷的缀合研究引起我的注意，则可以说是一个"意外"。由于人为的或自然的原因，敦煌文献中一个写卷撕裂成两件或多件的情况屡见不鲜，乃至四分五裂，身首异处，给整理和研究带来了极大的困难。正如姜亮夫先生所说："敦煌卷子往往有一卷损裂为三卷、五卷、十卷之情况，而所破裂之碎卷又往往散处各地：或在中土，或于巴黎，或存伦敦，或藏日本，故惟有

[①] 郝春文：《敦煌吐鲁番文献字词考释的里程碑——评〈敦煌文献语言大词典〉》，《光明日报》2023年5月20日12版。

设法将其收集一处，方可使卷子复原。而此事至难，欲成不易。"①这种"骨肉分离"的情况，不但不利于写卷的整理与研究，也严重干扰了残卷的正确定名和断代。也正因为如此，敦煌残卷的缀合成了敦煌文献整理研究"成败利钝之所关"的基础工作之一，姜先生说："卷子为数在几万卷，很多是原由一卷分裂成数卷的，离之则两伤，合之则两利，所以非合不可。"但由于种种原因，以往敦煌残卷的缀合工作零散而不成系统，从而对进一步的整理和研究造成了严重的影响。

在《敦煌文献合集》的编纂过程中，我也逐渐意识到了敦煌写本残卷缀合的重要性，并先后发表了《俄敦 18974 号等字书碎片缀合研究》②《敦煌残卷缀合研究》③等论文，我的专著《敦煌写本文献学》也辟有专章讨论敦煌残卷的缀合问题。近几年，我还专门为研究生开设了敦煌残卷缀合课，并指导他们进行具体的缀合实践。2014 年，我申报的"敦煌残卷缀合研究"项目获批为国家社科基金重点项目，2020 年又入选国家社科基金冷门绝学团队项目，为这项工作的全面推进创造了条件。目前我带领的科研团队已发现大批可以缀合的写卷，部分缀合成果已陆续在刊物上发表。其中第一批成果结集为《拼接丝路文明——敦煌残卷缀合研究》，并入选《国家哲学社会科学成果文库》，即将由中华书

---

① 姜亮夫：《导言》，陶秋英辑录、姜亮夫校订：《敦煌碎金》，杭州：浙江古籍出版社，1992 年，第 2 页。
② 《浙江大学学报》2007 年第 3 期。
③ 《文史》2012 年第 3 辑，与张新朋合写。

局出版。当看到因种种原因撕裂在不同国家、不同馆藏的珍贵写卷而今在我们的笔下重又"团聚"在一起的时候，我们的心中充满了感动和喜悦。

从敦煌变文的校理到敦煌文献的系统整理，从敦煌俗字的辨识到《敦煌文献语言大词典》的编纂，从敦煌变文写本特点的探索到敦煌写本文献学学术体系的建构以及敦煌残卷的缀合，虽然我已在敦煌学的道路上耕耘了四十个春秋，我的学术生命已和敦煌融为一体，但在博大精深百科全书式的敦煌学领域，我仍不敢说已然走入，而只能说正在走近。在未来的岁月里，我愿意继续在狭长的河西走廊跋涉，并期待着有一天能真正无限接近"敦煌"。

张涌泉

（原载《社会科学战线》2016年第3期，2024年元月修订）

目录
CONTENTS

1 师泽

3　我有了一个梦

13　梦想生处
　　——杭州大学中文系求学追忆

19　姜老的胸怀和做学问的方法

23　回忆云从师对我的关怀

31　郭在贻教授治学之道

39　入乎其内,出乎其外
　　——项楚先生的敦煌学研究

56　严谨·求实·创新
　　——初读《裘锡圭学术文集》感言

68　冬日里的阳光
　　——记季羡林先生对我的关怀

74　墨迹留香忆饶公

81　无愧于"敦煌守护神"的荣光
　　——读《此生只为守敦煌:常书鸿传》有感

85 永成遗憾的约定
　　——怀念吴金华老师

89 **序跋**

91 《汉语俗字研究》后记
98 《敦煌俗字研究》后记
105 《敦煌变文校注》撰作忆往
114 《汉语俗字丛考》后记
122 《敦煌经部文献合集》后记
126 《著名中年语言学家自选集·张涌泉卷》跋
130 《敦煌写本文献学》后记
141 《敦煌文献语言大词典》前言
155 《敦煌文献语言大词典》后记
160 《拼接丝路文明——敦煌残卷缀合研究》前言
168 《拼接丝路文明——敦煌残卷缀合研究》后记
175 《浙江与敦煌学——常书鸿先生诞辰一百周年纪念文集》后记
182 《敦煌写本研究年报》第13号弁言

187　评论

189　评《敦煌邈真赞校录并研究》

203　评《唐五代韵书集存》

207　评《唐五代语言词典》

212　敦煌故里对敦煌学的新奉献
　　　——《甘肃藏敦煌文献》读后

223　吐鲁番出土文献整理的典范之作
　　　——评《新获吐鲁番出土文献》

233　展示中国敦煌学研究成果的一部力作
　　　——郝春文等著《当代中国敦煌学研究（1949—2019）》读后

239　提高敦煌文献整理研究水平的当务之急

242　敦煌变文整理之展望

261　近一个世纪以来的敦煌语言文字研究

278　更全·更精·更清晰
　　　——迈入新时代的敦煌语言文学研究

285　20世纪的唐代文字研究

305 在希望的田野上
——《2011—2020年国家古籍整理出版规划》出土文献类项目巡礼

311 写本文献整理出版的回顾与前瞻

323 系统梳理古籍遗产,推动中华传统文化创新性发展

331 提升文献学的学科地位,把对中华优秀传统文化的重视落到实处

337 **感思**

339 做博士生和带博士生
——在首都师范大学主办的"方法、资料与规范——全国百篇优博导师、博士论坛"上的演讲

356 燕园问学记

363 海纳 典学 和同
——在浙江大学古籍研究所成立四十周年庆典上的发言

369 如沐春风三十载
——与全国古籍办交往二三事

376 我和中华书局一起获奖

381　在首届向全国推荐优秀古籍整理图书出版座谈会上的发言
387　在思勉原创奖授奖仪式上的发言

师泽

我有了一个梦

从义乌市城区往东二十三里,有个小镇叫廿三里,那儿是世界知名的义乌小商品城的发源地。从廿三里镇再往东北七里,有个小村叫泉塘。村子不大,百来户人家,五六百号人,四面都可以看到大大小小的山,是一个相对闭塞的小山村。我从小便生活在这里。村子南面有一个十来亩大小的水塘,常年有泉水涌出,号称大泉塘。不消说,村名来源于此。我的名字大概也与这个水塘有关。就当时的行政区划而言,如果上高中,我本应到廿三里中学就读,然而命运的嘲弄,没能让我如愿,于是才发生了本文要讲的故事。

一、机会来之不易

我出生于1956年。父亲是一个中学老师(后来调义乌师范学校任教),但由于妈妈在农村务农,所以命运注定我一出生便是一个农民。我们兄弟姊妹六个，都是农业户口，从小都跟着母亲在农村生活。那个年代，伴随我们成长的是"反右"、"三面红旗"、"四清"、忆苦思甜以及后来的上山下乡、"文化大革命"。我的小学、初中阶段在村小和隔一里地的邻村李塘上学，就是在这样的氛围中度过的。当时的小学、初中虽未能做到应上尽上，实行全民教育，但如果家里经济条件还过得去，一般的适龄儿童都是能上的，因而普及率相对较高。但高中、大学就不一样了。在我初中毕业的20世纪70年代前后，高等教育仍处于停顿状态（1972年高校开始逐渐恢复招生，但实行推荐制度，招收工农兵学员，学制二到三年），上山下乡依然整天挂在嘴上（虽然当时几乎已不产出"知识青年"了）；高级中学一般每个区或镇有一所，1971年恢复招生，但每年只招一两个班，并且以"推荐"为主，因而竞争十分激烈。虽然我小学、初中成绩不错，而且都是班干部，但因为我父亲只是一个普通的老师，地方上没有什么"人头"，于是我在本区的高中入学招生时便败下阵来。

好在天无绝人之路，我父亲所在的苏溪中学1972年春季招一个高中班，并且教师子女可以照顾入学。父亲还告诉我，这个班的师资配备很强，班主任是杭州大学中文系毕业的高才生，水平很高。知道又能读书的消息，而且老师超棒，可把我乐坏了，心中充满了期待。

二、我有了一个梦

苏溪镇在廿三里镇西北侧,离我老家约二十里地。1972年3月,我跟着父亲步行到苏溪中学报到上学。苏溪中学校园很普通,但我们的老师却不一般。班主任程思维兼教语文、政治,副班主任俞萃能兼教数学,他们爱生如子,管理严格,教学认真负责,深得同学们喜爱。特别是班主任程思维,对我影响更大。

程老师原名程四维,老家在海盐县澉浦村,家里兄弟四人,程老师排行老四,故名四维,思维应是他工作后所改。程老师的爷爷程煦元是清末秀才,主编过《澉志补录》①,上海开埠后赚了一些钱,然后回老家置地,结果土改时被划定为地主。程老师在县城读完初中后考入平湖师专,1956年又考入浙江师范学院(1958年更名为杭州大学)中文系,成绩优异。但因为出身不好,1960年大学毕业后被分配到义乌工作。先后在义乌师范、义乌教育局函授站、大陈初中、苏溪中学、教育局教研室工作,后任义乌二中校长,是义乌首批中学高级教师之一。苏溪中学是程老师在义乌工作的第四站,调到苏溪中学后,他便被安排出任我们春季班的班主任。这对我和同学们来说,无疑是一件幸事。程老师头发微卷,架副眼镜,身材高挑,外表冷峻,学识渊博,言辞犀利,举手投足间弥漫着儒雅的气息。他讲课层次分明,重点突出,

---

① 《澉志补录》载程煦元《泊槠山》诗云:"始皇泊槠气何豪,石上曾磨武肃刀。千古英雄皆过客,月明长照一峰高。"可见其才情非凡。

语言风趣幽默,娓娓道来,引人入胜,每每让同学们着迷倾倒。尤其是我,自小就偏好语文,更是被程老师的风度和学识所折服,很快,程老师便成了我心中真正的明星和偶像。

2017年9月10日教师节,作者(前排右二)与同学们一起看望程思维老师(前排右三)

作为班主任,程老师对班里每个同学的情况都很了解,他既善于因势利导培养全班同学的学习积极性,又善于因材施教、因人施教,发挥每个人的特长。对此,我自己的感受尤为强烈。语文是我的强项,我的语文成绩在班里数一数二,记得好几次,程老师把我的作文当作范文来讲解,又刊发在学校主干道旁边的板报上,让我"大出风头",使得我在语文方面的潜能和兴趣被极大地激发了出来。另一方面,程老师又常常单独把我叫去(当时我和父亲就住在程老师的隔壁），为我"开小灶"，指出我作文中空话大话多、无病呻吟多、观察不够细致的毛病，耳提面命，一针见血，切中我作文中的软肋，让我不服不行，很受教益。我暗暗下定决心，要努力把文章写得实些再实些，并梦想着将来要争取考上程老师所上的大学，做程老师那样优秀的老师。说实在的，后来高考时我之所以一心要报考中文系，并且第一志愿填报杭州大学中文系，在很大程度上是受了程老师的影响。

三、鲤鱼跳龙门

两年难忘的高中学习生活一晃就过去了。1974年，我高中毕业。因为本身就是农业户口，所以用不着响应谁的号召，我就自然而然地回到了老家，当起了正儿八经的农民。高中毕业生当时在农村也算个人物，所以村里安排我到农科队工作。农科队负责全大队的农业科学实验方面的工作，诸如植保、育种等等，算是农村里一个比较时髦的组织。不过我身体向来比较单薄，难以胜任砍柴、挑粪等重体力劳动，所以年底评工分时最高只评了7分（正劳力每天10分），比我的同龄的小伙伴差了一截，那自然是很没面子的事。

干农活难以胜任，招工、参军、推荐上大学则都是我当年梦寐以求的，但同样因为"人头"不够熟，所以这些好事总也轮不到我的头上。无路可走，我就开始谋划学门手艺。当时做砖瓦也算是一个赚钱的技术活,于是我便拜一位堂哥为师,"出国"(安徽宁国)到一个小山村学做砖瓦。每天和师傅一起,踩泥(在挖来的黏土堆上泼水后牵牛打圈踩踏均匀)、做坯、装窑、烧窑、出窑等等,俨然成了当地人口中的"小师傅"。然而做砖瓦也是一个力气活,特别是做砖坯,把一块二十多斤的泥块使劲砸向砖模,要确保泥巴能充分挤满砖模四周,这样每次可以切割成两块标准的砖坯。也许是我的力气小,抑或技术没学到家,我做出来的砖坯时不时缺一两个角,成了次品。这让我很泄气。另外烧窑的时候,半夜三更独自一人在山坞里值守,荒山野外,风号兽叫,也每每让我心惊肉跳。

做了近一年的砖瓦匠,我就回到了老家。正好这时姐夫所在的南昌桑海制药厂招收搬运工人,我就又改行当了搬运工。桑海制药厂在南昌近郊新建县,我和四五个民工每天把药厂的糖浆制剂送往南昌火车站,然后从火车站把用于制作糖浆的白糖拉回厂里。白糖每麻袋一百斤,要把一袋袋的白糖搬到卡车上去,也是一件苦差事。不过,装白糖的麻袋经常出现破洞,于是白花花的白糖就露了出来,我和那些民工就趁机大饱口福。在那个连填饱肚子都成问题的年代,这确实是一个难得的享受。多年后回想起来,我都感到有一种甜甜的滋味。

当农民、做砖瓦匠、干搬运工,我基本上都失败了。前路苍茫,适合我的道路究竟在哪儿?这时父亲给我提供了一个重要信息:我老家隔壁的苏溪区联合乡校需要招收一名代课教师。经历一番周折，我顺利竞聘上岗。入校后，由我担任初一班的班主任，主课是教初中语文，兼教机电和音乐。语文是我的强项，机电也勉强可以对付，而音乐课则让我哭笑不得。我从小五音不全，现在竟然让我当音乐老师，这真是要了我的命。没办法，每次上课，我只能让班长领唱，把一些老歌重复一遍。还好不久就来了一个新老师，把我的音乐课给免掉了，这让我如释重负。担任代课教师，重回阔别已久的校园，与那些渴求知识的初中生朝夕相处，亲身体验教书育人的快乐，让我重拾了生活的信心和人生的理想，我觉得自己找到了存在的价值，自信重又写在了我的脸上。与此同时，这一年多代课教师的经历，使我得以把久已生疏的语文知识系统梳理了一遍，这为我后来的高考语文考试奠定了坚实的基础。现在回想起来，这确是改变我人生命运的重要契机。

不过所谓代课教师，是不入正式编制的临时人员，不但工资待遇低，而且学校可以根据员额情况随时解雇你。所以尽管我自己很享受这份工作，但随时面临着被解聘的可能，日子仍然过得战战兢兢。恰在这时，传来了恢复高考的消息，让我兴奋不已，跃跃欲试。然而形势很严峻。当时高考中断十一年，十几届的高中、初中毕业生同场竞技，僧多粥少，竞争空前激烈（后来报载这次考试的录取率是4.8%，录取率之低空前绝后），可谓鲤鱼跳龙门，太难了。而作为一个代课教师，必须坚守工作岗位（如果请假，这个岗位就会有人取而代之），没有专门的时间来复习。但我明白这是改变自己目前窘境的唯一的机会，在我前面，华山路一条，有进无退，我只能豁出去了。于是我一边继续给学生上课，一边挤时间疯狂地复习迎考。好在我父亲仍在不太远的苏溪中学教书，各方面消息比较灵通。他几乎每周一次往我的学校跑，及时给我送来各种参考资料，帮我节省了不少时间。当时同校还有三个同事也要参加考试，我们互相鼓励，互相启发，帮助很大。

由于考生太多，我们这一届的考试分初试、复试两次进行。初试由各县组织，听说我的初试成绩在全县文科名列前茅，因而得以顺利进入复试。复试为全省统考，在12月中旬进行。考试的具体情况已经有些模糊，只记得作文题目是《路》，我从鲁迅的"世上本没有路，走的人多了，也便成了路"的名言起始，以华主席带领我们进行新的长征作结，自认比较切题，写得还不错。据说我的语文分数是76分，各科平均分是61.9分，语文分数大概是我能被录取的关键。也正是这条"路"，把我送进了大学的校园。

1978年1月初，高考预录取名单公布，我入围了。上线的考生需填写"××学校选拔学生登记表"，其中包括"本人志愿学习的学校和专业"，因为受程老师的影响，我只填写了杭州大学中文系、浙江师范学院中文系、浙江师范学院宁波分校中文系三个志愿，清一色的中文系。无比幸运的是，1978年2月下旬，我被第一志愿杭州大学中文系录取了。我也是当年义乌全县考生中唯一被杭大中文录取的。消息传来，亲朋好友、乡里乡亲们聚在一起，大家为我高兴，也为村里第一个正儿八经的大学生而欢呼。那天晚上，我彻底失眠了：我感恩养育我的父老乡亲，感恩教育、陪伴我的老师同学，感恩所有关心我或者曾经批评我的领导长辈，有他们的关怀和关注，才督促我跨出了这重要的一步；我也感恩生活的馈赠，无论顺境还是逆境，不管幸福还是艰苦，它们都是我人生路上最宝贵的财富。

四、梦圆西溪

1978年3月8日，是杭州大学新生报到的日子。这一天，我跨进了西溪河边的杭州大学的校门，有幸成了程老师的小师弟。再后八年半，我硕士研究生毕业后留在杭州大学中文系任教，并先后任讲师、副教授。又再十年半，我从北京大学博士后出站，被杭州大学（今浙江大学）中文系直接聘任为教授。现为浙江大学文科资深教授。高中读书期间孕育的人生梦想，一步一步成了现实。

（原载《七二之春——义乌苏溪中学1972级春季班高中同学回忆录》，2022年3月印行）

教育部长江学者特聘教授证书

梦想生处
——杭州大学中文系求学追忆

我是在义乌农村长大的。虽然爸爸是一所中专学校的老师，但由于妈妈在农村务农，所以命运注定我一出生便是一个农民。小学、中学碰上"文化大革命"，喧闹十年，并没有学到多少有用的知识。1974年初高中毕业后，用不着响应谁的号召，我就自然而然地回到了老家，当起了正儿八经的农民。干了一段时间农活后，为了谋生，我又做过砖瓦匠，当过搬运工。由于我身体比较单薄，其实并不太能胜任这些强体力劳动。夜深人静，揉揉酸痛的肩膀，想到一辈子就要这样与泥巴为伍，心里充满了悲凉。不过那是个连梦都不敢做的年代，面对现实，我和大家一样，只能忍受再忍受，并不指望有什么奇迹会发生。

然而奇迹竟然发生了！1977年，国家恢复了高考制度。作为这一制度的第一批受益者，第二年春天，我跨进了杭州大学的校门。昔日的砖瓦匠、搬运工，一下子成了大学生，这一切来得如此之快，这转变如此之大，真的？假的？一切恍如梦中！

初入校门，一切都是新的：同学，老师，环境……什么都想试一试：诗歌，散文，古代文学……当时的中文系，名师云集，姜亮夫、夏承焘、王驾吾、蒋祖怡、蒋礼鸿、徐朔方、沈文倬、刘操南、王维贤、倪宝元、蔡义江、吴熊和、郑择魁、王元骧、陈坚、陆坚等等，是一长串熠熠生辉的名字，现在看来都是一代宗师了。他们的课，他们的书，精彩纷呈，为我们打开了一扇又一扇通向多彩世界的大门。同学们很快便迷恋上了屈原、陶渊明、李白、苏东坡，迷恋上了莎士比亚、巴尔扎克、托尔斯泰。凌晨去书店排队买书成了当时一道亮丽的风景线，读书求知成了我们共同的精神追求。很快，"诗人""作家"们便纷纷诞生了。记得当年食堂入口的黑板报上，经常发表"诗人"们的新作，其中的一句"快把窗户打开，多放进一些春风阳光"，至今仍令我难以忘怀。

不过我却是一个丑小鸭式的人物。默默无闻、不善言辞、不好交际，这些词搁在我身上大概都很合适。说起来也有些可怜，大学四年，我连个小组长、课代表都没有当过，是我们一百四十多个同学中最不起眼、最没有浪花的一个。开始的两三个学期，我基本上是围绕着课本转，充实而忙碌。不过我心中也时不时闪动些许火花。比我们稍晚一些，系里进来了"文化大革命"后入学的第一批研究生，如陈植锷、邵敬敏等，他们是我仰慕的对象。每天下午四五点钟，他们准会出现在我们寝室窗下操场的网球场上，看到他们意气风发的样子，自己虽然有时也会冒出"彼可取而代之"的狂妄念头或生发"大丈夫当如此也"的雄心，然而"乱花渐欲迷人眼"，面对五彩缤纷的世界，面对纷繁的学科知识，我似乎有些迷茫，不知道目标是什么。虽然年级主任刘一新老师时不时训导我们"临渊慕鱼，不如退而织网"，但我并不知道自己未来的网该怎么织。

转变发生在大学二年级。大约第三个学期，我们开设的一门新课是古代汉语，任课老师有一位叫郭在贻。郭老师中等个子，说话带有浓重的山东口音，看起来并没有什么过人之处。但他那渊博的学识，生动的讲授，极大地激发了同学们求知的欲望，也激起了我对古汉语的兴趣。每次听郭老师上课，就像是一种艺术享受，我总是早早地赶到教室。从那时起，我就成了郭老师的信徒，尽管当时郭老师并不认识我（那时我们上的是大课，全年级一百四十一个人挤在一起听课，像我这样的无名小卒，任课教师是不可能认识的）。两个学期结束，古汉语期末考试我竟然得了个全年级最高分。这使郭老师感到意外，他专门把我找了去，对我取得好成绩表示祝贺，并说了一些勉励的话。

这次意外的"出人头地"，尤其是郭老师的鼓励，给了我自信，使我明确了今后努力的方向。也正是从这个时候开始，我的心中萌发了成为郭老师这样的语言学家的梦想。此后，我便有事没事去向郭老师请教。在郭老师的指导下，我开始阅读一些古汉语方面的名著，诸如俞樾的《古书疑义举例》、王念孙的《读书杂志》

等等，都是我涉猎的对象，这为我后来从事古籍整理和研究打下了一定的基础。1980年上半年，我开始阅读杜甫诗及其他一些唐诗的选注本，其中如明王嗣奭的《杜臆》、清仇兆鳌的《杜诗详注》、杨伦的《杜诗镜铨》、施鸿保的《读杜诗说》，我都仔细地读过，并认真地做了笔记。一次，我把阅读杜诗的一些札记送给郭老师看，郭老师亟表赞赏，并提了一些修改意见。后来我把它们整理成文，郭老师专门写了一个书面意见，推荐给杭州大学首届文科学生论文报告会，后来又推荐给《杭州大学学报》发表。那几年我还写了另外几篇读书札记，每一篇郭老师都仔细地看过，一字一句也不放过。记得我在一篇文章中把单人旁的"俗"写成了双人旁，郭老师用红笔在旁边写了个大大的正字，并加上方框。他语重心长地对我说："别看错个字是小事，编辑看了，就会觉得作者的基本功不行，文章自然也不会给你发表了。"郭老师还把他写的论文手稿拿给我看，只见毛笔小楷，一笔一画，极其工整，所有的引文都详细注明书名、版本、卷次、页码，显示了郭老师谨严朴实的学风，给我留下了深刻的印象。

那几年，我还有意选修了一些语言学和文献学方面的课程，诸如蒋礼鸿先生的"目录学与工具书"、王维贤先生的"语法研究专题"、郭老师的"楚辞研究"，都使我获益良多。蒋先生讲课极富条理，一字一板，娓娓道来，生动而有趣。他十分重视基础知识的掌握，强调治学要打好基础，练好基本功。但我当时已热衷于所谓"著述"，先生的话一只耳朵进一只耳朵出，并没有放在心上。期末考试，只有一道题，就是标出十来个字的四角号码。由于我事先不够重视，缺少准备，一时手忙脚乱，胡乱标注一通，结果也就可想而知了。事后，我上蒋先生家，先生问明原因，并没有多加责备，而是破例允许我补考一次。这使我既惭愧又感激，铭记终生。后来我又和计伟强、郑良根一起在蒋先生的指导下撰写题为《〈太平广记〉引书考》的毕业论文，增长了许多文献学方面的知识。当年我写的一些"札记""商榷"性的所谓"论文"，蒋先生也都认真看过，并且丹黄杂下，几乎每页上都留下了先生红笔或蓝笔楷书的批注，或指明结论正误，或改正错字错句，或指示写作方法，或补充资料，使我知道了自己文章的问题所在。其中有一条关于陈子昂诗的札记，我的原稿约340字，而蒋先生的批注却有约370字。先生对后学的殷殷关怀之情，先生严肃认真、一丝不苟的治学精神，都洋溢于字里行间，令人感动，促人奋进。

正是在蒋先生、郭老师等母校老师手把手的教导下，我一步一步走上了治学之路，并在《杭州大学学报》《浙江学刊》《语文园地》《中国语文》等刊物发表过或长或短的论文，算是掀起了些许浪花。1982年1月，我结束了四年的大学生活。虽然郭老师极力推荐我留校任教，但由于种种原因，我还是被分到了远离杭州的一个小县城工作。对此，郭老师十分惋惜，但他劝我不要灰心丧气，并用毛笔写下了"长风破浪会有时，直挂云帆济沧海"14个大字送给我。在我悲观的时刻，是郭老师的临别赠言，给了我按既定目标继续前行的信心与勇气。

告别母校，我踏上了新的路途。虽然世事多艰，前路难料，但四年的大学生活，给了我知识，磨炼了我的意志，孕育了我人生的梦想。有梦想就有希望，我已做好准备，去迎接新的更大的挑战！

2014 年 1 月 26 日

姜老的胸怀和做学问的方法

很高兴来到昭通，参加这个座谈会并代表姜老的学生讲几句话。

昭通是一个让我们想念的地方。让我们想念的原因就是因为我们是姜老的学生。姜老1902年5月19日（农历四月十二日）出生于昭通，他的少年时代是在昭通度过的。1921年考入成都高等师范学校，他才离开昭通走向了世界。我们很想知道培育了姜老这样一位大师的是怎样一方神奇的土地。2016年我们同学聚会，想一起去看看世界，大家自然而然就想到了昭通。我们想瞻仰姜老的故居，想沿着姜老走过的路，看看昭通的山山水水，希望能感受一点昭通的灵气。

姜亮夫先生是杭州大学古籍研究所的创建者，是我们所的第一任所长。自1984年9月进入古籍研究所读研究生起，我在姜先生的指导和领导下学习、工作了十多个年头。姜老的学问很广很深，是我们永远仰望的大师。这里我只是从姜老学生的角度，谈两点感想。

第一点感想是要学习姜老广阔的胸怀。姜老研究的面很广，但最重要的有两个领域，即敦煌学和楚辞学。敦煌学是中国学术的伤心史。这当然首先是因为敦煌藏经洞刚发现不久，其中的精华部分就被西方各国盗劫而去。另外由于20世纪的大多数时间，中国长期处于战乱和阶级斗争之中，所以敦煌学研究的许多方面落后于日本和欧美各国。因此曾经有人说"敦煌在中国，研究在日本"。姜老的书中也多次提到过"敦煌材料在敦煌，敦煌学在日本"这样的话。这当然是中国人的奇耻大辱，所以后来也极大地激发了国人研究敦煌学的热情。20世纪30年代，姜老到巴黎学习考古学，当他看到流散在巴黎的敦煌写卷时，他的爱国心也被极大地激发了起来，于是他放弃原来的学业，转而投入到敦煌写卷的抄录和拍摄之中，从此走上了敦煌学研究之路。所以爱国心也是姜老研究敦煌学的出发点。但姜老的目光并不限于此，他认为敦煌既是中国的，也是世界的。1990年，敦煌研究院召开国际会议，当时年近九十的姜老虽不能亲自与会（姜老一辈子也没有到过敦煌），但心向往之，专门为会议写了一幅字：敦煌宝藏是全人类的同心结。这就是说敦煌不光是中国的，也是世界的，是全世界人民的共同财富，需要全世界的学者一起来研究它。这就跳出了狭隘的民族的情结，而把敦煌学研究放到一个更广阔的学术空间中去，这对促进敦煌学的研究是很有益的。后来季羡林先生提出"敦煌在中国，研究在世界"，这两个提法的实质是一

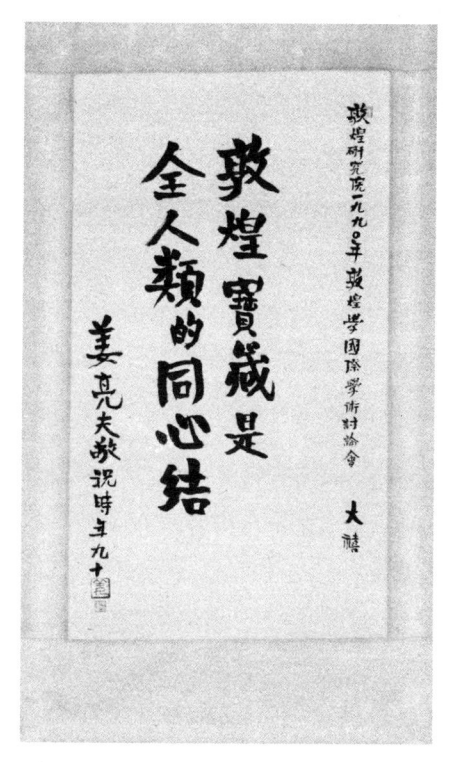

1990年，姜亮夫先生为敦煌学国际学术研讨会题词

致的。可贵的是,九十高龄的姜老还能提出这样的口号,我们不能不佩服姜老眼光的远大和胸怀的广阔。

第二点感想是要学习姜老做学问的方法。姜老的学问博大精深,对后学来说,可以说宽无涯涘,令人起望洋兴叹之感。但我们认真读姜老的著作,就会发现姜老做学问有他的方法。这个方法我的体会就是从基础入手,由浅入深,做深做透。比如姜老研究《楚辞》,他编了《楚辞书目五种》;研究敦煌学,他写了《莫高窟年表》,编了《敦煌俗字谱》。这些都是最基础的工作,也是进一步深入研究的必不可少的重要一环。也只有在这样的基础之上,才能把研究对象做深做透。相比之下,我们的有些年轻人不愿意做这种基础的工作,一开始就要写文章,其质量就可想而知了。同时,姜老做学问注意普及与提高并重。比如研究敦煌学,既有《瀛涯敦煌韵辑》这样深奥的专门之作,也有《敦煌——伟大的文化宝藏》《敦煌学概论》这样的普及之作。他研究《楚辞》,既有《楚辞通故》这样的皇皇巨著,也有《楚辞今绎讲录》《屈原赋今译》这样的普及作品。总之,他每研究一个课题,总是注意从基础入手,由浅入深,做深做透,最后往往会形成一系列的成果。这种做学问的方法,是非常值得我们后学认真学习的。

(2017年5月19日在昭通学院"姜亮夫先生学术思想研讨会"上的发言,部分内容刊于《昭通学院学报》2017年第3期)

回忆云从师对我的关怀

尊敬的云从师离开我们已经三个多月了,回忆先生生前对我的教育和关怀,心里就感到无限的哀痛,令人悲泪难已。

蒋礼鸿先生对我的教育是从我进大学时开始的。1978年初,作为恢复高考制度后的首批大学生,我有幸跨进了杭州大学中文系的大门。入校不久,祝鸿熹师和郭在贻师为我们讲授古代汉语课,他们在讲课时不时提到云从师的《敦煌变文字义通释》及其他一些著述,于是就自然而然地勾起了我这个古汉语爱好者的景仰之情,并渴望有一天能亲聆这位语言大师的教诲。机会终于来了,大三后,选修课有一门"目录学与工具书",任课老师正是我仰慕已久的云从先生。当时我毫不犹豫地选修了这门课。先生讲课极富条理,一字一板,娓娓道来,生动而有趣。先生十分重视基础知识的掌握,他强调治学要打好基础,练好基本功。但我当时已热衷于所谓"著述",先生的话一只耳朵进一只耳朵出,并没有认真听进去。期末考试,只有一道题,就是写出一些字的四角号码。对此，我重视不够，缺少准备，一时手忙脚乱，胡乱标注一通，成绩之糟也就可想而知了。事后，我上先生家，先生问明原因，并没有多加责备，而是破例允许我补考一次。这使我既惭愧又感激。今天，我能熟练地使用四角号码翻检工具书，就是得益于先生当时对我的教育。后来，当我自己站在讲台上，常要求学生能够运用四角号码检字法，也是基于这一师承。

接受之前的教训，我开始重视基础知识的学习。大学毕业前的一个学期，我和计伟强、郑良根同学在云从师的指导下撰写题为《〈太平广记〉引书考》的毕业论文，和先生有了更多的交往。先生不但为我们指出论文的具体写法，还一一列出参考书的详目。当我们碰到困难时，他老人家总是不厌其烦地给予悉心指导。因撰写这篇论文，我们查考了大量的史志笔记，增长了许多文献学方面的知识。这篇长达五六万字的论文在先生的指导、修改下完成后，先生给予了充分的肯定，许为"功德无量"云云，使我们受到了很大的鼓舞。

先生成就卓著，在学术界享有很高的威望，但他却从不摆什么架子，十分平易近人。大三以后，我常常写一点"札记""商榷"性的文章，诸如《对〈唐诗选〉的几点意见》[1]《〈唐诗一百首〉〈宋诗一百首〉注释商榷》[2]《评〈小说词语汇释〉》[3]《〈辞源〉

---

[1] 刊于《浙江学刊》1981年第2期。
[2] 该文后来分作《〈唐诗一百首〉注释商榷》《〈宋诗一百首〉注释商榷》两篇，分别刊于《语文园地》1981年第6期、1982年第6期。
[3] 刊于《文史知识》1985年第2期。

修订本商榷》[1]等等，这些在今天看来实在不像样的"论文"，当时先生都仔细看过，并且丹黄杂下，几乎每页上都留下了先生红笔或蓝笔楷书的批注。这些批注大致包括三个方面的内容：1. 改正错字错句；2. 指明内容正误，补充资料；3. 指示写作方法。如《评〈小说词语汇释〉》原稿上有这样一段话：

（该书）有些条目存在着重复的情况，如"统口"，《汇释》又另立"不统口"条，而后者只不过是在前者的基础上加上一个否定副词而已，实在用不着慷慨笔墨。

先生改"慷慨"为"多花"，又另加浮签写道：

"慷慨"二字语近挖苦，评论人家的东西宜表现得忠厚谦和，此二字不宜用。

又如先生在《〈唐诗一百首〉〈宋诗一百首〉注释商榷》一文前批道：

颇多见解。
文章要写得简明。此稿当须加以删削，尤其不要批评及于二书之外。

---

[1] 未刊。

对《〈辞源〉修订本商榷》一文,先生提出了两整页的修改意见,又用红笔批道:

以后望注意好好把文章写得简洁,这是要花工夫的!

《对〈唐诗选〉的几点意见》一文原稿中有这样一条:

陈子昂《感遇》诗之十九:"云构山林尽,瑶图珠翠烦。鬼工尚未可,人力安能存?"《唐诗选》注:"鬼工"两句的意思是:"即使真有鬼神供役使,这样奢侈尚且不可,何况全用人工,如何能不把民力用尽呢?"

按:注者径以"不可"来释"未可",意未惬。笔者以为"可"当训作易,"未可"即不易,句意谓如此奢侈(即"云构"两句意)鬼工尚不易作成,何况全用人工,民力岂能存乎?"可"有"易"义,如曹植《朔风》诗:"千仞易陟,天阻可越。"萧统《相逢狭路间》诗:"君居在城北,可寻复易知。"杜甫《破船》诗:"故者或可掘,新者亦易求。"均"可""易"互文,足以为证[①]。又如杜甫《自京赴奉先县咏怀五百字》:"河梁幸未坼,枝撑声窸窣。行旅相攀援,川广不可越。"又《夏夜叹》诗:

---

① 原注:"'可'有易义,徐仁甫先生已发其凡,说见《杜诗注解商榷》第58页,文中所举曹植、萧统、杜甫三诗,亦转引自该书。"

"永日不可暮,炎蒸毒中肠。"二"可"也是易义。

先生加浮签注云:

> 这一条,你的意见是对的。《文选·司马相如〈难蜀父老〉》:"且夫邛筰西夷之与中国并也,历年兹多,不可记已。仁者不以德来,强者不以力并,意者其殆不可乎!"李善注:"不可,犹不堪也。以其不堪为用,故弃之也。""不可"就是"不堪",则"未可"就是"未堪"。陈诗的"堪"是吃得消的意思,"未堪"就是未能吃得消,也就是吃不消。以上意思可考虑加入。
>
> 但这个注解还有一个问题,即用典问题。好的注本如邓广铭先生的《稼轩词编年笺注》、徐朔方先生的《牡丹亭》,都把文学作品的用典注出来,这样做对读者体会作品有帮助。《感遇》诗"鬼工"二句用了由余的典故。《史记·秦本纪》:"由余,其先晋人也,亡入戎,能晋言。闻缪公贤,故使由余观秦。秦缪公示以宫室积聚。由余曰:'使鬼为之,则劳神矣;使人为之,亦苦民矣。'"举出这个典故,则陈诗也就不待烦言而解了。我以为可用"再则"的形式补进去。

这条原稿约340字,而先生的批注却达到了约370字,先生对后学的殷殷关怀之情，先生严肃认真、一丝不苟的治学精神，都洋溢于字里行间，令人感动，促人奋进。正是在云从师、在贻师等前辈学者手把手的教导下，我才一步一步地走上了治学之路。现在遽失良师，怎能不令人悲痛万分呢！

1982年初大学毕业后，我曾到基层文化部门工作过两年。1984年，我回母校读研究生，1986年研究生毕业后又留校任教，从而得以在先生的教导下继续从事古汉语方面的研究工作。1987年前后，在贻师组织我们进行了"敦煌语言文字"的系列研究，并得到了国家社科基金的资助。1989年在贻师去世后，因为一些误会，先生曾一度对我有些意见。但说心里话，我对先生的敬重之心从来没有丝毫改变过，也从来没有做过对不起先生的事，过去如此，现在如此，将来也仍将如此。虽然我当时感到委屈，感到苦闷，但我坚定事实总会清楚的，先生最终也会理解的。在那种情况下，我仍一如既往地尊重先生，有问题主动向先生请教。很快，就得到了先生的谅解，先生在各个方面给予了我更多的关怀和帮助。1990年，先生主编《敦煌文献语言词典》，他让我参加；1994年，为拙著《汉语俗字研究》的出版，先生在病床上写信呼吁有关部门给予资助；1994年初，先生酝酿成立敦煌学研究中心，他让师母打电话把我找去，商量此事，后又让我向学校领导汇报；同年底，我申请进北大博士后流动站，先生又写信予以举荐。这一桩桩，这一件件，都体现着先生对后学的关怀和信任。

1993年春节前后，先生身体欠安，我买了两盒太阳神口服液去先生家中探望。先生得知我当时血压偏低,极表关切,并让师母拿出一支一百多元的西洋参,一定要我带回去补养身体。在此前后,先生和师母又多次到我当时住的破旧的居室来看我。1994年春节,我们搬到新居不久,先生和师母又不顾年老体衰,爬上四楼到我们的新居"参观"。当我看到两位白发老人颤巍巍的身影,不由激动得热泪盈眶。

1995年4月,我回杭州校对一部书稿。5月2日我携幼女去医院探视先生。当时先生病情十分严重,生命垂危。但先生是一个十分豁达的人,他很少过问自己的病情,可谓置生死于度外。所以尽管鼻腔上插着氧气管,但看上去仍十分平静,看不出有什么痛苦之感。但我们知道内情的人都暗暗为先生的病情焦急,内心感到十分痛苦。我注视着先生,默默地为先生的康复祈祷。临走时,我对先生说,待我暑假回杭再来看他。我相信,先生是一个生命力极强的人,他曾一次又一次地转危为安,在这样的强者面前,病魔是不能得逞其淫威的。

然而,这一次奇迹终于没能出现。一周以后,先生就永远地离开了这个世界。当我在北京知道这个消息时,已是又一周以后。这时先生的遗体早已送进浙江医科大学解剖室作科学研究之用,我想做点什么,但都已太晚了。我只好默默地遥望南天,在心里倾诉着我的不尽的哀思。

在获知先生噩耗的同时,我收到了岳麓书社出版的拙著《汉语俗字研究》的样书。先生曾长期致力于汉语俗字、俗语词的研究,

这本小书就是在先生的影响下写成的。为本书的出版,先生还在病床上向有关部门呼吁。在该书的后记中,我这样写道:

> 汉语俗字的研究还处在空白或半空白的境地,要做的事情很多。如果这本小书的出版能对汉语俗字的研究有所促进的话,笔者的目的也就达到了。二十五年前,蒋礼鸿师在《中国俗文字学研究导言》一文中呼吁开展俗字的研究,文章的最后说:"中国俗文字的研究还处在开步走的阶段,这篇文章的意思,就是想在起步之前吹一下哨子,希望能追随从事语文工作的同志一同跑上几个圈子。"尽管二十五年后的今天在这个跑道上的人仍然少得可怜,但作为受蒋师教育多年的学生,我愿意追随先生在这个跑道上淌上自己的汗水。

虽然,先生最终没能看到拙著的出版,但他如果得知他的学生正在沿着他指引的道路前进,他倡导的事业正在得到延续,先生是一定会高兴的吧!

先生,您安息吧。

(原载《书魂——蒋礼鸿教授纪念文集》,杭州大学1995年10月编印)

郭在贻教授治学之道

郭在贻先生（1939—1989），号旻盦（又作旻庵）居士，室名朴学斋、仪二王斋（"二王"指王念孙、王引之）、冷凳斋。1939年1月11日出生于山东省邹平县碑楼村的一个农民家庭，幼年丧父，家境贫寒。先后就读于当地小学和张店市初级中学、济南市第三中学，讷言敏行，沉静好学，成绩优秀，而尤以语文为最。1957年至1961年就读于浙江师范学院（1958年改名为杭州大学）中文系。因成绩优异，毕业后留校，分配在语言文学研究室，给姜亮夫先生当助手，至1965年秋季"四清"运动止。"文化大革命"后调中文系任教。1979年被评为讲师，1980年破格晋升为副教授，1985年晋升为教授。1986年被国务院学位委员会评定为博士生导师，是当时人文社会科学领域最年轻的博士生导师。1988年被国家人事部核准为国家有突出贡献的中青年专家。他是浙江省第六届政协委员、九三学社社员，生前兼任中国语言学会理事、中国敦煌吐鲁番学会理事、中国训诂学研究会副会长、中国敦煌吐鲁番学会语言文学专业委员会副会长、浙江省语言学会副会长。1989年1月10日因病逝世，年仅五十岁。著作《训诂丛稿》、《训诂学》、《敦煌变文集校议》（与张涌泉、黄征合著），以及他去世后由他的学生整理而成的《旻盦文存》上中下三编，2002年5月已汇集为四卷本的《郭在贻文集》由中华书局出版。

先生毕生致力于汉语言文学的教学和研究工作，在训诂学、敦煌学、楚辞学诸领域都取得了卓越的成就。

大学毕业后，在姜老的引导下，先生没有急于述作，而是如饥似渴地读书。当时他读书的重点是语言文字学，旁及历史、哲学、文学，其中段玉裁的《说文解字注》是他专攻的对象。后来先生回忆说："清人段玉裁的《说文解字》，我从头到尾读过三四遍。我在自己用的本子上，先用朱笔点读过一遍，然后又密密麻麻地贴满了浮签，用一句套话来说，可谓'丹黄烂然'了。"[①] 这段时间的读书生活，为他后来的学术研究打下了坚实而又宽博的基础。他的处女作是1978年发表于《社会科学战线》上的《〈说文段注〉与汉语词汇研究》等5篇系列研究论文。这些论文从不同角度对《说文段注》进行了全面而深入的探讨，在学术界引起了较大的反响。

"文化大革命"十年，举国板荡，没有哪个地方可以安得下一张平静的书桌。但先生凭着对学术的执着追求，超然物外，仍

---

① 郭在贻：《回顾我的读书生活》，《文史知识》1988年第9期。

一意沉潜于书卷之中。也正是在这一时期，他的读书生活跨入了一个新的阶段，即由博览群书打基础转而进行专门性的研究。他首先注意到的是《楚辞》。自东汉王逸《楚辞章句》而下，前人对《楚辞》已进行了反复深入的研究，有关的著述不下数百种，要在前人的基础上有所突破、有所发明，谈何容易！但先生没有在困难面前却步。在研读了数以百计的《楚辞》论著的基础上，他凭着扎实的古汉语和古文献方面的功底，精思博辨，写成了《楚辞解诂》一文，对《楚辞》中的一些聚讼纷纭、向无定论的疑难词语进行了类似破译密码的考释工作。如考证"九约"即"纠钥"，"志度"即"跮踱"，"雷渊"即"回渊"，等等，莫不洞见幽微，得其本真。他还写了《近六十年来的楚辞研究》《楚辞要籍述评》等论文，对《楚辞》研究的历史和现状作了宏观的评述。文章论述全面、评议得当，反映出一位深有造诣的研究者的真知灼见。此外，他还写了《〈汉书〉札记》《〈论衡〉札记》《古汉语词义札记》等论文，对《史记》《汉书》《论衡》中的一些疑难词语进行了考释，亦皆精审，多发人所未发。

1976年，"四人帮"被粉碎，迎来了科学的春天，先生的学术活动也跨入了新的阶段。在蒋礼鸿先生的影响熏陶下，他的学术研究从传统的训诂学领域转向了汉魏六朝以来方俗语词的研究。从汉代经师到清代鸿儒，传统的训诂学在先秦两汉典籍的训释方面无疑取得了辉煌的成就，但对汉魏六朝以来方俗语词的研究工作，却不曾很好地做过。这是汉语词汇史研究中的薄弱环节，也是文字训诂之学的一个全新的研究领域。从1979年在《中国语文》刊发《古汉语词义札记（二）》一文开始，先生继踵张相与蒋礼鸿诸前辈之后，对汉魏六朝以来文献中的大量"字面生涩而义晦"或"字面普通而义别"的方俗语词进行了考释，先后发表的有关论文多达40余篇。这些论文，思致绵密，征引详赡，结论多可信从。诸如杜甫《彭衙行》的"咬"字，白居易《琵琶行》的"滩"字，陶渊明《五柳先生传》的"何许人"，长期以来以讹传讹，未得确诂，一经先生点破，便有雾解冰释之妙。在俗语词研究中，先生既汲取了前辈学者经常使用的归纳类比的训释方法，又善于把俗语词研究和文字校勘结合起来进行考察。如他考释王梵志诗中的"蛆妒"一词，便是从文字校勘入手，指出"蛆"即"怚"的假借字，而"妒"则即"妒"的俗体字，破除了字形的迷障，"蛆妒"的意义也就豁然开解了。先生还善于将俗语词考释和汉语词汇史的研究结合起来，追本溯源，求其会通。他非常注意观察那些较为特殊的语言现象，努力探寻揭示那些带有规律性的东西，如《唐诗中的反训词》《杜诗异文释例》《唐诗异文释例》诸文，都是如此。为了促进俗语词研究工作的开展，先生还从理论上对俗语词研究的特点与经验进行了系统的总结，先后写了《俗语词研究与古籍整理》《俗语词研究概述》等论文。在1986年出版的《训诂学》一书中，更把汉魏六朝以来的方俗语词研究辟为专章，对俗语词研究的意义、历史和现状、材料、方法等进行了全面的阐述，堪称俗语词理论的奠基之作。日本学者佐藤晴彦教授指出:"郭在贻氏前年出版的《训诂丛稿》,以其踏实的工作方法而引人注目。这次的《训诂学》也是非常独特的。直截了当地提出俗语词问题并辟为一章,通过丰富的例证来强调说明俗语词的研究成果对于正确地理解文句是多么的重要,恐怕还是从本书开始的吧。在传统的色彩极其浓厚的训诂学的世界里,只有郭著这样说并且付诸实践,这是很不简单的啊!"[1]

训诂学是一门古老的学问,旧的训诂学作为经学的附庸,其主要目的是为经学服务的。过去的一些训诂学著作也往往言必称九经三传,摆脱不开为经学服务的老框子。所以如何加强训诂学的实用性,是摆在今天的训诂学家面前的一大任务。先生在训诂研究的理论与实践中,十分注重训诂的实用性,撰写了《训诂学与语文教学》《训诂学与辞书编纂》《漫谈古书的注释》等一系列论文,努力使艰深的训诂之学同古籍整理、辞书编纂,以及大中学校的语文教学挂起钩来。在《训诂学》一书中,"实用性"更是贯穿全书的一条主线。书中所揭示的训诂学的作用,极具说服力;所概括的训诂方法,又切实可行。现在许多高等学校把郭著《训诂学》作为教材,良非偶然。

20世纪80年代初,先生开始把研攻的重点放到敦煌文献语言文字上来。敦煌文献的发现,改变了整个中国学术史的面貌,也为方俗语词的研究注入了强大的生命力。敦煌文献中的变文、曲子词、白话诗、券契等文书,保存着大量的口语资料,它们对

---

[1] 见《日本中国学会报》1987年第39集。

于考察宋元白话之沿溯，对于近代汉语词汇、语法的研究，都有很高的参考价值。1959年，蒋礼鸿先生出版了他的名著《敦煌变文字义通释》，考释了一大批变文中的方俗语词。但由于种种原因，没有解决的问题仍复不少，而且蒋书只限于变文，考释的范围有进一步扩大的可能和必要。所以在从传统的训诂学领域转向俗语词研究的同时，先生注意到了敦煌文献中的俗文学作品，先后发表了《唐代白话诗释词》《王梵志诗校释拾补》《敦煌变文校勘拾遗》《王梵志诗汇校》等一系列论文。在敦煌文献方俗语词考释的过程中，先生注意到了这样一个事实：敦煌俗文学作品的作者或抄写者，多数水平不高，写本中字形讹误很多，这些作品中丰富的方俗语词往往是通过俗字别体的形式表现出来的；但一些前辈学者在整理敦煌文献的时候，还没来得及对俗字、俗语词给予足够的注意，整理工作中难免发生这样那样的疏漏，从而也给方俗语词考释工作的准确性带来严重的影响；敦煌文献中的俗语词研究要取得长足的进展，必须从俗字研究和文书校理入手。正是基于这一认识，从1987年开始，先生和他的学生张涌泉、黄征合作，开始了"敦煌学三书"（即《敦煌变文集校议》《敦煌变文校注》《敦煌吐鲁番俗字典》）的撰著工作。1989年底，"三书"的第一种《敦煌变文集校议》大致定稿。该书依据敦煌写本原卷，校正了《敦煌变文集》的大量校录错误。以俗治俗，注重俗字、俗语词之考释，是该书的一个显著特点。先生在给友人的信中写道："此稿专谈我们自己的看法，自信不无发明，其中俗字和俗语词的考释方面，尤多独得之秘。"确非自夸之语。

先生治学严谨，学风朴实。在学术研究中，坚持实事求是、无征不信的原则，每立一义，必胪举大量本证、旁证，穷原竟委，不为空疏皮傅之说。在《回顾我的读书生活》一文中，先生把自己的治学经验归纳为四点：1. 读书要博，研究要精。他认为读书的面不妨宽一些，中外古今文史哲，都要涉猎一些，这对于提高一个人的文化素质大有益处。但对研究工作来说，则必须专精，切忌博杂；做学问要注意根柢之学。比如搞训诂的，对几种小学名著，必须扎扎实实地精读一二种，然后由点及面，把自己的研究工作推广开去。2. 方法要讲究，学风更重要。他大力倡导去华崇实的学风，提出"务平实、忌好奇，重证据、戒臆断，宁阙疑、勿强解"的训诂态度，并且身体力行。3. 做学问要重创造，贵发明。他崇尚清代皖派学者的发明创造精神，反对粗制滥造、雷同剿袭。他写《楚辞解诂》一文，先后凡七易其稿，参考的书有近百种，历时近十载，而所得不过一篇万把字的论文，其由即在乎此。4. 做学问要刊落声华，甘于寂寞。他认为读书人既要耐得起苦，能于枯寂落寞之中得其真味和乐趣，又要自觉抵御外界名与利的诱惑，始终忠实于学术，献身于学术。正是以"甘于寂寞"自励，以"板凳要坐十年冷，文章不写一句空"为座右铭，所以即使在"文化大革命"期间，他仍能闭门读书，潜心著述，诚可谓"苏世独立，横而不流"，"深固难徙，更壹志兮"（姜老为先生手书《橘颂》语）。

先生在训诂学、敦煌学、楚辞学诸领域所取得的卓越成就受到海内外学术界的推崇和瞩目。香港《大公报》两度载文评价赞誉《训诂丛稿》，《人民日报》（海外版）、《光明日报》、《语文导报》等报刊也多次载文介绍他的研究成果。他主持撰著的《敦煌变文集校议》获北京大学第四届王力语言学奖；他的论文《楚辞解诂》《唐代白话诗释词》获中国社科院首届青年语言学家奖；《训诂丛稿》一书获国家教委首届普通高校人文社科研究成果二等奖和浙江省高校文科科研成果特等奖；有关《说文》学、敦煌学、训诂学的论著连续三次获浙江省社会科学优秀成果奖。他无愧于"国家有突出贡献的中青年专家"的崇高荣誉。

先生为人谦虚谨慎，待人热情坦诚；他不慕荣利，一生清贫。先生手书压在书房台板底下的"入吾室者但有清风，对吾饮者唯当明月"（语出《南史》），正是他精神境界的真实写照。先生长期工作在教学第一线，不但每学期为未来的博士、硕士、学士们上课，为他们审阅论文、批改作业，还不辞辛劳地亲赴地县为函授学员讲课，满腔热情地为许多认识的、不认识的青年朋友看稿审稿。为教学、为科研，先生竭尽了毕生的精力。

1989年1月10日，万恶的癌细胞夺去先生年轻的生命。他走得那样匆忙，他没能过上五十周岁的生日就永远地离开了这个世界。

（原载《汉语史学报》第3辑，上海教育出版社2003年出版，原题《郭在贻先生传略》，收入本书时略有修改）

入乎其内，出乎其外
——项楚先生的敦煌学研究

项楚先生是我国著名的敦煌学家、文献学家、语言学家和文学史家。他的研究领域以敦煌学为核心，涵盖了文学、语言学、文献学和佛学等诸多方面，其中以对敦煌俗文学的研究居于世界领先地位而享誉国际学坛。作为一个敦煌学的研习者，项先生一直是我们青年学子心目中的一面旗帜。特别是20世纪90年代初，我有幸在项先生的身边攻读博士学位，耳濡目染，对项先生的学问人生有了更真切的了解。

一

项先生是浙江省永嘉县人。1962年南开大学中文系毕业后考取四川大学中文系的研究生，从此开始了他的学术生涯。不过，他当时潜心研究的对象并不是敦煌俗文学，而是在我国封建社会文化高涨时期涌现的世界级的伟大诗人。"文化大革命"中断了项先生的研究计划，他先是被分配到军垦农场劳动两年，接着又当了十年中学教师。一个偶然的机会使他转向了新的研究领域。1976年，项先生从中学借调到《汉语大字典》编写组工作，具体任务是从《敦煌变文集》中摘取编写字典所需要的例句。就这样，他开始接触到了20世纪初在敦煌藏经洞发现的大量唐五代通俗文学作品，如变文、歌辞、白话诗等，并产生了浓厚的兴趣。但不久以后他就发现，这些在当时由人民群众创作并受他们喜爱的通俗文学作品，却远远没有为今天的人民群众所欣赏和接受，就是专门的古典文学研究者中，也时时表现出对它们的隔膜和误解。这主要是因为存在着如下三个障碍：1.原卷文字错讹脱漏严重，俗别字多；2.使用了大量唐五代的口语词汇；3.有大量描写佛教题材或表现佛教思想的作品。这些障碍的存在，给敦煌通俗文学作品的校理带来了特殊的困难。尽管敦煌文献发现后的几十年中，许多专家、学者对敦煌通俗文学作品进行了系统的整理和研究，并出现了《敦煌变文集》《王梵志诗校辑》《敦煌歌辞总编》这样一些集大成之作，但在文字的校勘、内容的诠释、史实的考订等诸方面都还存在着严重的问题。要使敦煌通俗文学作品的研究更趋深入并取得突破性的成果，从而真正为普通读者所欣赏和接受，当务之急是要正确地掌握和理解基本的材料。有鉴于此，项先生开始把敦煌通俗文学的研究和敦煌语言文字的研究结合起来，并旁及历史、宗教、民俗等等，先后发表了《〈敦煌写本王梵志诗校注〉补正》(《中华文史论丛》1981年第4辑)、《〈王梵志诗校辑〉匡补》(《中华文史论丛》1985年第1辑;又《敦煌研究》1985年第2期)、《王梵志诗十一首辨伪》(《中华文史论丛》1986年第2辑)、《王梵志诗释词》(《中国语文》1986年第4期)、《敦煌变文语辞札记》(《四川大学学报》1981年第2期)、《敦煌变文字义析疑》(《中华文史论丛》1983年第1辑)、《〈伍子胥变文〉补校》(《文史》1983年总第17辑)、《变文字义零拾》(《中华文史论丛》1984年第2辑)、《敦煌变文语词校释商兑》(《中国语文》1985年第4期)、《〈敦煌变文集〉校记散录》(《敦煌语言文学论文集》,浙江古籍出版社1988年版)等一系列论文,为恢复敦煌文献真貌、诠释敦煌文献真意作出了巨大的努力。

在上述研究成果的基础上,后来项先生又撰著了集大成的《王梵志诗校注》和《敦煌变文选注》。1987年,《王梵志诗校注》的初稿(约50万字)在《敦煌吐鲁番文献研究论集》第4辑上全文刊载(全书由上海古籍出版社于1991年正式出版),受到了海内外学术界的一致好评。日本著名的汉学权威入矢义高由衷称赞:"对其极周详精审之至的注释,我只能起久长的惊叹之感。"[1]日本佛教大学中原健二教授也说:"本书的最大特点可说是注解中的旁征博引,其校勘的精确也证明作者的渊博学识,读者会被本书引用的大量文献所折服。尤其是作者自如地引用了

---

[1] 入矢义高:《评〈王梵志诗校注〉》,《中国图书》(日本)1991年第1期。

佛教经典、《太平广记》，乃至以变文为主的敦煌文献，而且又皆中鹄的，不能不使人为作者的广收博引而瞠目结舌。"[1]1990年2月，洋洋72万言的《敦煌变文选注》出版以后[2]，亦受到了海内外学术界的高度推崇。潘重规先生专门发表长文推荐《敦煌变文选注》，认为"其选择之当，注释之精，取材之富，不独可供初学入门的津梁，也大大裨补了专家学者的阙失"，以致他"不能自已的逢人'说项'"，"希望海内外读者共同来细细品尝"[3]。德高望重的著名学者吕叔湘先生也对《选注》给予了很高的评价，在和他的学生江蓝生合写的《评项楚〈敦煌变文选注〉》一文中，认为这部书"校释精详"，"是继蒋礼鸿先生《敦煌变文字义通释》之后，又一部研究变文语言文字的重要著作"，"是目前敦煌变文研究的集大成之作"[4]。

后来，项先生又陆续出版了《敦煌诗歌导论》（台北新文丰出版公司1993年初版，巴蜀书社2001年修订本）、《敦煌歌辞总编匡补》（台北新文丰出版公司1995年初版，巴蜀书社2000年修订本）、《唐代白话诗派研究》（合著，巴蜀书社2005年版）等多部高水平的学术著作，并获1985年中国社科院青年语言学

---

[1] 中原健二：《评项楚著〈王梵志诗校注〉》，《中国图书》（日本）1994年第6期，《俗语言研究》（日本）1996年第3期。

[2] 2006年中华书局出版增订本，篇幅增加了近一倍。以下引用该书皆据增订本，不再一一注出。

[3] 潘重规：《读项注〈敦煌变文选注〉》，《敦煌学》第16辑，台北：新文丰出版公司，1990年。

[4] 吕叔湘、江蓝生：《评项楚〈敦煌变文选注〉》，《中国语文》1990年第4期。

家奖一等奖（他是第一个获得该奖一等奖的学者）、教育部全国高等学校人文社会科学研究优秀成果奖（一等奖三次、三等奖一次）等多种学术大奖，毫无疑问地站在了敦煌语言文学研究的学术之巅，为祖国争取了光荣。

二

如上所说，项先生在敦煌语言文学的研究方面取得了世人瞩目的卓越成就。具体说来，这些成就主要表现在如下两个方面。

（一）恢复文献真貌

我们知道，敦煌俗文学作品是以写本（少数为刻本）的形式流传下来的，用来记录它们的是民间流行的通俗字体，其中颇有字典失载而难于辨识者；同时由于屡经传抄，讹、舛、衍、脱的情况也十分严重；而且还有许多殊异于今日的书写特点。这些情况都给今天的校勘整理工作造成了特殊的困难。虽然许多专家学者已对变文、王梵志诗、歌辞等敦煌俗文学作品进行了初步的梳理和校订，但没有解决的问题仍然很多，而且往往由于理解上的偏差，又造成了一些新的错误。项先生在前人研究的基础上，凭借他那扎实的小学根柢，综合运用对校、本校、他校、理校等校勘方法，广征博引，扫除了大量的障碍，在很大程度上恢复了敦煌文献的真实面貌。经他梳理校订后的变文、王梵志诗、歌辞等，往往群疑冰释，怡然理顺，使人有拨云雾见青天之感。下面我们从三个方面举例作些说明。

1. 校正了许多写卷本身的错误

《敦煌变文集》卷六《大目乾连冥间救母变文》："狱中罪人，生存在日，侵损常住，游泥伽蓝，好用常住水果，盗常住柴薪。今日交伊手攀剑树，支支节节皆零落处……"（原文断句有误，此从蒋礼鸿校改读如上）其中的"游泥"一词，敦煌写本原卷如此，其义颇为费解，乃敦煌变文校读中的一大难点，蒋礼鸿先生把它收入"不能解释"的《变文字义待质录》，而疑"游泥"即曲子词中"把人尤泥"的"尤泥"。项先生则谓"游泥"当作"淤泥"，"游"即"淤"字形讹。"淤"字亦作"污"。文中"淤（污）泥"与"侵损"对举，用作动词，"淤（污）泥伽蓝"是说把寺院弄脏。佛教以污泥伽蓝为恶业，死后当受罪报。佛典中每有污泥伽蓝而受罪报的记载。[①] 这样一校，原文的意思便顺适无碍了。

又伯3418号王梵志《有钱不造福》诗："积十年调宁，知身得几时？"前一句义不可通，法国戴密微《王梵志诗集》乃把这两句校作："积［作］千年调，宁知得几时？"张锡厚《王梵志诗校辑》又校作："莫积千年调，宁知得几时？"项先生《王梵志诗校注》则校作："贮积千年调，知身得几时？"项先生云："原文'宁'字实为'贮'字之讹，又应在句首，书手脱去，发

---

① 项楚：《敦煌文学丛考》，上海：上海古籍出版社，1991年，第103页；项楚：《敦煌变文选注》，北京：中华书局，2006年，第892页。

觉后遂补书于句尾也。"① 相比之下，项校改动原文较少，又注意到了敦煌写本添补脱字的通例，显然是较为可信的。②

2. 纠正了许多后人的误录误校

《敦煌变文集》卷五《维摩诘经讲经文》（斯3872号）："如似尽（画）瓶，用盛粪秽，忽然破裂，一改乖张。"徐震堮校云："原校改'尽'为'画'，非也。'尽'乃'净'之同声字。"项先生则云："原校不误，徐氏误驳。'画瓶'之喻，佛经习见，如《般泥洹经》：'彼好庄衣，譬如画瓶，虽表彩色，中但屎尿。当知好女，皆尽画瓶辈也。'末句'改'字为'段'字形讹，'一段乖张'即一场乖张也。"③ 按：项说极是。"尽"字原卷本作"畫"，实为"画（畫）"的俗字。同卷："显名于凤阁之中，画影向麟台之上。""画"原卷亦作"畫"。慧琳《一切经音义》卷四一《六波罗蜜多经》第六卷音义："畫师，上胡卦反……经作畫，俗字也。《说文》作畫，从聿从田从一，正体字也。"可见"畫"是一个当时通行已久的俗字。又"改"原卷本作"叚"，实亦为"段"的俗字。同卷"愿决昏昏一段疑"，"段"字原卷作"叚"，可以比勘。可知作"尽"作"改"都是《敦煌变文集》的移录之误。

---

① 项楚：《王梵志诗校注》，上海：上海古籍出版社，1991年，第694页。
② "宁（寧）"字俗书作"寍"，而"贮（貯）"字古本作"宁"，"宁""寧"形近易误。又脱字添补于句末乃敦煌写本的通例，如斯3728号《故圆鉴大师二十四孝押座文》："志意顺从同信佛，美言参问烧香胜。"后句当作"美言参问胜烧香"（伯3361号正作"美言参问胜烧香"），原卷"胜"字亦为句中脱字添补于句末之例。编按：本书对与说明内容相关的俗字别体，及可能影响行文理解的繁体字酌情保留。
③ 项楚：《敦煌文学丛考》，第313页。

又考姚秦竺佛念译《出曜经》卷十七《惟念品第十六》：有一淫逸之人得道后不近女色，其妇不解，问其缘由，其夫乃"彩画好瓶，成（盛）满粪秽，牢盖其口，香华芬熏。还至彼众，告其妇曰：'审爱我不？若爱我者，可抱弄此瓶，如爱我身。'妇随其语，抱瓶玩弄，意不舍离。夫主见妇已爱着此瓶，即打瓶破，臭秽流溢，蛆虫现出。复语妇曰：'汝今故能抱此破瓶不耶？'妇答曰：'我宁取死，终不能近此破瓶；宁入火坑，投于深水，高山自投于下，头足异处，终不能近此瓶。'夫告其妇：'前言见汝正见此事耳。我观汝身，剧于此瓶，从头至足，分别思惟三十六物，有何可贪！'"这大概就是"画瓶盛粪"的出典，亦可为项校助证。

又《敦煌变文集》卷八《孝子传》"董永"条："后数载，父殅（殁），葬送不办。遂［与］圣人［贷］钱一万，即千贯也，将殡其父。"《变文集》原校"殅"为"殁"，又补"与"字"贷"字；徐震堮又校"圣"为"主"，"一万"为"十万"。项先生则谓"殅"即"终"字别体，原校作"殁"，非是；"与"字"贷"字俱不应补，而"圣"则为"取主"二字之误合，下行即有"父终无已（以）殡送，取主人钱一万"之语；"一万"不误，下文"千贯"则为"十贯"之误，"一万"正是"十贯"也。据此，原文当作："后数载，父终，葬送不办。遂取主人钱一万，即十贯也，将殡其父。"[①] 今按：项校皆是。《玉篇·歹部》云："殅，之戎切，殁也。今作终。"可证"殅"即"终"的异体字。又"千

---

① 项楚：《敦煌文学丛考》，第390页。

贯"敦煌写本原卷伯2621号实本作"十贯",作"千贯"乃《变文集》传录之误。在上面这短短的20余字的句子中,项校纠正原卷的错误一处,后人的录文及校勘错误五处,我们不能不佩服他校勘功夫的纯熟和精湛。

3. 辨明了一大批俗字

《王梵志诗校辑》卷二《家贫无好衣》:"家贫无好衣,造得一袄子。中心㡩破毡,还将布作里。"原校:"㡩",原作"㡩",乙三本作"镶",据文义改。项先生则列举《蜀语》《说文》《洛阳伽蓝记》《僧伽罗刹所集经》《太平御览》《唐声诗》等古今典籍及成都方言,指出凡充填之事及充填之物等义,古亦作"瓤""欀""穰""釀",与"㡩""镶""皆从'襄'得声,唯字形不定,或随文义而添加义符,或任取一从'襄'得声之字以代之。盖以充填棉絮为'㡩',虽古今相承,历史悠久,其实是但有此音,并无此字。梵志诗作'㡩',亦记俗语字音也"。[①] 这样就不仅仅解释了梵志诗"㡩""镶"的得义之由,而且把一系列从"襄"得声之字系联到了一起,使读者既明其然,又明其所以然。

(二)诠释文献真意

由于时代的变迁,敦煌通俗文学作品所使用的语言,所反映的历史背景和思想观念,每每和今天有较大的差距,妨碍了人们对作品真意的探求,从而导致了不少理解上的错误或偏差。项先

① 项楚:《王梵志诗校注》,第224—225页。

生在通过校勘恢复文献真貌的同时，还对文献真意进行了深入的探讨，并取得了丰硕的成果。其中包括：

1. 特殊语词的考释

敦煌俗文学作品成长于民间的土壤，它们所采用的语言，大抵是当时的口语，其中有着大量"字面普通而义别"或"字面生涩而义晦"的方俗语词，此外还有相当数量的佛教术语。这些特殊语词，当时的人们也许是过眼即了，但今天的读者却感到难以索解。尽管蒋礼鸿先生的《敦煌变文字义通释》已在这方面作出了开拓性的贡献，但留待解决的问题仍然不在少数。项先生继踵蒋礼鸿先生，先后发表了《敦煌变文语词札记》《王梵志诗释词》等10余篇论文，对变文、白话诗中的数百个特殊语词进行了诠解。在《敦煌变文选注》和《王梵志诗校注》中，这方面的考释条目更是随处可见。这些诠解，思致绵密，征引详赡，结论大抵确凿可信。下面举两个例子以见其一斑：

斯4571号《维摩诘经讲经文》："菩萨忧念三界众生，爱如若子。所以向下经云：'譬如长者，唯有一子，子若得病，父母亦病。'云云。"其中的"向下"一词，可谓"字面普通"者。《敦煌变文集》于"向下经"旁加书名号，一似佛藏中真有《向下经》者，这却是误解。项先生释云："'向下'即以下、下面之义，正与'向上'是以上、上面之义相同。本篇所演绎的是《维摩诘经·佛国品第一》，而'譬如长者'云云见于《维摩诘经·文殊师利问疾品第六》，俗讲僧引用了后面的经文，故云'向下经云'，意思是后面的经文有这样的话。"接着又列举变文、《酉阳杂俎》、《景德传灯录》、苏轼文等材料中"向下"的同样用法，以为佐证①，洵为定论。

又伯2305号《妙法莲华经讲经文》："若是心生退屈，故请便却归回；王免每日驱驰，交我终朝发业。"其中的"发业"一词，字面颇感"生涩"，而义亦费解。曾有人怀疑"发业"为"废业"的音误。项先生则广引《景德传灯录》《祖堂集》《五灯会元》《董西厢》等书中"发业"的用例，指出"发业"是生气、发怒之义。上例原文是仙人责怪大王行动迟缓之语，后两句是说，大王倘若归回，彼此都有好处：你既可免每日辛苦，我也不必因你行动迟缓而整天生气了。如此解释，文义甚安。但"发业"何以会有发怒之义呢？项先生进一步指出："这里的'业'是佛教术语，指能导致某种果报的身、口、意行为，有善业与恶业之分，通常是指恶业。佛教认为'瞋'（所谓'三毒'之一）即能令人起诸恶业，如玄奘译《成唯识论》卷六：'瞋必令身心热恼，起诸恶业。'而'瞋'就是发怒，由此产生了以'发业'表示发怒的说法。"②这样就不但把"发业"的意思讲清楚了，而且对它的来源也作出了令人信服的说明。

2. 佛教义理的阐发

敦煌通俗文学作品展示的是唐五代前后中下层社会的生活图景，其中描写佛教题材或表现佛教思想的作品占了绝大多数；即

---

① 项楚：《敦煌文学丛考》，第183页。
② 项楚：《敦煌文学丛考》，第189—190页。

使那些表现世俗生活的作品，往往也掺杂着浓厚的佛教内容。这一类的作品，今天的读者难免感到生疏和隔阂。项先生曾通读《大藏经》，对佛教义理进行过深入的研究，所以在校理充满佛教思想的变文、王梵志诗等敦煌俗文学作品时，便显得得心应手，游刃有余。在他的笔下，晦涩难懂的佛教思想，也欣然揭去了神秘的面纱，显得明白晓畅，亲切动人。例如：

《王梵志诗校注》卷三《先因崇福德》："先因崇福德，今日受肥胎。"其中的"肥胎"一词颇为眼生，诗意亦甚费解。有的本子把"肥胎"录作"耶胎"，还有的本子录作"胞胎"，大概都与"肥胎"意义不明有关。项注则云："肥胎：特大之胎儿。佛教以为前生所修善业，将感招今生福报，亦包括胎儿形体之美好……世俗以胎儿肥大为可喜有福。《佛本行集经》卷三五耶输陀因缘品下：'时长者妇，或满九月，或满十月，其胎成熟，产一男儿，极大端正，可喜无双。'故梵志诗云'受肥胎'，以言甫一出生，即获福报也。"[①]这样一解释，原文的意义便昭然若揭了。

又伯3821号《百岁诗拾首》之六："衣着绮罗贪锦绣，矜装坏器一生身。"《敦煌歌辞总编》卷五改"坏器"为"璯器"。项先生则云原本"坏"字甚是，"坏器"即未经烧焙之陶器土坯；由于坏器窳陋不坚，佛教因以坏器比喻危脆不久之人身或臭秽不净之躯体；本首"矜装坏器一生身"，谓以绮罗锦绣等衣着装饰

---

① 项楚：《王梵志诗校注》，第317页。

危脆不坚、臭秽不净之躯体也。[①]明白了"坏器"所隐含的佛教哲理，则改作"瓌器"的荒谬便是不言而喻的了。

除了佛教义理的阐发以外，项先生的论著还对敦煌俗文学作品所涉及的社会生活的各个方面，包括历史事件、典章制度、宗教民俗、山川地理、花木鱼虫、战具兵器、厌禳占卜、婚丧嫁娶、宴饮游戏等等，作出了翔实的阐述和考证。诸如《王梵志诗校注》40—41页对冥间"奈河"的考证，57—59页对送葬时哭"奈何"的考证，105—106页对"道人"(僧徒)的考证，125—126页对"揩赤"(以朱笔抹去簿书中姓名，表示了结)的考证，142—144页对"避杀"风俗(唐代民俗以为新死者若干日内当化"杀"而归，遇者不祥)的考证，248—250页对称儿女为"冤家"的考证，356—357页对"鸠盘荼"(佛经中的恶鬼)的考证，360—362页对"借吉"(居丧期间婚嫁)风俗的考证，599—600页对"火葬"习俗的考证；《敦煌变文选注》45—51页对"药名诗"的考证，516页对民间以小便医治跌打损伤的考证，578—579页对杖脊饶免三下的考证，1838—1839页对出售物品的标记"标"的考证；《敦煌文学丛考》75—77页对唐代"括客"(搜寻逃亡户口)制度的考证，134—136页对"搭马索""搭索"的考证，167—169页对"老头春"(酒名)的考证；等等，无不推本溯源，辨析入微，显示了作者渊博的学识和深厚的古代文化素养。

---

① 项楚：《敦煌歌辞总编匡补》，成都：巴蜀书社，2000年，第190—191页。

三

项先生在敦煌学领域内辛勤探索，笔耕不辍，取得了令人艳羡的丰硕成果。那么他的研究有些什么特点呢？或者说，对我们后人有些什么启发呢？笔者以为以下两点是值得特别加以介绍的。

（一）实事求是、无征不信的学风

项先生治学严谨，学风朴实。在学术研究中，他坚持实事求是、无征不信的原则。每立一义，必胪举大量本证、旁证，穷原竟委，不为空疏皮傅之说。在给友人的信中，他曾说："对于敦煌文献的校勘和研究，我们的责任是恢复文献真貌，解释文献真意，假如可以不要任何根据地随意乱说，强词夺理，则愈校勘愈失真，愈解释愈混乱，这真是古人之大不幸。""恢复文献真貌，解释文献真意"，说到底就是"实事求是"，这正是先生刻意追求的优良学风。凡是翻阅过《敦煌变文选注》《王梵志诗校注》的读者，往往会对书中例证的丰富、解释的平实留下深深的印象，为作者学识的渊博所折服。对那些含义不明、证据不充分的词句，作者多注明"俟再校"，不强作解人。1985年，中国社会科学院青年语言学家奖评委会决定把一等奖奖章授予项先生时，曾作出如下评语："项楚的论文立论严谨，不为牵强附会之辞，征引繁富，考证精详。凡所论列，大都确凿可信，其中有不少说法能纠正旧说的阙失和疏陋。"这是项先生论文的风格，也是项先生著作的风格。

写到这里，我们有必要指出目前学术界（包括敦煌学界）存在着一种不大好的学风，那就是浮夸好奇、主观武断的学风。有的同志在搞古籍校勘时，常常犯主观武断的毛病，他们往往根据自己的一孔之见，臆断应该如何如何，却提不出任何根据来。笔者曾看到过一篇评论《敦煌变文选注》的文章，文中曾举出《选注》的一些失校、误校、误注的例子，但细细一看，除少数几个例子有些道理外，大多数例子都是毫无根据的猜测之词，是靠不住的。王力先生在谈到清代王念孙、王引之父子治学成就时曾说："王氏父子的著作中也颇多可议之处，那些地方往往就是证据不足，例子太少，所以说服力就不强。后人没有学习他们的谨严，却学会了他们的'以意逆之'，这就是弃其精华，取其糟粕，变了（引者按：'变了'原文如此，疑为'变成'排印之误）王氏父子的罪人了。"[①] 王力先生的这番告诫，是值得我们搞古代文献校勘的同志深长以思的。

（二）深厚的中国传统文化素养，文学研究与语言研究相结合

现代学术发展的总趋势是专业越分越细，这当然有它合理的、必要的一面。但也造成了许多人知识面过于狭窄的缺陷，以致搞文学的人不管语言，搞语言的人不管文学，甚至于搞先秦的可以不管两汉，搞两汉的可以不管先秦，专业之间壁垒森严，井水不

---

① 王力：《训诂学上的一些问题》，《龙虫并雕斋文集》第1册，北京：中华书局，1980年，第338页。

犯河水，大有"鸡犬相闻，老死不相往来"的味道。这种情况，对学术研究的深入发展显然是很不利的。

项先生是搞文学的。他研究生时学的是六朝唐宋文学，在大学任教的是唐宋文学教研室，可以说是不折不扣的文学出身。但他并没有把自己局限在唐宋文学的狭小圈子之内，而是广览博采，不断拓宽自己的知识领域。在谈到自己的治学方法时，项先生曾说："文学作品是社会生活的反映，社会生活是纷繁复杂的，敦煌文学所反映的生活尤其如此，因此我们虽然以研究敦煌文学为方向，可是眼界始终要放得更开阔些，力求更多地了解那个社会的各个方面，乃至某些细节，实际上就是要透彻地了解产生敦煌文学作品的那个历史环境。"[1] 为了攻克敦煌文学写本中的俗别字、口语词汇、佛教思想等三大障碍，项先生埋头阅读了许多古代典籍，其中包括大部头的《大正藏》《太平御览》《太平广记》等等，从而为他的敦煌文学研究打下了宽博而又坚实的基础。

这里特别值得一提的是项先生深厚的小学功底。古人把文字学、训诂学、音韵学总称为"小学"。小学是研究中国古代文献所必须具备的工具性学科。对于写本原卷讹别满目、俗字俗语词充斥的敦煌俗文学作品来说，更是如此。项先生认为文字校勘和俗语词的诠释是研究敦煌俗文学的前提，并把攻克语言文字障碍当作自己第一阶段研究工作的主要任务。为此，他不但研阅了许多小学名著，而且从佛经、古小说、史书、碑铭等材料中广泛搜

---

[1] 项楚：《敦煌文学研究漫谈》，《文史知识》1987年第12期。

集实例来和敦煌俗文学作品中的俗字、俗语词相印证，综合运用文字、音韵、训诂等知识，令人叹服地勘正了写卷中的大量讹误，对许多俗字、俗语词作出了有说服力的解释。他的《敦煌文学丛考》，其实多数内容是研究语言文字的（包括俗语词考释、文字校勘等）。我们看他的《敦煌变文选注》《王梵志诗校注》《寒山诗注》，最令人折服的是他对字词校释的准确到位、词语探源溯流的晓畅自如。他也是第一块沉甸甸的中国社科院青年语言学家奖一等奖奖章的获得者。从这里，我们难道不可以得到许多有益的启迪吗？

2002年，安徽教育出版社编辑出版《著名中年语言学家自选集》，推出了十位著名中年语言学家的自选集，《项楚卷》是其中的一种。在卷末的"跋"文中，项先生谦称这本《自选集》只是自己"学术之旅的几朵路边小花"。搞文学的他，一不小心却成了"著名语言学家"，这的确是项先生的学术之旅原先并没有规划的一章。王国维在《人间词话》中说："诗人对宇宙人生，须入乎其内，又须出乎其外。入乎其内，故能写之。出乎其外，故能观之。入乎其内，故有生气。出乎其外，故有高致。"[①] 项先生的学问人生之路，不也印证了王国维所说的入入出出的辩证法吗？！

（原载《社会科学研究》2009年第5期）

---

① 王国维：《人间词话》，上海：上海古籍出版社，1998年，第15页。

严谨·求实·创新
——初读《裘锡圭学术文集》感言

2012年10月22日,我应邀参加复旦大学出版社出版的六卷本《裘锡圭学术文集》(以下简称《文集》)的首发式。当时本想以严谨、求实、创新为中心谈一点感想,但由于参加首发式的前辈很多,大家发言又很踊跃,就没能找到机会。不久前,《中国典籍与文化》编辑部来函,称拟设立特别栏目,探讨《文集》的学术内涵,并约我写点东西。裘老师的学术研究含括文字学、文献学、古代史、思想史、民俗学等诸多领域,而尤以古文字学和先秦秦汉古文献研究成就最为突出,可谓汪洋恣肆,博大精深。而我的研究兴趣局促于敦煌学和近代汉字,对裘老师的学问,本没有资格赞一词。不过作为在裘老师身边学习、工作过多年的学生,耳濡目染,对老师的学问也或多或少有所了解。因不揣浅陋,按照首发式时拟定的提纲,谈一点粗浅的体会。

一、严谨

严谨是裘老师为人的名片，也是他做学问的风格。凡是与裘老师接触交往过的领导、同事、朋友、学生，都会强烈地感受到裘老师对人、对事那种一丝不苟、疾恶如仇的一贯作风。文如其人，这种严谨的作风也深深地烙刻在《文集》的字里行间。如《〈秦汉魏晋篆隶字形表〉读后记》一文，作者在肯定《秦汉魏晋篆隶字形表》一书价值的同时，指出该书在释字、摹字、字形取舍、字头分合、资料时代、文句校录等方面的种种疏失，总数达353条之多，其中既有"芙"误认作"苿"、"勤"误认作"勒"这样大的错误，也有九画的"侯"误列七画、十七画的"臂"误列十六画这样很小的错误（《文集》卷三页363—393）。又如《谈谈〈同源字典〉》一文，末尾附录作者发现的该书"一些排印等方面的技术性错误和其他小疏失"，竟也写了5页纸92条之多(《文集》卷四页183—187）。作者的严谨认真，实在让人感佩。《文集》中有不少篇幅纠正社会上使用汉语汉字方面的疏失，作者指正的对象既有《光明日报》《中国教育报》这样的大报大刊（《文集》卷四页243—248），也有北大校刊这样的校园小报甚至路边的招贴、学生的作业和试卷等（《文集》卷四页230—234）。甚至连随地吐痰、乱扔废物、穿行草地、不遵守交通规则等国人陋习也时在作者鞭挞之列（《文集》卷六页216—220）。不管治学也好，处事也好，作者的眼里掺不得沙子。这就是裘老师！

不过裘老师的严谨并不仅仅是对人的，而更多的是对他自己的。他经常告诫学生"写出文章，要多看几遍，多改几遍，对每一个字、每一个标点都不要放过"（《文集》卷四页234）。他是这样要求学生的，更是这样要求他自己的。他写文章时，事先总是努力全面地占有资料，包括那些跟自己的看法不一致的资料；每立一义，必胪举大量本证、旁证，穷原竟委，不为空疏皮傅之说；在他的笔下，往往每个句子甚至每个词的用法都会推敲再三。他经常公开批评自己念错字写错字，如他说自己很长一段时间里把"偶尔"错写作"偶而"（《文集》卷四页230、310），把"棄"中间的部分错写成世界的"世"（《文集》卷四页310）。他批评自己的一篇论文把"大"字定为古歌部字，认为"这是很不应该犯的错误"（《文集》卷三页392）。如此等等，类似的自我批评之辞，文中在在可见。

收入《文集》的论文写作于不同时期（始于1960年，止于2012年），前后跨越了五十多个年头。由于认识的深化，或者新资料的发现，后来作者自己发现或读者指出了文中的疏失，作者总是不厌其烦地一次又一次地加"编按"加以说明，其中有纠正原来说法错误的，有补充资料或例证的，有标明相关见解前贤实已发之的，有注明具体出处的，有指出所收文章之间的参见关系的。"编按"援引的，既有吴大澂、蒙文通、张永言、李学勤、郭在贻、庞朴、程元敏这样的前辈或同辈学者，也有胡平生、李家浩、李零、傅杰、陈剑、蔡伟、郭永秉这样的晚辈甚至学生。

有时短短的"编按"难以说清楚的,作者就写专文纠正自己的错误。如《老子》今本第十九章"绝仁弃义"句,郭店楚简本作"绝愚弃慮",裘先生审校此稿时释为"绝伪弃诈",并为整理者所吸收。后来季旭昇、庞朴、张立文、池田知久、高明、崔仁义、许抗生、韩禄伯等纷纷提出不同意见,其中许抗生《初读郭店竹简〈老子〉》释为"绝伪弃虑"较为稳妥。裘先生因而专门写成《纠正我在郭店〈老子〉简释读中的一个错误》一文,提交1999年在武汉大学召开的郭店楚简国际学术研讨会,并先后收入《郭店楚简国际学术研讨会论文集》《中国出土古文献十讲》等书,对许抗生的说法作了进一步的补充和阐发,声明"我的'绝伪弃诈'的释读应该作废"(《文集》卷二页326—333)。① 又如《中国古典学重建中应该注意的问题》一文原本是2000年在东京召开的"文明与古典"公开研讨会上的演讲,在学术界影响很大,此文在谈到简帛古书与传世古书相对照方面存在的问题时,作者以《郭店楚墓竹简》整理为例,列举了简本校释有误的四个例子,其中前三例的误释均与他自己直接或间接相关(裘老师参与了《郭店楚墓竹简》的审订工作,前两个误释的例子直接出于裘老师之手,后一个例子未标出具体校订者)。裘老师自我反省说:"我们对古书不够熟悉,编写、审订《郭简》时检索工夫又花得不够,

---

① 裘老师后来在《关于〈老子〉的"绝仁弃义"和"绝圣"》一文中,认为"绝愚"的"愚"应校读作"为",即《老子》"无为"之"为"(《文集》卷二页516),进一步修正了自己原来的观点。

犯了不少这类错误。"(《文集》卷二页337—340)如此大张旗鼓地公开批评自己旧说的错误,并且把"家丑"扬到了国外,这需要何等的勇气! 这和时下学术界有些人千方百计掩盖、回护甚至拒不承认自己疏误的做法形成了鲜明的对比。不护己短,不隐人善,裘老师身上集中体现了一个纯正的知识分子严以律己、一丝不苟的优秀品格。

二、求实

裘老师认为治学应有三种精神,列在第一位的就是"实事求是"。他说:"发现自己有必须补充的知识,就老老实实、认认真真去学习。不对自己不熟悉的事随便发表意见,有几分把握说几分话。不迷信自己,有了某种看法,决不有意摒弃或曲解对自己看法不利的资料,而要认真考虑那些对自己看法不利的方面,要听得进不同的意见。发现自己的错误就马上改正,不要在错误的路上越走越远。不迷信权威,也不轻视任何人,决不因人废言。在学术上坚持以客观是非为唯一标准。"(《文集》卷六页215)他在另一篇文章中又说:"要使我们的学术健康发展,必须大力提倡一切以学术为依归的实事求是的研究态度,提倡学术道德、学术良心。"(《文集》卷六页304)裘老师是这样说的,也是这样做的。我们翻看裘老师的著作,处处可以感受到求实求真的精神。如上面我们举的《〈秦汉魏晋篆隶字形表〉读后记》

一文，裘老师指出《秦汉魏晋篆隶字形表》存在着大量错误，使用时必须十分小心；但裘老师同时指出：该书"汇集了丰富的资料"，"全书的体例也相当完善。对研究汉字的人来说，这是一部很重要很有用的工具书。其价值决不会因为我们指出了它的一些缺点而降低"（《文集》卷三页393）。不因有错误就把一部书一棍子打死，而是一分为二，在指正其疏失的同时，充分肯定其学术价值。这正是裘老师实事求是精神的体现。

又如汉字简化的利弊得失，20世纪80年代后成为社会上议论的热点，繁体字回潮的现象也很突出，对此裘老师指出，"从字形的表意表音作用来看，有相当一部分简化字是优于繁体字的，不管是会意字还是形声字都有例子"；但"也不能认为简化字全都那么好"，他说汉字简化"破坏了相当一部分汉字的结构，增加了汉字构造的基本单位（部件），增加了本来就已经够多的多音字的数量，不适当地合并了一些意义容易混淆的字"；所以从汉字使用的现实出发，一方面必须"坚持以简化字为我们当前使用汉字的规范"，另一方面也应吸取汉字简化造成的负面教训，"在今后进一步整理或简化汉字的时候不要再出这一类的问题"（卷四页194—195）。既旗帜鲜明地肯定简化字的优点，自觉维护国家当前的语文政策，又敢于直面汉字简化中存在的问题，不曲意阿谀，同样体现了实事求是的精神。

20世纪以来，地下的古代文字资料大量出土，极大地改变了中国学术文化研究的面貌。对此，裘老师异常兴奋，他除了积极地投身甲骨文、金文、简牍帛书的考释和整理工作外,还撰写了《谈谈古文字资料对古汉语研究的重要性》《考古发现的秦汉文字资料对于校读古籍的重要性》《谈谈地下材料在先秦秦汉古籍整理工作中的作用》等一系列论文,对出土文献的价值和重要性给予了充分的肯定。但后来学术界也出现了一种盲目迷信古本、推崇太过的倾向。对此,裘老师指出:"由于底本和抄手的好坏不同,新发现的这些古本的价值是不一致的。并且就是比较好的本子,也免不了有讹误衍脱的地方需要用今本去校正。抄得坏的本子就更不用说了。"(《文集》卷四页349—350)他又说:"传世文献是经过两三千年的传承、淘汰而存留下来的……流传下来的毕竟是一些比较基本的、根本的东西。某些不为中古以后人所重视的,认为是不登大雅之堂的东西,像房中术、日书和某些数术、方技等方面的东西,很多都丢了,但比较根本的,作为我们民族思想基础的东西,保留得还比较多,出土文献在完整性上是无法与其相比的。"(《文集》卷六页298)所以,裘老师认为:"我们一方面不能迷信这些古本,一方面也不能低估它们的价值"(《文集》卷四页350),"相对出土文献而言,传世文献还是一个根本性的东西,出土文献必须和传世文献结合起来研究"(《文集》卷六页298)。像这样客观宏通的言论,无疑应该成为我们准确对待出土文献与传世文献关系的指针。

诸如此类,不偏激,不武断,一分为二,是就是是,非就是非,一切以学术为依归,以事实为准绳。可以说,"实事求是"是贯穿裘老师全部著作的一条红线。

三、创新

创新是社会进步的动力,也是学术研究的灵魂。没有了创新,学术研究也就失去了价值。裘老师的学术研究向以见解深刻且多创新为学界所推崇。如他对汉字的性质、演变、结构类型的思考,对甲骨文、金文、战国文字的释读,对睡虎地秦简、望山楚简、郭店楚简、银雀山汉简、凤凰山汉简、尹湾汉简等战国秦汉简牍的校理,对《尚书》《老子》《墨经》《孙子》《论衡》《说文解字》等先秦秦汉古籍的校订,等等,无不旁征博引,辨析入微,凡所论列,大都确凿可信,有大量作者自己的发明和创见。下面试举一例以见一斑:

《文集》的开篇之作《甲骨文中所见的商代五刑——并释"刖""剢"二字》是裘老师古文字考释的处女作(原载《考古》1961年第2期)。文中指出甲骨文有"🦴""🦴""🦴""🦴"等形的字,旧释作"陵"。裘老师认为"所象的显然是用锯断人足之形。后来的刖、跀、趴等字,都应该是从它演化出来的";"按照'跀'或作'刖'、'跸'或作'刵'的例子,'跀'的或体'趴'应该也可以作'刖'。甲骨文'🦴'字由刖足人形和在'刀'上加横画的锯形组成。'兀'是刖足人形的讹体,在'刀'上加横画的锯形也很容易简化或讹变成'刀'字。

所以我们可以把'㓷'字释作'刖'"（《文集》卷一页1—3）。今考辽释行均编的《龙龛手镜》卷四兀部云："𠚃，音兀，同刖。"这个音"兀"的"𠚃"正是"刖"字异体（"刖"字《广韵》有五忽切一音，与"兀"字同音），而"刖""𠚃"一字异写。由此可见这个字后世其实并没有消失，裘老师的推断是完全正确的。值得特别指出的是，在20世纪70年代以前，《龙龛手镜》是一部名不见经传的俗字书，长期不被人所重视，所以流传极少，也很少有人利用。而除《龙龛手镜》外，用同"刖"的"刖"或"𠚃"字并不见其他字书载录。裘老师在无所依傍的情况下，根据字形和汉字演变的规律，把前揭甲骨文"㓷"等字释为"刖"，亦即"跀""刖"的或体，正与《龙龛手镜》所载字形及解释冥合，这是何等的卓识！①

以例读书，这是清儒治学的一大法宝。裘老师继承了清人以例读书的优良传统，注意发明古书义例，探寻揭示那些带有规律性的东西；然后再根据这种规律去指导具体的文字考释和古书释读，因而往往有事半功倍、左右逢源之效。如《释殷墟甲骨文里的"远""𣘱"（迩）及有关诸字》一文指出甲骨文中"埶"可读作"设"，武威汉墓出土的《仪礼》简本亦多以"埶"为"设"，文中说："古音'埶'属祭部，'设'属月部。二字之间存在着

---

① "㓷""㓷""㓷""㓷"等所从的"㐅""㐅"形部件象人而一脚被锯有残缺，裘老师认为是"刖足人形"而定作"兀"是有道理的。此字释为"刖"正与《周礼·秋官·司刑》"五刑"的"刖"相合。或释其字为"刔"，未必妥当。

严格的阴入对转的关系。'埶'可读作'势'。'势''设'声母相同。"(《文集》卷一页174)根据这一发现，裘老师后来又专门写了《古文献中读为"设"的"埶"及其与"执"互讹之例》《再谈古文献以"埶"表"设"》二文(《文集》卷四页451—460、484—495)，举出金文、九店楚简、上博楚竹书、睡虎地秦简、马王堆帛书、张家山汉墓竹简、银雀山汉墓竹简、定州汉简及《逸周书》《礼记》《大戴礼记》《墨子》《荀子》《韩非子》《国语》《淮南子》《贾谊新书》《盐铁论》《法言》等众多古书"设"写作"埶"及进一步讹变的"执""势"的例子，其字际关系一经作者点破，原本扞格难通、文义不明的古书，便涣然冰释、怡然理顺了。裘老师还进一步指出："现有的先秦文字资料，似乎只用'埶'而不用'设'来表示'设置'之'设'这个词。这似乎至少应该是商和西周时代用字的普遍情况。《说文·三上·言部》：'设，施陈也。''埶'是'艺'的初文，其本义是种植树木、谷物。施陈物品与种植树木、谷物这两件事，似有相类之处，'设'也许就是由'埶'派生的一个词。也就是说，'设'可能就是'埶'的引申义。当然，以'埶'表'设'只是由于音近假借的可能性，也不能排除。"(《文集》卷四页493)这样，就揭示了"埶""设"之间更深层的关系，使读者不但明其然，而且启人思致，能明其所以然。

对"以例读书"的重要性，裘老师在《简帛古籍的用字方法是校读传世先秦秦汉古籍的重要根据》一文中说：

> 简帛古籍的用字方法，在传世先秦秦汉古籍的校读方面，是具有很重要的作用的。它们能帮助我们解决古书中很多本来难以解决，甚至难以觉察的文字训诂方面的问题。而且一种用字方法的启发，有时能帮助我们解决一系列问题。（《文集》卷四页467—468）

其实不仅仅简帛古籍的用字方法为然，裘老师的论文还有大量古书行文和用字规律的钩稽和归纳，以卷四为例，如第46—47页称"在西周春秋时代，代词'是'用作宾语时必定置于动词或介词之前"；第47页称"在较早的汉语里，地名的构词法曾以大名冠小名为常"；第375页称"在周代金文里，重文通常用重文号'='代替，而且不但单字的重复用重文号，就是两个字以上的词语以至句子的重复也用重文号。秦汉时代仍然如此"；第415—416页称"在我们所看到的古文字资料中，'文'字写成从'心'，却没有晚于西周时代的例子。所以汉儒所见的古文经书里决不可能有这样的'文'字"。类似这样短短的几句话，看起来并不起眼，其实都是作者在大量纷繁的资料中归纳总结出来的，它凝聚着作者的智慧和心血。这些通例，源于实践而又用于指导实践，因而相关的研究每每发人所未发，结论也大多坚确可信。这大约也正是裘老师能取得度越前贤的成就的奥秘所在。

最后，需要特别表彰一下《文集》近乎完美的排版质量。为了写作这篇短文，笔者曾把《文集》中的大多数文章翻了一遍，发现全书极少排版错误。根据《文集》的前言和末尾的编校后记，我们知道为编纂本书，复旦大学出土文献与古文字研究中心的老师和研究生们付出了异乎寻常的艰辛和努力。他们不仅为我们提供了如此精美的学术大餐，而且裘老师严谨求实、一丝不苟的学术品格也在他们身上得到了很好的传承，这是这部《文集》编纂的另一份收获，而且这份收获的重要意义决不亚于《文集》本身。作为裘团队曾经的一员，我为之感到欣慰和骄傲，也对他们未来的成就充满了期待！

（原载《中国典籍与文化》2013年第4期）

冬日里的阳光
——记季羡林先生对我的关怀

1988年的冬天,那是一个不堪回首的冬天。就是在那个寒冷的冬日里,我敬爱的导师郭在贻教授离开了这个世界——那年他年仅五十岁。

失去敬爱的导师,使我感到无限的悲痛,也使我在以后的日子里尝到了人世的艰辛。也许是我天生急躁、直言不讳的禀性,容易使人不舒服,甚至得罪人。郭师在世时,有他的庇荫,一切总算顺利。郭师去世后,情况就有了不同,以致自感日子过得越来越不顺,心情非常压抑。当时的境况,套用一句成语来说,可真是惶惶不可终日。1990年、1991年,我两次申报副高职称,都铩羽而归。尽管当时我自认为很用功,也发了不少论文。

1991年岁末,又是一个阴冷的冬日,郁郁寡欢的我终于作出了"走"的决定。感谢南京师范大学和四川大学的有关领导和师长,他们几乎同时作出了收容我的决定。但是令我不解的是,南师大发出的"商调函"却被杭州大学沈善洪校长否决了。尽管我所在的部门已签署意见同意放人。

"商调"不成，我只得改用迂回的办法走人。1992年春，在项楚师和四川大学中文系领导的鼓励下，我参加了四川大学的博士生入学考试，并幸运地被录取了。但杭大领导又要求我把档案留在杭大，"定向"培养。

1992年下半年，四川大学有关领导考虑到我家庭的实际困难，对我这个"老"学生给予了破天荒的特殊照顾：让我就近在杭大学习外语和政治课，学习费用由他们承担。也正是在那年下半年，当我作为四川大学的博士生在杭大学习外语和政治时，在沈善洪校长的直接干预下，杭大却破格晋升我为副教授，尽管我所在的部门并不同意。

像我这样一个确确实实的无名小卒，却一再受到校长的垂顾，不要说别人不理解，当时我自己也感到纳闷。平平常常的我，哪有什么通天的本事呢？后来我才知道，这一切都与季羡林先生的关怀有关。郭在贻师去世以后，作为全国敦煌学研究中心之一的杭州大学的敦煌学研究力量受到很大影响，而姜亮夫、蒋礼鸿二先生又都年事已高。对此，季羡林先生十分关切。据说有一次季先生见到杭大沈善洪校长，其间说起杭大敦煌学研究的传统优势，季先生说，卢向前、张涌泉、黄征都是年轻人中的佼佼者，希望杭大爱护他们，关心他们。1990年7月，季先生在为荣新江《归义军史研究》写的序中，又把我当作当时业已"脱颖而出"的八位青年学者之一给予肯定。正是季先生在不同场合的关心和"吹嘘",在很大程度上改变了我后来的人生走向;也正是出于一种感恩的思想,我从四川大学回到了杭大,并将从北京大学回到杭大,尽管四川大学和北京大学都希望我留下来,这是后话。

其实在进北大以前,我和季先生并没有太多的接触。20世纪90年代初,季先生主编"东方文化丛书",收入在贻师的《敦煌学论集》,作为该书的编者,在钱文忠先生的陪同下,我曾去拜访过先生。1992年9月在北京房山举行敦煌学学术讨论会,有机会再次聆听先生的教诲。但在我的心目中,先生是巍峨的高山,是浩瀚的大海,在先生面前,自己却是那样的渺小。所以几次拜访先生,大抵只是汇报自己的研究情况,而很少及于其他。没想到,先生对我这样一个初学者的了解比我预料的要多得多,先生把爱的阳光也洒到了我的身上。在那些艰难的日子里,这对我来说是多么的宝贵啊!

在那以后,季先生给了我更多的关怀。1994年初,我想申报中国社科院青年语言学家奖,苦于一时找不到合适的推荐人选。后来我以一种忐忑不安的心情通过荣新江先生征询季先生的意见,没想到季先生很爽快地答应了。正是在季先生的大力举荐下,我的两篇在今天看起来并不成熟的论文评获当年的青年语言学家奖二等奖。

杭州大学和四川大学是季先生偏爱的两所学校,他认为国内的敦煌学研究自然而然地形成了几个中心,杭大和川大就是两个重要的中心。季先生知道我从杭大到川大去攻读博士学位，是非常赞成的，他认为这样可以促进学术交流。1994年夏，季先生在为我的博士论文写的评语中写道，论文作者是把四川大学和杭州大学这两个敦煌学研究中心联系起来的中青年学者，他的论文是这种联系所产生的优秀成果。1995年初，我到北大中文系博士后流动站工作，有机会更多地聆听季先生的教诲，先生又一再提到杭大和川大敦煌学研究的传统优势，其语殷殷，其言切切，使人感到老一辈学者对后学的无限期望。我暗暗下定决心，一定要努力学习，刻苦钻研，把老一辈开创的敦煌学事业继承下去，并发扬光大，以不辜负季先生的关怀。

1995年10月于北京大学中关园博士后公寓

1994年，季羡林先生为张涌泉博士学位论文所作评议意见书（1）

1994年，季羡林先生为张涌泉博士学位论文所作评议意见书（2）

墨迹留香忆饶公

饶宗颐先生是著名的敦煌学家，也是我最为敬仰的前辈学者之一。1984年，我考进姜亮夫先生任所长的杭州大学古籍研究所攻读硕士学位，在姜老、蒋礼鸿先生、郭在贻老师、张金泉老师等的熏陶和影响下，我也对敦煌文献产生了浓厚的兴趣。姜老、郭在贻老师、张金泉老师在给我们上课或座谈时，介绍港台地区敦煌学研究的情况，饶公自然是着重介绍的对象，让我们心中充满了敬仰和崇拜之情。无比幸运的是，机缘巧合，后来我竟多次得到了饶公的教诲。

1992年，我考入四川大学师从项楚先生攻读博士学位。次年8月，我随同项师赴香港大学参加第三十四届亚洲及北非研究国际学术会议，有机会见到了仰慕已久的饶宗颐先生。叙谈中，饶公对四川大学、杭州大学的敦煌学研究评价很高。当我把正在撰写的博士论文《敦煌俗字研究》的构想向他请教时，饶公鼓励有加，并慨然允诺评阅我的博士学位论文，还说书稿完成后他可以帮助

1988年，饶宗颐（右一）先生在杭州拜访姜亮夫先生（姜昆武摄影）

联系出版。

1994年6月，我提前完成了博士学位论文，就按早前的约定，把论文寄到香港请饶公评阅。饶公对论文给予了充分的肯定：

> 敦煌卷子的别体字，复杂繁赜，在释读上往往造成极严重错误，以讹传讹。本论文作系统性的研究，纲举条列，分析入微，正好满足目前学术界的需求；比台湾诸家所著有关敦煌俗文字的学术论文，更推进一步。
>
> 最难得的是文中举出许多实例，义据湛深，极富创见，挢正时贤之误说，具见精心研核，绰有所获，他日刊布，对阅读敦煌卷子将有极大的帮助。

1994年，饶宗颐先生为张涌泉博士学位论文所作评议意见书（1）

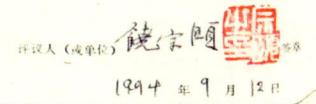

1994年，饶宗颐先生为张涌泉博士学位论文所作评议意见书（2）

本论文虽侧重综述，而释字屡有新见、独到之处，尤充分表现读书能力之深入，睿解优越。

1996年，我的博士学位论文经修改后，其上编《敦煌俗字研究导论》作为饶公主编的"香港敦煌吐鲁番研究中心丛刊"之五，交付台湾新文丰出版公司出版，饶公又如约撰写了序言。饶公在序中说：

> 张君涌泉，殚精文字训诂之学，病敦煌卷子别字之多，人称讹火，传误滋甚，爬梳刷抉，隐括鳃集，通其条贯，勒成鸿篇。其中偶举实例，皆绰有根据，极富创见，挢正时贤之失，尤足多者。此书之出，允为众说之归墟，要亦斯学之钤键，因力促其刊布，所觊大雅宏达，多所匡益，释疑决滞，同扫榛芜，庶不负作者之精心，兼示来学以易晓云尔。

说实话，作为一个刚走上学术道路不久的青年学子，当时的我名不见经传，以前与饶公又素无交往，但饶公不断给予我肯定和鼓励，体现了老一辈学人对年轻人的无限关爱和提携，其殷殷关切之情，令人感愧不已。

1997年初夏，我从北京大学博士后流动站出站回到杭州大学工作不久，应邀去香港中文大学讲学，有机会再次面聆饶公的教海。当时我牵头的"敦煌文献合集"工程上马不久，饶先生对这个项目十分关心，他仔细询问了合集的体例，认为这项工作非常重要，但工程浩大，非十数年难以蕆事，勉励我集中精力去做这件有意义的事，争取早日完成，同时要确保成果的质量。他还在百忙中为《敦煌文献合集》题写了书名，让我很受鼓舞。

遵照饶公的嘱咐，2000年前后很多年，为集中精力做好《敦煌文献合集》等书的撰著工作，我规定自己"三不"（不出国、不开会、不写论文），还特意托人请饶公为我题写了"志在书中"的墨宝以自律，因而放弃了很多参加学术会议的机会，包括庆祝饶公百岁华诞的学术盛会，以致一再错失再度聆听饶公教诲的机会。现在想来，不免有些懊悔和自责。但我想，饶先生在天之灵有知，当他看到我们寄呈他指正的《敦煌经部文献合集》等成果时，恐怕是不会责怪我的吧？！

敬爱的饶先生，我们永远怀念您！

〔原载《一纯万岁寄遥思：饶宗颐纪念文集》，中华书局（香港）有限公司2023年出版〕

1997年，饶宗颐先生为《敦煌文献合集》题签

无愧于"敦煌守护神"的荣光
——读《此生只为守敦煌：常书鸿传》有感

常书鸿先生是浙江人，是我的精神偶像。很荣幸，我曾与常老有过一次亲密接触。那是1990年10月，我去敦煌研究院参加敦煌学国际学术讨论会，有幸就近向常老请益。常老知道我们是浙江来的，专门和我们浙江学者合了影。

1990年，与常书鸿（前排左一）先生合影

因为我们搞敦煌学研究，常老的故事以前听得很多，但比较零散。最近有机会拜读了叶文玲的《此生只为守敦煌：常书鸿传》，接受了一次再教育。常老的故事很感人，叶老师写得也很精彩，感人至深。

常老当年在法国留学，油画作品连获大奖，画艺如日中天，影响力也很大。一个偶然的机会，他在塞纳河畔的一个旧书摊上见到一本《敦煌石窟图录》，法国汉学家伯希和编，后来又在吉美博物馆看到伯希和从敦煌掠去的敦煌画卷，从而勾起了他对敦煌艺术的无限向往之情。于是，他决定放弃在法国的艺术事业，毅然回国奔赴敦煌。他在回国途中对自己说："祖国啊，在苦难中拥有稀世之珍的敦煌石窟艺术的祖国啊！我要为你贡献出我的一切！"正是这种强烈的爱国主义精神，促使他在极其困难的情况下在莫高窟坚守了四十年。面对生活的艰困、经费的不足、人员的离散，研究所一度被撤，甚至连结发妻子也弃他而去，但为了敦煌这个艺术圣地，他坚守了一辈子，确实无愧于"敦煌守护神"这一崇高的荣誉。

最后一章"大也盛也一生缘"写得特别好，也很有必要。这章主要是写常老在天穹中的回忆与交谈。比如陈芝秀是本书前面大半部分的主角，但她受不了莫高窟生活的艰苦和寂寞，跟人私奔以后，她的故事就戛然而止。但她毕竟是常沙娜、常嘉陵姐弟的母亲，读者肯定也关心她后来的情况。通过这一章，以常老在天穹中与陈芝秀交谈的形式，把她离婚后潦倒的情况作了补叙，让人感慨万千。

这本书大家都觉得写得非常好,写出了一个真实的常书鸿,因为很多故事都有比较真实的背景,不是虚构出来的。但从我们专业角度来说,这本书的个别细节可以再作打磨和完善。我这里可以举两三个例子。

比如书中说常老到吉美博物馆看敦煌壁画时讲到一幅壁画,书里说这叫《父母恩重记》。根据描写,这幅壁画的题名应该是《父母恩重经变相》。它是一组画,把《父母恩重经》的故事用一组画表现出来。下面有发愿文,类似我们讲的变文。

再如王道士的名字。上海师范大学方广锠教授专门研究过这个问题,写过论文,王道士应名为王园禄,而不是王圆箓。

还有在最后的一章说到,敦煌文献被英国、法国、俄罗斯盗走的总共3万多件。实际上根据我们现在的统计数字,被英国、法国、俄罗斯盗走的就有4万多件,加上流散到日本的,流失国外的敦煌文物的总数为4.5万件左右。敦煌文献的总数,根据我们的研究,大概是7万件左右,其中被各国盗走的大概接近2/3。书里写了3万多件,是以前的数字,从专业角度看不太精确。

总的来说这本书写得很精彩,写出了一个真实的常书鸿,我们读后也确实被感动,感谢浙江人民出版社。

最后我还想说的是,这最后一章中,常老通过与嘉煌对话的形式,讲到了浙江与敦煌特殊的关系:"敦煌学的创始人罗振玉、王国维,都是浙江人:罗出生上虞,王的故里在海宁。你看,爸爸的故乡浙江是多么美妙而不可思议！"确实，浙江和敦煌相隔万水千山，然而珍贵的莫高窟壁画艺术和敦煌宝藏的发现把浙江学者和敦煌学连在了一起。一个多世纪以来，以罗振玉、王国维、常书鸿、樊锦诗、姜亮夫、蒋礼鸿为代表的一批又一批浙江学者为敦煌学的创建和发展，作出了不可磨灭的贡献。也正是前辈学者的引领，激励着无数浙江的后来者走过戈壁，走近敦煌，为祖国文化遗产的传承与弘扬贡献青春力量！

（2021年1月16日在浙江省图书馆"文澜读书岛"主办的《此生只为守敦煌：常书鸿传》读书会上的发言，部分内容刊于《中国新闻出版广电报》2021年2月8日3版）

永成遗憾的约定
——怀念吴金华老师

吴金华老师是我十分敬仰的学术前辈。早在读硕士生时,就不止一次听郭在贻师介绍过他的学术成就,语气中满是赞许。1986年,继在贻师和蒋绍愚、李家浩等先生之后,金华老师荣获中国社科院青年语言学家奖。在那百废待兴的年代,这是整个学术圈最为瞩目的一项殊荣。所以金华老师是读书人仰望的明星,我心中也充满了艳羡和崇敬,尽管当时并没有见过他。

1989年初,在贻师不幸英年早逝,这使我感到无比悲痛,心情非常压抑。于是便打算换个环境。1991年春夏之交,经鲁国尧先生推举,金华老师知道了这个信息。很快他便跟我联系,让我去南京面谈。那是我第一次踏入美丽的随园,古老的建筑,婆娑的大树,浓浓的学术氛围,那里的一切都让我心动。金华老师陪我参观了校园,又专门请我到附近的餐馆用餐。他介绍了南师大语言学科的基本情况,并谈了他对学科前景的忧虑,热情地邀请我加盟。他还说，如果我不去，他也准备调离。

回到杭州不久，南京师范大学便给我就职的学校发来了"商调函"。不过，当时主政杭州大学的是沈善洪教授，他是一个敢担当有作为的校领导，他坚决地否定了我请调的申请。当时的用人制度还比较死板，一个单位不放就意味着另一单位不能接受。于是我的随园梦便夭折了。为此，我只能向金华老师表示深深的歉意。此后不久，金华老师也真的离开了他眷恋的随园，到复旦大学古籍所任教。得知这个消息，在遗憾的同时，我也默默地在心中为金华老师祝福。

2005年，裘锡圭师回到他的母校复旦大学任教，让我协助组建出土文献与古文字研究中心。金华老师这时已在复旦工作多年，对学校的情况比较熟悉，他对中心的工作给予了热心的帮助。他还鼓励和支持他以前的学生施谢捷教授调到中心工作。施谢捷在复旦安顿好以后，裘老师专门让我约请金华老师一家一起聚了一次，以中心的名义表示我们的谢意。

去年10月22日，我应邀参加复旦大学出版社出版的《裘锡圭学术文集》的首发式，会议间隙，再次碰到金华老师。那段时间我正痴迷于"手写纸本文献学"这样一门新的学问，而金华老师对古典文献学和出土文献素有研究，于是便邀请他来年春暖花开的时候到杭州讲学，并到西湖边小住，以便就有关问题从容向他请教。金华老师当时很爽快地答应了。

今年三四月间，西湖水暖，白堤柳枝泛青，桃苞待放，春天已然来到杭城。于是我便给金华老师打电话，询问他何时成行。金华老师告诉我，他承担的点校本二十四史修订本之《三国志》修订工作正在进入扫尾阶段，等到5月底完稿后再定具体时间。6月初，我正打算与金华老师进一步商量杭州之行的细节，突然汪维辉兄给我电话，说吴老师去世了！这真是晴天霹雳！太意外、太突然了！昊天不淑，歼我哲人！如此充满活力的一个学者怎么能说去就去了呢？

心中敬仰的老师猝然辞世，理当去送最后一程。可那几天我身体欠佳，行走不便，只能遥对北天，在心中表示我深深的哀悼了。但不管什么理由，我仍为自己未能参加告别仪式而深感自责。10月26日晚上，借去上海参加第二届思勉原创奖学术研讨会的机会，我去看望了吴师母张敏文女士，并邀请她在方便的时候到杭州小住。我知道金华老师太忙，他没有时间到杭州来，我们原来的约定已成为永远的遗憾。金华老师去了远方的天堂，他太累了，他需要有一段长长的假期。

金华老师，您好好休息吧！

2013年11月30日

（原载《凤鸣高冈——吴金华先生纪念文集》，凤凰出版社2014年出版）

序跋

《汉语俗字研究》后记

笔者对俗文字发生兴趣是从 20 世纪 80 年代初开始的。当时，在蒋礼鸿师的熏陶和先师郭在贻先生的直接指导下，我走上了敦煌学的研究之路。在阅读敦煌文书的过程中，我发现敦煌写本中有许多殊异于后世刻本的特点，其中最重要的就是俗体字多。但由于种种原因，俗体字的研究是我国文字研究中最为薄弱的环节，而敦煌俗字的研究更是几乎等于零。在这种情况下，前人在校录敦煌文书时发生这样那样的错误便是不可避免的了。所以当时我便把研阅的重点放到了俗文字的上面。1986 年完成的我的硕士学位论文《敦煌变文校读释例》，其中有不少篇幅涉及俗字的问题，便是这一学习研究过程的初步反映。

1986 年研究生毕业以后，在郭师的大力举荐下，我得以留校任教。不久，郭师组织我和黄征合作进行"敦煌学三书"（即《敦煌变文集校议》《敦煌变文校注》《敦煌吐鲁番俗字典》）的撰作，更使我和俗字结下了不解之缘。这期间，在郭师的指导下，由我执笔撰写了《敦煌变文整理校勘中的几个问题》《俗字研究与古籍整理》《俗字研究与敦煌俗文学作品的校读》《俗字研究与变文校勘》等一系列与俗字研究相关的学术论文。这些文章，大到谋篇布局，小到字句增删，都凝聚着郭师的心血。当时郭师还对我说，俗字的研究是一个前人不曾措意却又十分重要的研究领域，值得下大力气作更进一步的研究；将来这方面的材料积累多了，可以考虑写一部概论性的著作。现在呈献给读者的这本小书，就是笔者遵从郭师的遗嘱在这方面所作的一个初步的尝试。

1989年初，正当这本小书的写作即将开始的时候，敬爱的导师匆匆地离开了我们。这使我感到无限的悲痛。为了我的成长，郭师倾注了巨大的关怀和爱护。我不会忘记当我在郭师和祝鸿熹师授课的大学古代汉语课程考试中取得较好成绩时郭师给我勉励的情景；我不会忘记郭师修改我的第一篇不成熟的学术论文并把它推荐给《浙江学刊》发表的情景；我不会忘记手术后不久的郭师在飞来峰下的小溪旁为我审阅硕士学位论文的情景；我不会忘记在万恶的癌细胞吞噬着郭师生命的时刻郭师还在为我们合作的"敦煌学三书"运筹操心的情景……这一桩桩，这一件件，恍若就在昨天，仍是那样历历分明，我无法忘怀，也不会忘怀。失去这样好的导师，怎能不使我感到悲痛万分呢？敦煌写本佚名《送师赞》（见伯4597号、伯3120号、斯1947号等卷）有云：

人生三五岁，父母送师边。师今圆寂去，舍我逐清闲。……送师回来无所见,唯见师空房;举手开师户,唯见空绳床。低头礼师座,泪落数千行。……与师永长别,再遇是何时?律论今无主,有疑当问谁?

每次读到这首诗,都会激起我心中强烈的共鸣,勾起我对恩师的无限怀念,令我悲泪难已。

师今圆寂去,有疑当问谁?我比那位不知名的诗歌作者幸运的是,郭师去世以后,许多前辈学者给了我们热情的关怀和鼓励,使我有勇气沿着郭师指引的道路坚定地走下去。所以当这本小书完成的时候,我首先想到的便是要感谢郭师生前对我的谆谆教诲,要感谢许多前辈学者对后学的提携和关怀。

本书在写作过程中,曾参考了前人及时人的不少论著(详见附录二),其中周有光先生的《汉字改革概论》、李荣先生的《文字问题》、裘锡圭先生的《文字学概要》,对我的启发尤多,在此谨向他们致以衷心的谢意。文中考论所及的数百条例证,除少数注明者外,大多出自个人的研究心得,如有错误,概由本人负责。引例涉及的俗字异体,除与论题有关者外,一般径改为通行的繁体,以免枝节和蔓衍。传世古籍一经后人传抄翻刻,便打上了抄者或刻者所在时代的烙印,而不能反映古籍作者当时用字的实况,所以本书引例大抵以石本或写本为主,而一般不以后世传抄本或翻刻本中的用字作为前代已有某某形体的依据。

本书初稿完成后,承蒙裘锡圭先生拨冗审读并赐序,项楚师也仔细地审阅了全稿,他们都提出了许多宝贵的修订意见;梅季坤先生为本书的出版花费了大量的心血;贾成富先生为本书的缮写付出了辛勤的劳动:在此,谨向他们表示由衷的谢意!

汉语俗字的研究还处在空白或半空白的境地,要做的事情很多。如果这本小书的出版能对汉语俗字的研究有所促进的话,笔者的目的也就达到了。二十五年前,蒋礼鸿师在《中国俗文字学研究导言》一文中呼吁开展俗字的研究,文章的最后说:

> 中国俗文字学的研究还在开步走的阶段,这篇文章的意思,就是想在起步之前吹一下哨子,希望能追随从事语文工作的同志一同跑上几个圈子。

尽管二十五年后的今天在这个跑道上的人仍然少得可怜,但作为受蒋师教育多年的学生,我愿意追随先生在这个跑道上淌上自己的汗水。

1993 年 5 月 18 日于四川大学自乐斋

补 记

书稿完成后,曹先擢先生曾审阅了部分样稿,并给予了热情的鼓励;书稿交出版社后,有幸被列入国家古籍整理出版规划小组主编的《中国传统文化研究丛书》第1辑；日本友人香坂顺一先生和中国社科院语言所副所长江蓝生先生也对拙稿的撰写和出版给予了关心和支持。谨此表示衷心的感谢。

1995年元月

增订本后记

本书1995年由岳麓书社手抄影印出版，后来又重印过一次，但早已售罄。不少朋友怂恿我改排再版，自己也想借机对书稿作一次大的修订，但由于这些年一直忙于《敦煌文献合集》的编纂，无暇他顾，故一直拖延到现在。最近趁《敦煌经部文献合集》完成的间隙，对书稿作了部分增订，其中包括：1. 改正了一些明显的疏误；2. 增加或替换了部分例证；3. 核对了所有引文；4. 增加了附录《字海杂俎》之十至十一。至于理论架构方面的调整或修订，因手头的科研任务实在过于繁重，只能俟之异日了。

本书出版后，《中国语文》（1997年第6期）、《汉学研究》（1996年第14卷第2期）、《大公报》（1997年6月24日）以及《中国图书评论》《古汉语研究》《语文建设》《浙江社会科学》《杭州日报》《芝加哥日报》（美国）等10多种报刊发表书评或评论，在对拙著给予肯定的同时，有的也对其中存在的问题提出了建设性的意见；一些师友也在来信中指出了拙著的一些疏失。谨此表示衷心的感谢。

  商务印书馆为本书提供了重版的机会,责任编辑常绍民编审尽责尽力,友生秦桦林协助校读了 Word 文本,也一并表示谢意。

2009 年 6 月 12 日于金华

(《汉语俗字研究》,岳麓书社 1995 年出版;增订本,商务印书馆 2010 年出版)

2013年，《汉语俗字研究》获第二届思勉原创奖

《敦煌俗字研究》后记

本书是我的博士论文。全书由上编《敦煌俗字研究导论》和下编《敦煌俗字汇考》两部分组成。

本书的写作，肇始于1989年。当时台湾有关部门拟编写一套"敦煌学导论丛书"，项楚师即建议让我来写其中的"敦煌俗字研究导论"。那时，先师郭在贻先生刚刚去世不久，我还沉浸在失去恩师的巨大悲痛中。由于种种原因，这个写作计划一直未能付诸实施。1992年夏秋之交，我有幸成为项师的第一个博士研究生，在项师的鼓励下，才正式把它当作博士论文着手进行。本书的上编，就是这一写作计划的具体成果。在"导论"的写作过程中，我开始时曾考虑把敦煌卷子中的一些俗字书，如《正名要录》《时要字样》《字宝》等等，汇辑在一起，作为论文的附录。但这些字书编排比较杂乱，读者查检不便。另外，除字书以外，一些敦煌韵书、佛经音义书中也有大量的俗字材料（如被周祖谟先生称为"唐代通俗字字典"的王仁昫《刊谬补缺切韵》），但限于篇幅和体例,附录中不便收入;而且由于韵书、音义书的特点,即使收入了,读者同样很难利用。思考再三,我想不如索性把上揭各类卷子中的俗字材料辑录出来,重新按部首编排,同时用内证(敦煌文献中的实际用例)、外证(传世文献和出土碑铭墓志等材料中的俗字)加以比勘,对每个俗字的渊源流变作一番考察。我的这一想法得到了项师的首肯。现在这一设想就以本书下编的形式呈现在读者面前。至于有没有达到预期的目标,则有待于读者的裁断。我们期待读者的批评和指教。

本书的撰作是在项楚师的指导下完成的。对本书的体例、内容,项师都给予了悉心的指导;张永言师也在百忙之中审阅了本书上编的全部初稿,帮我避免了不少疏误;在后来的修订过程中,又得到了周有光、季羡林、杨明照、周一良、李荣、饶宗颐、蒋礼鸿、张永言、赵振铎、王文才、裘锡圭、许嘉璐、祝鸿熹、刘坚、蒋绍愚、李玲璞、江蓝生、荣新江等先生的勉励和指正,蒋绍愚、江蓝生先生还千里迢迢赶赴成都主持我的论文答辩;德高望重的启功先生为本书题签;唐发铙、虞万里、纪大庆等先生为本书的出版费心费力;曹正义先生为本书缮写全部清稿。在此一并表示诚挚的谢意。

1993年夏天,我随同项楚师赴香港参加第三十四届亚洲及北非研究国际学术会议,有机会得到心仪已久的著名学者饶宗颐先生的教诲。当我把本书的构想向饶先生请教时,饶先生给予了热情的鼓励;稿成之后,饶先生不仅寄来了评议意见,又拨冗为之作序。前辈学者对后学的那种殷殷关切之情，令人感愧不已。

我还要感谢我的师母何建华老师和我的妻子余献，要感谢杭州大学和四川大学的有关领导及其他师友。我在川大苦读、撰写本书的两年，正是商海巨浪腾涌的两年。在经济大潮的冲击下，学者文人们亦不甘寂寞，纷纷纵身下海，或由内地向东南沿海作"战略转移"。而年近不惑的我，却偏要逆流而动，撇妻别女，到僻处西南的蓉城求学，果真何苦哉！幸而我的妻子给予了我最大的理解和支持，她默默地承担起了教育幼女的重任和全部家务；杭州大学的领导也伸出了援助之手，不仅在职称、住房等方面给予关照，后来又把我妻子从杭州师范学院调到杭大，以便就近照顾女儿上学，从而使我义无反顾地踏上了"难于上青天"的巴蜀之路。到川大后，作为一个"老"学生，凭着每月二百多元的工资，既要养家，又要对付一天三顿的粗菜淡饭及其他日用，生活确实是够清苦的。感谢我的师母给了我许多关怀，她不但为我洗衣洗被，还多次为我做可口的饭菜，使我这远方的游子也感受到了家庭的温暖。川大中文系的领导和其他一些可敬的师长也给了我许多特殊的照顾和帮助。学校图书馆的周元正老师则在图书资料的利用方面给了我很多方便。我所在的研究生班级是一个非常温馨的集体，我的师友周裕锴、朱庆之、刘利、张勇等则在学业上给了我很大的教益。师兄蒋冀骋博士则从长沙寄来了我急需的资料。面对这许许多多的爱，我只有用加倍的努力来回报。我用屈原《橘颂》"深固难徙，更壹志兮"的名言来勉励自己，而不敢稍有懈息。1993年10月，我在拙著《汉语俗字研究》的后记中把自己在川大所住的学生宿舍称为"自乐斋"，虽出于一时戏言，却也表明了自己甘于清贫、自得其乐、献身于祖国传统文化研究的信心和决心。现在博士毕业已经一年多了，本书的校样也已经摆在了我的面前。此时此刻，我没有丝毫的轻松之感，而只是更加感到肩上责任的重大。我将铭记领导、师长和亲友们的关怀和教导，在求学的道路上不停地攀登，不断地前进。

1996年7月8日于北京大学中关园寓所

第二版后记

由于研究对象的关系，排版不易，因而拙著《汉语俗字研究》（岳麓书社1995年版）、《敦煌俗字研究》（上海教育出版社1996年版）、《汉语俗字丛考》（中华书局2000年版）当年均系手抄影印出版，读者阅读颇有不便。这几部书都早已售罄，而随着排版技术的进步，计算机造字慢慢也已不再是什么难事，于是不少朋友怂恿我改排再版，自己也想借机对书稿作一些修订。但由于这些年一直忙于《敦煌文献合集》等几部大书的编纂，无暇他顾，故一直延宕至今。2008年，《敦煌经部文献合集》出版后，我才下决心抽时间来做一点修订工作。本书的修订工作是在其他课题研究的间隙断断续续进行的，其中包括：1.改正了一些明显的疏误；2.增加或替换了部分例证；3.例字原书多系摹写，难免失真，现尽量采用原卷图版截字（为追求更好的截字效果，我还花高价向收藏机构购买了部分写本的彩色照片）。修订时，特别注意吸收古文字学界的一些文字考释成果，其中裘锡圭师的《古文字论集》（中华书局1992年版），赵平安的《隶变研究》（河北大学出版社2009年版）、《〈说文〉小篆研究》（广西教育出版社1999年版），刘钊的《古文字构形学》（福建人民出版社2006年版），季旭昇的《说文新证》（福建人民出版社2010年版）和李家浩先生的一些论文，参考尤多，谨致谢意。有必要指出的是，本书当年引用的一些著作，有的已出了新版，旧版的一些提法或解释，新版已有调整或改正（如《汉语大字典》，2010年出了新版，新版已吸收了拙著关于疑难俗字考释的一些成果），为避免作伤筋动骨的改动，更为了保持历史的真实，修订时一般不作改动。

本书出版后，《人民日报》（海外版）、《文汇读书周报》、《中国社会科学》、《东方》（日本）等多种报刊发表书评或评论，在对拙著给予肯定的同时，有的也对其中存在的问题提出了建设性的意见；一些师友也在来信中指出了拙著的一些疏失。谨此表示衷心的感谢。

上海教育出版社为本书提供了重版的机会，徐川山编审又再次担任本书的责任编辑，他的督促和帮助，是本书得以以新的面貌面世的最大动力；李伟国先生受出版社约请审读了全稿清样，他以出版家的眼光和学者的谨严,订正了校样中的不少错误;友生鲍宗伟、张龙飞协助校读了 Word 文本或排版校样,张龙飞还帮助重编了四角号码索引,也一并表示谢意。

            2014 年 1 月 25 日于临安
            2015 年 5 月 15 日改定

(《敦煌俗字研究》,上海教育出版社 1996 年出版;第二版,上海教育出版社 2015 年出版)

1998 年,《敦煌俗字研究》获第二届
普通高等学校人文社会科学研究成果奖一等奖

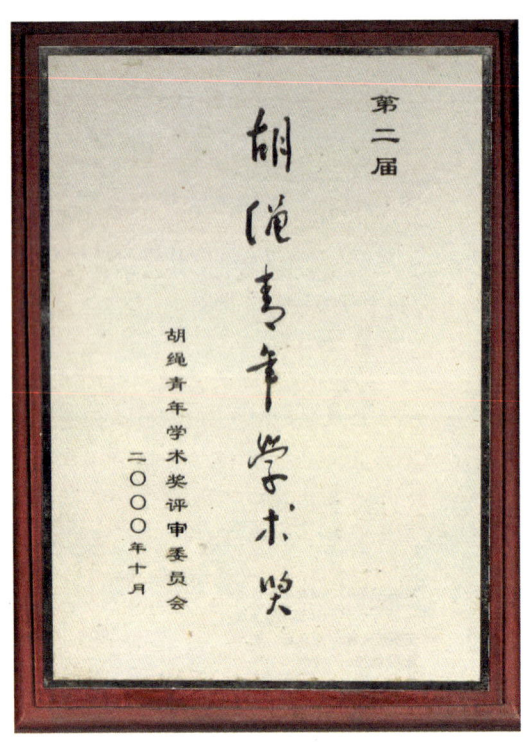

2000年，《敦煌俗字研究》获中国社会科学院胡绳青年学术奖

《敦煌变文校注》撰作忆往

《敦煌变文校注》是我和我的师弟黄征博士合作撰写的一部旧作，1997年由中华书局出版。曾评获第二届全国优秀古籍整理图书奖一等奖、第四届国家图书奖提名奖、中国社科院青年语言学家奖一等奖、国家社科基金项目优秀成果奖三等奖等荣誉。去年又有幸入选首届向全国推荐的优秀古籍整理图书。不久前，《古籍整理出版情况简报》的编者来电，要我谈谈撰作该书的体会。读者的肯定，编辑的希望，是不容推却的。因不揣浅陋，就当年撰写此书的经过和该书的特色，谈一点粗浅的体会。

一、撰作经过

敦煌遗书的发现，震动了整个世界。而其中最为世人瞩目的，则莫过于敦煌变文的重现于世。1920年4月，王国维在《东方杂志》上发表《敦煌发见唐朝之通俗诗及通俗小说》的著名论文，在王氏所称的"通俗诗""通俗小说"中，有所谓"季布歌""孝子董永传""目连救母""李陵降虏"及"唐太宗入冥小说""伍员入吴小说"等作品。人们后来才知道，这些所谓的"通俗诗""通俗小说"，多数乃是我国失传已久的"变文"。王氏的上述论文，也就正式揭开了敦煌变文研究的序幕。1924年，罗振玉辑印《敦煌零拾》，其中有"佛曲"3种（即后来收入《敦煌变文集》的《降魔变文》等3种），是为变文作品刊布之始。稍后刘复辑《敦煌掇琐》、向达辑《敦煌丛抄》、许国霖辑《敦煌石室写经题记与敦煌杂录》，也都收录了一定数量的敦煌变文作品。1954年，周绍良编《敦煌变文汇录》，收录变文作品38篇，这是我国第一部规模较大的敦煌变文专集。1957年，王重民、向达等六位先生合编了《敦煌变文集》；1984年，台湾潘重规又推出《敦煌变文集新书》。这两部书所收变文作品的数量和校录的质量相比周书都有很大的提高。这些变文辑本的出版，给变文研究者带来了很大的便利，推动了变文研究工作的深入开展。

但由于敦煌变文来自民间的土壤，采取的是接近当时口语的文字，其中有着大量的"字面普通而义别"的方俗语词；同时由于变文基本是以写本的形式保存下来的，不但充塞着大量的俗体别字，讹、舛、衍、脱的情况也随处可见，而且还有着许多殊异于今日的书写特点。这种繁复的情况，给变文的校读带来了特殊的困难。所以尽管上述辑本的编校者都是海内外久负盛名的敦煌学专家，但在文字校勘方面却存在着不少的问题。以《敦煌变文集》

而言，该书自1957年问世以后，有关的商榷、补校论文（论著）竟达近两百篇（种）之多，疏漏之夥，可以见其一斑。有鉴于此，近年来国内外的一些著名学者都一再呼吁学术界编辑一个敦煌变文的新校本。如著名语言学家吕叔湘先生在评论《敦煌变文字义通释》时曾经指出：

> 变文的抄写者多数水平不高，字形讹误很多。本书的考订完全根据《敦煌变文集》的印本，如能核对显微胶卷，可能效果更好。说实在的，《敦煌变文集》的校订工作是很不够的，需要吸收这些年来的校勘成果出版一个新的本子。①

后来吕先生在谈到"近代汉语"的研究时，又再一次指出：

> 敦煌俗文学作品是研究晚唐五代词汇和语法的重要资料，一部经过精细校勘的敦煌俗文学作品集实在是非常需要的。②

此外，任半塘、徐震堮、项楚、王锳等著名学者也都曾在不

---

① 见《新版〈敦煌变文字义通释〉读后》，《中国语文》1982年第3期。
② 吕叔湘：《序》，刘坚编著：《近代汉语读本》，上海：上海教育出版社，1985年，第4页。

同场合呼吁过敦煌变文新校本的编辑和出版。

正是在吕叔湘先生等老一辈学者的感召下，1985年前后，先师郭在贻教授和我们开始酝酿敦煌变文新校本的编撰工作。1987年初，我们一起制订了"敦煌学三书"的科研计划。"三书"的第一种是《敦煌变文集校议》（岳麓书社1990年版），第二种便是《敦煌变文校注》（当初拟名为"敦煌变文汇校"），另一种是《敦煌吐鲁番俗字典》。1989年1月，正当"三书"的第一种《敦煌变文集校议》大体完成，并将转入校注的撰写之际，郭师不幸英年早逝。郭师在留给我们的遗书中说：

涌泉、黄征：

匆匆地告别了，万分惆怅。你们要努力完成我们的科研规划，争取把三本书出齐，以慰我在天之灵。

失去了敬爱的导师，使我们感到无比的悲痛。在我们困难的时刻，一些前辈学者给了我们许多的鼓励和支持，坚定了我们完成郭师未竟之业的信心和勇气。经过前后七年多的艰苦努力，总字数近170万字的《敦煌变文校注》终于于1997年5月由中华书局正式出版。

二、主要特色

姜亮夫先生在为《敦煌变文校注》所作的序中说:

余观其书,盖以《敦煌变文集》为基础,而增补其未备者;重核之于变文写本原卷(缩微胶卷),匡纠原编之失者;且荟萃各家新校新说,复出己意加以按断;注释部分,重在俗字、俗语词之诠解,以俗治俗,胜义纷纶:其为敦煌变文校理之集成之作,盖非过誉也。

姜老的序言,相当简要地揭示了《敦煌变文校注》的精粹所在。下面就按姜老概括的线索,谈一谈本书的特色。

(一)荟萃各家新校新说,复出己意加以按断

学术研究,譬如积薪,后来居上,这是理所当然的。但这"居上"是站在巨人的肩膀上进行的,是在前人研究的基础上进行的,所以后来者必须尊重前人的劳动,恪守学术规范。如上所说,与变文校理相关的论文(论著)数以百计,其中的商榷、补校意见,质量良莠不齐,既有真知灼见,也有一叶障目的胡言乱语。这些校录成果散在各处,读者利用不便。作为一部汇校性质的著作,就应该汇聚各家研究成果,吸收表彰正确意见,对一些误校误说,也需要作必要的批判,以免谬种流传;在此基础上,再提出我们自己的新校或新说。为此,我们前后花了一年多的时间,把原本

分散在报纸杂志上的100多篇（部）与变文校勘有关的论著搜集到一起，并逐条辑入本书相关文句之下，再以己说加以按断，是则是之，非则非之。这样，不但各家校说展卷了然，免去了读者翻检之苦；而且各家说法的长短得失亦判然可分。如伯2292号《维摩诘经讲经文》："愿抛火宅上牛车，又遇维摩长善牙。"《敦煌变文集》校"牙"为"才"。徐震堮先生则云："校改'牙'为'才'，非。全诗叶家麻韵，不应此字独异，且'长善才'语意亦不醒豁，'牙'疑当作'芽'。"本书谓徐校是，引斯6551号《佛说阿弥陀经讲经文》亦有"善牙"一词，同书《金刚般若波罗蜜经讲经文》则作"善芽"，指出"善牙"即"善芽"；又引《说文》段注，进而指出"牙"实即"芽"之古字。[①]这里既列出了前人校说的不同，又给出了自己的判断，既回答了是什么，又说明了为什么，使读者知所去取，达到了校勘学"定是非"的要求。

（二）核对写本原卷，匡纠原编之失

如上所说，后人对《敦煌变文集》提出了大量的商榷、补校意见，但由于种种原因，这些论著的作者多数都没有去核对敦煌写本原卷，而仅仅是根据《敦煌变文集》的录文立论，所作的考订有如猜谜射覆，猜对的固然有之，猜错的也不在少数。事实上，由于变文写本整理校勘特殊的困难，《敦煌变文集》录文的可靠

---

① 黄征、张涌泉校注：《敦煌变文校注》，北京：中华书局，1997年，第880页注160。

性是不高的，其中的很多错误是校订者误录造成的，如果复核一下写本原卷，就能找到正确的答案。正如吕叔湘先生所说，"如能核对显微胶卷，可能效果更好"。幸运的是，当时我们任教的杭州大学古籍研究所由于所长姜亮夫先生的英明决断，购置了一套敦煌写本的缩微胶卷（含括英、法、中三国馆藏的大部），于是我们便把《敦煌变文集》的录文逐字逐句与缩微胶卷进行比对。当年我和黄征冒着酷暑在没有空调的资料室里，在炽热的缩微阅读器的灯光下比对变文文本的场景，仍历历在目；那几部标有五彩斑斓的比对记录的几乎翻烂了的《敦煌变文集》，也仍然放在我的案侧；回想起那段经历，至今仍为我们自己当年青春的热情而感奋。虽然核对原卷的工作几乎耗费了我们约一年的时间，但通过这项工作，我们发现并纠正了《敦煌变文集》的大量录文错误，而且通过这样一种训练，大大提高了我们阅读敦煌写本原卷的能力，为后来进一步的整理研究工作打下了坚实的基础。

（三）以俗治俗，重在俗字、俗语词之诠解

所谓俗字，主要是指在民间流行的通俗字体；所谓俗语词，主要是指在民间流行的口头语词。俗字、俗语词可谓是一对孪生姐妹，常常联袂出现于社会底层的民间文本中。敦煌藏经洞发现的约7万件古代文献，包含有大批久已失传的中国人造的所谓"疑伪经"，还有相当数量的通俗文学作品和案卷契约等社会经济文书，由于这些写经和文书的"民间"或"半民间"性质，从而为俗字、俗语词"施展身手"提供了广阔的天地。我们随便打开一个敦煌卷子，无论是佛教的还是世俗的，往往都可以见到若干俗字和俗语词的身影。由于这类字词的方俗性质，加上时过境迁，我们今天辨认、理解它们的难度往往要比"正字""雅言"大得多。所以在校理充斥俗字、俗语词的敦煌通俗文献时，对唐代前后俗字、俗语词的了解和把握，就是一个必备的条件。敦煌变文源于民间，记以口语，书以俗字，更是俗字、俗语词的渊薮。所以俗字、俗语词是整理、校勘变文的最大障碍，也是阅读、理解敦煌变文的拦路虎。事实上，敦煌变文校理中出现的许多疏误都是整理者不明俗字、俗语词造成的。为了解决这个拦路虎，郭在贻师一开始就强调了这方面基础知识的训练，并把《敦煌吐鲁番俗字典》的编纂当作和《敦煌变文校注》同步展开的一项重要工作；后来我和黄征又分别撰写了《汉语俗字研究》《敦煌俗字研究》《敦煌俗字典》等著作，参加了蒋礼鸿师主编的《敦煌文献语言词典》词条的撰写。正因为我们在敦煌俗字、俗语词研究方面倾注了心力，在此基础上来整理、校勘作为方俗字词渊薮的敦煌变文，就有了驾轻就熟的感觉，处理相关问题便能得心应手，应付裕如。在本书的校勘、注释中，我们也正是紧紧抓住了俗字、俗语词这两个制约全书质量的关键，在俗字的考辨、俗语词的诠释方面花力气，下功夫，以俗治俗，从而纠正了前人大量辨认和理解上的疏误。

《敦煌变文校注》把当时所能见到的变文作品及后人的整理校勘成果汇为一编，所以姜亮夫先生称本书是"敦煌变文校理之集成之作",殆非虚语。但由于当时敦煌文献还没有完全公布,所以遗漏仍是免不了的。近些年,随着世界各地的敦煌藏卷陆续公之于世,尤其是俄藏敦煌文献的全部公布,学术界又发现了一些新的变文写本。最近,我正和我的老师项楚先生合作,拟在全面调查所有业已公布的敦煌文献的基础上,增辑《敦煌变文校注》所未备,同时汇集近百年敦煌变文整理研究的成果,加以汇校和汇注,编辑一部真正意义上的《敦煌变文全集》。

(原载《古籍整理出版情况简报》2014年第10期)

黄征、张涌泉同志:

经本会审议决定,给予您的著作《敦煌变文校注》青年语言学家奖金一等奖,专此奉告。
评奖结果将在《中国语文》公布,奖金将于近日汇奉。
此致
敬礼!

中国社会科学院青年语言学家
奖金评奖委员会
2000年8月28日

2000年,《敦煌变文校注》获中国社会科学院
青年语言学家奖一等奖

《汉语俗字丛考》后记

小学，中学，大学……

学士，硕士，博士，博士后……

猛一回首，我竟已在求学的道路上跋涉了三十多个春秋！

回顾三十多年的求学生涯，最使我感到庆幸的是我碰到了许许多多的好老师。小学时的丁成贤老师，初中时的丁守喜老师，高中时的程思维老师，这些我少年时代的启蒙导师，把我引进了知识的殿堂，把我从一个无知的顽童培养成了一个有志的青年。1978年初，作为恢复高考制度后的首届大学生，我跨进了杭州大学的校门，不久便成为郭在贻教授的门徒。郭师渊博的学识，生动的讲授，激起了我对古汉语的浓厚兴趣，从此便坠入爱河，而难以自拔。在此后的十多年里，郭师言传身教，一步一步地引我进入了古汉语的研究领域。不幸的是，1989年初，万恶的癌细胞夺去了郭师年轻的生命。失去敬爱的导师，有如漫漫风雪中失群的羔羊，顿时使我迷失了前进的方向。在我迷惘困顿之际，项楚先生接纳了我，使我重又燃起了求学的火焰。项师研究古典文学出身（他是"文化大革命"前古典文学专业的硕士研究生），但他深厚的小学根柢和广博的古典文献（尤其是佛教文献）学养同样令人惊叹。虽然我想努力向项师学习，拓宽自己的知识面，项师也给了我许多悉心的指导，但由于自己资质愚钝，离老师的境界却仍是那么的遥远。

1995年初，我提前完成了博士研究生的学习任务，有机会到我国的最高学府——北京大学做博士后研究，导师是我心仪已久的著名学者裘锡圭先生。大约从20世纪80年代初开始，我对俗文字学产生了浓厚的兴趣，后来又写了《汉语俗字研究》《敦煌俗字研究》等几本小书。但由于缺乏文字学方面的比较扎实的基础，研究工作中经常遇到许多无法解决的困难。而裘锡圭先生是我国最著名的文字学家之一，能在他的身边学习，这是一件多么幸运的事啊！在北大学习期间，我聆听了裘师面授的"古文字学""考古资料与传世先秦秦汉古籍的整理"等课程，终于补上了文字学这一课。当然，这期间我最重要的工作便是完成作为博士后研究课题的本书的写作。

北大的校园是美丽的，博士后的待遇也是优厚的。但本书的撰写任务却压得我透不过气来。要在两年的时间里搜集有关资料，完成这本100多万字的著作，任务确是够艰巨的。我无心留恋燕园的湖光塔影，也没有时间去欣赏古都的名胜古迹，除了上系里取信，去图书馆查阅资料，以及同行们难得的一聚，我几乎整天都把自己关在博士后公寓中,阅读,考证,写作……而不敢稍有懈怠。曾有位朋友戏称我被"软禁"了,那不能说不是实情。后来实在来不及了,我年迈的父母也赶来为我洗衣做饭,以便让我一心一意地投入到研究中去。父辈对子女的那种关切和期盼,激励着我在求学的道路上奋力前行。裘师和师母对我的研究工作给予了许多关心和帮助。裘师不但帮我确定了全书体例,还花费很多时间仔细审阅了本书的许多初稿,提出了大量宝贵的修改意见。裘师对学生要求的严格是出了名的,对我自然也不例外。对我书稿中的问题,哪怕是一个字写得不够规范,一个标点符号用得不够准确,裘师都必定要一一当面向我严肃地指出。所以每次去见裘师,我都有一种战战兢兢、如履薄冰的感觉。但对我的生活,裘师和师母则关怀备至,体贴入微。从裘师那里,我不但学到了做学问的方法,更重要的还学到了做人的道理。

惭愧的是,虽然裘师和其他一些老师以及中文系的领导有意让我留在北大任教,但由于种种原因,我最终还是离开了心中眷恋着的未名湖,离开了敬爱的老师,回到杭州大学任教。辜负了老师的厚望,我为此感到负疚不安,也感到万分的遗憾。

作为一个学生,我的求学生涯也许已经永远地结束了,本书作为我学生时代的最后一份"作业"也即将出版。但学问是没有止境的。我将铭记老师们的教导,在治学的道路上不停地攀登,不断地前进。

1997年3月21日于杭州大学寓所

补 记

一、本书在撰写及后来的修改过程中，曾得到蒋绍愚、张力伟等先生的关心和帮助；郭锡良、何九盈、李家浩等先生审读了本书的部分初稿，并在百忙之中参加了我的博士后出站论文报告会，他们给了我热情的鼓励，也提出了宝贵的修订意见；我的师兄沈培博士则无论在学业上还是在生活上都给了我最大的帮助，在此，谨向他们表示我深切的谢意。

二、本书能在国学方面最权威的出版社中华书局出版，是我最大的荣幸。责任编辑陈抗先生为本书的出版花费了不少心血，他那一丝不苟的工作作风使我受益匪浅；刘宗汉先生惠予题签，为这本小书增添了光彩；曹正义先生在工作之余为本书缮写全部清稿，耗时近十八个月，本书的字字句句，同样凝结着曹先生的心血。在此，也一并表示我诚挚的谢意。

1999 年 6 月 15 日

再版后记

20 世纪 90 年代中，我有幸师从裘锡圭先生在北京大学做了两年的博士后研究。本书便是两年博士后研究工作的一个总结。但两年的时间实在过于短暂，许多疑难俗字的考证还没有来得及进行，即便已考释的部分，也还存在着一些疏误。博士后出站以后，又马上转入更为繁重的《敦煌文献合集》的纂著工作，疑难俗字的考释工作便不得不暂时中止了。不过令人高兴的是，这一工作并没有因为我个人的"暂停"而中止，相反呈现出蓬勃发展的势头。这些年，不但队伍日渐壮大，而且考证也更加系统和深入。如杨宝忠、李国英、周志锋、郑贤章、姚永铭、邓福禄、韩小荆、梁春胜等等，都取得了令人艳羡的成绩。他们在辨识新的疑难俗字的同时，对原有一些考释成果的疏失也进行了检讨，其中也包括对本书中一些条目的商榷和指正。另外由于造字排版不易，本书当年系手抄影印出版，读者阅读颇有不便。加上初版售缺多年，于是在一些朋友的鼓励下，我下决心抽时间对拙著进行一次修订，并改用电脑排版。

修订工作是在其他课题研究的间隙断断续续进行的，其中包括：1.用"校按"的形式列出同道的补正意见及本人必要的回应；2.删除了一些明显错误的条目；3.增加了若干新的条目。这些年在系统整理校录敦煌文献的过程中，也时不时会涉及俗字的问题，于是忙中偷闲，我自己也写过几篇相关的论文，如《史书俗字辨考五题》（《语言研究》2004年第4期）、《汉语俗字新考》（《浙江大学学报》2005年第1期）、《汉语俗字续考》（《中国文字研究》第6辑，广西教育出版社2005年版）等，这次修订时便把相关条目一并辑入书中。有必要指出的是，本书当年引用的一些著作，有的已出了新版，旧版的一些提法或解释，新版已有调整或改正（如《汉语大字典》，2010年出了新版，新版已吸收了拙著关于疑难俗字考释的部分成果），为避免作伤筋动骨的改动，更为了保持历史的真实，修订时一般不作改动。

感谢学界朋友对本书的关注，他们的鼓励、建议乃至批评，是本书能够以新面貌面世的原动力。中华书局为本书提供了重版的机会，为这部造字极多、排版难度极大的书稿，责任编辑陈乔老师和录入员耗费了巨大的精力；我的助手张龙飞仔细审读了前两次校样；友生梁春胜博士花费大量时间帮我梳理了学术界对拙著的评议意见，杨宝忠先生把他阅读拙著时所作的札记汇总后供我参考，隆情厚谊，尤所铭感，志此聊表谢忱。

2014年3月21日于临安寓所
2019年3月16日改定

（《汉语俗字丛考》，中华书局2000年出版；修订本，中华书局2020年出版）

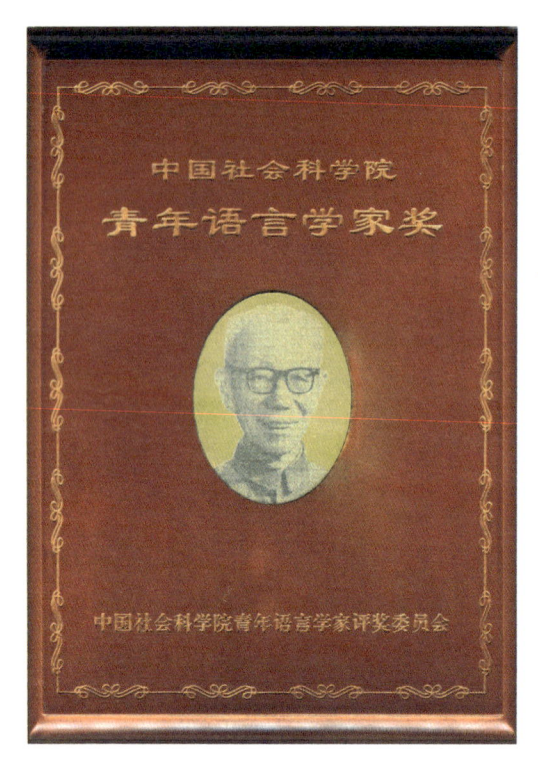

2000年,《汉语俗字丛考》获中国社会科学院
青年语言学家奖一等奖

2003年，《汉语俗字丛考》获第三届中国高校
人文社会科学研究优秀成果奖二等奖

《敦煌经部文献合集》后记

本书自 2004 年中主体完成，就陆续交给浙江时代出版服务有限公司排版。由于敦煌写本多俗字，尤其是其中的小学书以及《古文尚书》写本，异体俗字更是盈纸满目，所以排版公司面对的堪称是世界上造字最多的书稿（仅伯 2011 号王仁昫《刊谬补缺切韵》一篇，造字就达 6736 个，加上约有 1/5 的造字需要返工，该篇实际造字 8000 个左右）。感谢录入员鄢圣琼、蒋文艳、李琴、郑慧珍的耐心，也感谢丰志伟董事长的支持。经过近四年的努力，这部排版之难可登吉尼斯的书稿终于要面世了，面对数米高的新旧校样，令人油然有如释重负之感。

中华书局是在传统文化领域享有盛誉的权威出版机构，书局的历任领导对浙江大学（原杭州大学）古籍研究所包括对我本人都给予了很大的支持和关爱。我个人的多部著作有幸在那里出版，可以说我的成长是和中华书局紧紧联系在一起的。这次书局领导又慨然接受本书的出版，这对我们来说既是荣誉也是鞭策。李岩总经理曾多次过问书稿的有关情况，徐俊副总编和历史编辑室主任于涛博士则亲自协调安排有关事宜；柴剑虹编审不但经常督促我们，还和梁运华编审一起协助审读了部分书稿；责任编辑李解民、徐真真二位尽心尽力。正是他们的关心支持和一丝不苟的工作态度，保证了本书的顺利出版，也帮我们避免了不少疏误。谨此表示我们最诚挚的敬意和谢意。

原杭州大学校长沈善洪教授是"敦煌文献合集"项目的工作委员会主任，他把《合集》的编纂当作他校长任内未了的心愿之一。近几年，尽管身体欠佳，但他仍时时关心着《合集》的进展。然而由于种种意想不到的困难，现在十多年过去了，所完成的仅仅是一个小小的经部，我们为此感到内疚和不安。希望本书的出版，多少能让老校长得到些许的慰藉。

感谢项楚师破例为本书赐序。这是项师迄今为他人所写的唯一的一篇序文，唯其"唯一"，更见珍贵。我把它当作老师对自己的期勉，细心收藏。

2005年起，我作为教育部长江学者特聘教授曾在复旦大学出土文献与古文字研究中心工作过一段时间，本书的完成也得到了复旦大学的支持，谨致谢忱。

要感谢的还有很多很多，纸短情长，只能一一记在心间。我们将把本书的出版当作一个新起点的开始，争取尽早完成整部《合集》的编纂，以报答所有给予过我们关心和支持的人们！

2008年6月5日

（《敦煌经部文献合集》，中华书局2008年出版）

证　书

张涌泉 同志：

你主编、审订的《敦煌经部文献合集》荣获第二届中国出版政府奖 图书奖。

特颁此证。

中华人民共和国新闻出版总署
二〇一〇年十二月

2010年，《敦煌经部文献合集》获第二届中国出版政府奖图书奖

第六届高等学校科学研究优秀成果奖

（人文社会科学）

成果名称：《敦煌经部文献合集》
　　　　　中华书局 2008年8月
主要作者：张涌泉、许建平、关长龙
成果类型：著作
学　　科：图书、情报与文献学
等　　级：二等奖

教社科证字（2013）第264号

中华人民共和国教育部
二〇一三年三月二十二日

2013年，《敦煌经部文献合集》获第六届
高等学校科学研究优秀成果奖二等奖

《著名中年语言学家自选集·张涌泉卷》跋

滥竽"著名"语言学家之列,既是意外,也多少有些惶恐不安。

1978年春天,作为恢复高考制度后的首届大学生,我考入杭州大学中文系。历经多年的知识饥荒,展现在我们面前的是一个五彩斑斓的世界,一切都是那么的新鲜。当时的我,和其他大多数同学一样,对什么都感兴趣,什么都想试一试。后来之所以对语言文字学发生兴趣,则完全是一种机缘。当时郭在贻老师是我们古代汉语课的任课教师之一。郭老师中等的个子,说话带有浓重的山东口音,看起来并没有什么过人之处。但他那渊博的学识、生动的讲授,却极大地激发了同学们求知的欲望。尤其后来这门课的结业考试,名不见经传的我竟然得了个全年级最高分。就这样,我对古汉语的兴趣被极大地调动了起来,从此便沉迷于此而难以自拔。

大学毕业,在老家义乌图书馆做了两年多古籍整理编目工作以后，1984年9月，我重新考回母校，在古籍研究所师从郭在贻老师读研究生，并在两年后留所任教。杭州大学当时号称国内三大敦煌学研究中心之一，古籍研究所所长姜亮夫先生是敦煌学的开拓者之一，我以前本科论文的指导教师蒋礼鸿先生也是敦煌语言文字研究的一代宗师；这时郭老师的研究领域也从传统的训诂学转向以敦煌俗文学作品为中心的近代汉语研究。受这些先生的熏陶和影响，我也对敦煌文献产生了深深的迷恋，并有感于"敦煌在中国，研究在外国"的窘境，不自量力地提出了《敦煌变文校注》《敦煌文献合集》等宏大的研究计划，立志要在敦煌文献整理研究方面作出自己的贡献。但不久以后我就发现，敦煌写本中有大量当时民间流行的俗字和殊异于后世刻本的书写特例，通俗文学作品和社会经济文书写本中还使用了很多俗语词，而当时从事敦煌文献整理研究的学者，对此却往往不甚措意，因而相关的整理研究著作中存在着不少疏误。要提高敦煌文献整理研究的水平，在世界敦煌学著作之林占有一席之地，就必须首先加强敦煌语言文字方面的研究。为此，我把自己最初学习和研究的重点放在了俗字、俗语词的探研以及敦煌写本书写特例的阐发等方面；20世纪90年代，在贻师去世以后，我又攀蜀道，闯京师，先后师从著名的敦煌学家项楚先生和文字学家裘锡圭先生，以努力提高自己在这方面的学养。

正是在上述前辈学者的教诲和指引下，我研阅了《说文解字》等小学名著及《龙龛手镜》《四声篇海》《正字通》等收载异体俗字较多的古代字典，撰写了《〈说文〉"连篆读"发覆》《〈龙龛手镜〉读法四题》等10余篇关于古辞书的论文；对历代俗字尤其是敦煌写本俗字作了较为深入的探讨，撰写了《汉语俗字研究》《敦煌俗字研究》《汉语俗字丛考》等著作和《试论汉语俗字研究的意义》等一些单篇论文；对敦煌变文、王梵志诗及社会经济文书中的俗语词给予了较多的关注，撰写了《俗语词研究与敦煌文献的校理》等论文，参与了《敦煌文献语言词典》的撰著，主编的《敦煌文献语言大词典》也即将出版；对敦煌文献的价值和敦煌写本的书写特点作了系统的探讨和梳理，撰写了《敦煌变文集校议》（合作）等著作和《从语言文字的角度看敦煌文献的价值》《说"卜煞"》等一系列论文，撰著的《敦煌写本文献学》也即将完稿。

如此等等，虽然自己在语言文字学方面作出了艰苦的努力，也取得了一点成绩。然而，这些年来念兹在兹的仍是敦煌文献的整理，尤其是集大成的《敦煌文献合集》的编纂。古代字书的探研，俗字、俗语词的考释，敦煌写本书写特例的梳理，不过是我为攻克敦煌文献校读障碍所作的知识上的准备。在那些正宗的语言学家看来，这些也许只是"旁门左道"，难登大雅之堂，但它们都是我治学之旅跋涉的印记，已经和我的学术生命融为一体。所以当得知自己被列入"著名中年语言学家"之列而受邀编选这部自选集时，虽感愧疚不安，但我不必妄自菲薄，也没有理由拒绝。不揣浅陋，谨把这本小书敬献给一直以来给我以呵护和关注的师长和读者朋友,并愿以最谦卑的心怀,接受师友们最严正的批评。

2010 年 11 月 10 日于北京旅次

(《著名中年语言学家自选集·张涌泉卷》,上海教育出版社 2011 年出版)

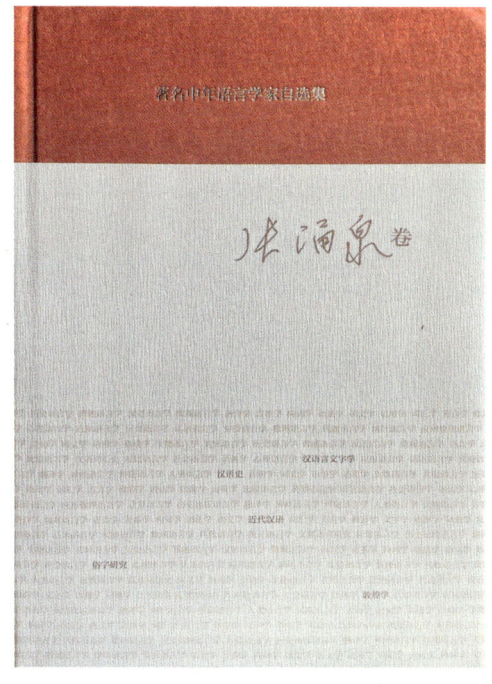

《著名中年语言学家自选集·张涌泉卷》书影

《敦煌写本文献学》后记

我国传世的古书，宋代以后大多以刻本的面貌呈现，因而有关古书的学问也多以刻本为中心生发展开。清代末叶，敦煌藏经洞被打开，人们从中发现了大批唐代前后的手写纸本文献，震动了整个世界。民国以后，又有吐鲁番文书、黑水城文献、宋元以来契约文书、明清档案等众多手写纸本文献陆续公之于世，耀人眼目，写本文献的数量一下子充盈起来。于是，逐渐形成了敦煌学、吐鲁番学、徽学等一批与手写纸本文献相关的学问，在很大程度上改写了中国学术文化的历史。但人们在兴奋忙乱之余，还来不及对写本文献的风格、特点进行系统全面的研究，仍习惯于用刻本的特点去看待写本，因而整理和研究不免有所隔阂和误解。

其实写本文献与刻本文献的区别还是挺大的。古书一经刊刻，随即化身千百，既促进了书籍的普及，也使古书的内容、格式逐渐被定型化。而写本文献出于一个个单独的个体，千人千面，本无定式；即便是那些前人传下来的古书，人们在传抄过程中，也往往会根据当时抄书的惯例和抄手自己的理解加以改造,从而使古书的形制、字体、内容、用词、用字、抄写格式等都会或多或少发生一些变化,都会带上时代和抄者个人的烙印。所以写本文献的形式和内容富有不同于刻本的特色,并呈现出参差不一的特点,我们不能用我们熟悉的已经定型的刻本文献的观念去衡量它们。

敦煌文献既以写本为主体,同样具有写本文献的特点;即便是那些少量的刻本,由于其处于刻印的早期,传播范围有限,内容、格式的定型其实也还谈不上。所以了解和认清敦煌文献的写本特点,是正确校理敦煌文献的最基础一环。而且敦煌写本湮埋一千多年,未经后代校刻窜乱,保存着唐代前后的原貌,可借以考见当时写本的风格、特点,推寻一代语言之特例。这些,用蔡元培先生的话来说,就是"可以得当时通俗文词的标本"[1]。一百多年来,研究敦煌学的前辈学者在敦煌文献的整理方面取得了巨大的成绩。但由于先贤们对敦煌写本的语言和抄写特例还没来得及给予足够的关注,因而难免影响敦煌文献的校理质量。尽管一些学者已经注意到敦煌文献的写本特点,并有所讨论,但有关的论述零散而不成系统;台湾学者林聪明先生的《敦煌文书学》[2],是这方面较为系统的著作,但所论多为敦煌写本的外在形态,而

---

[1] 蔡元培:《〈敦煌掇琐〉序》,《敦煌丛刊初集》第15册,台北:新文丰出版公司,1985年,第3页。
[2] 林聪明:《敦煌文书学》,台北:新文丰出版公司,1991年。

对敦煌文献整理校勘的实践着墨不多，讨论的深度和广度似也还有待进一步提升。

正是有鉴于此，笔者从20世纪80年代初便开始留意敦煌写本文献语言和书写特例的钩稽和归纳，并在郭在贻师的指导下，撰作了以《敦煌变文校读释例》为题的硕士论文，对变文写本的用字、用词特点及标识符号等都有所论列。当时论文的评阅专家之一贵州大学王锳教授曾给郭师写信，他说："涌泉同志此作，已刊部分前承他惠赠一份，已拜读一过。此次重点是读未刊部分。具体意见已见所附表格，所未尽者，深感'强将手下无弱兵''后生可畏'二语之不虚耳。所论二十四节，实可视作古白话文献研究之《古书疑义举例》，倘能扩而充之，勒成一书，自可造福同行，衣被后学，不知吾兄以为然否？"[1]正是在郭师的期许和王锳先生的鼓励下，此后的二十多年中，尽管有《敦煌俗字研究》《汉语俗字丛考》《敦煌文献合集》等科研任务的压力，但撰作一部敦煌写本文献通论性著作的愿望始终萦回在我的心头，并且忙里偷闲，时不时做一些材料的搜集和整理工作。后来又以此为中心，给博士生、硕士生在课堂上讲授过多次。教学相长，师生间的讨论乃至争论也对我多有启发。现在呈献给读者的这部小书，就是这二十多年来自己在敦煌文献整理、研究和教学的过程中，对敦煌写本文献语言和书写特例钩稽探讨的结晶。全书共分四编二十章，第一编为绪论编，在对百年敦煌文献整理的成绩进行回顾的

---

[1] 王锳先生1987年9月16日致郭在贻师函。

基础上，指出存在的问题和不足，对写本文献在中华文明传承中的地位作了阐述，指出创建写本文献学的重要性，并对敦煌文献的写本特征作了简要的梳理和归纳；第二编为字词编，对敦煌文献的字体、俗语词、俗字、异文等语言文字现象作了全面的介绍，指出敦煌写本篆隶楷行草并存，异体俗字盈纸满目，异本异文丰富多彩，通俗文学作品、社会经济文书、疑伪经等写本有大量"字面普通而义别"的方俗语词，它们既为语言研究提供了大量鲜活的第一手资料，也为敦煌文献的整理设立了一道道障碍，扫除这些障碍是敦煌写本整理研究的最基础的工作；第三编为抄例编，对敦煌写本中的正误方法、补脱方法、卜煞符、钩乙符、重文符、省代符、标识符等符号系统及抄写体例作了全面的归纳，并通过列举大量实例，指出了解这些殊异于刻本的书写特例，是敦煌写本整理研究的重要一环；第四编为校理编，从缀合、定名、断代、辨伪、校勘五个基本环节入手，指出由于种种原因，以往的敦煌文献整理，多是挖宝式的，缺少整体的关照和把握，现在随着资料条件的改善，应该让位于全方位的系统全面的整理，努力推出一批高质量的集大成之作。

以例读书，是清人治学的一大法宝。清儒阮元有言："稽古之学，必确得古人之义例，执其正，穷其变，而后其说之也不诬。"[①]近人黄季刚也说："夫所谓学者，有系统条理，而可以因简驭繁之法也。明其理而得其法，虽字不能遍识，义不能遍晓，亦得谓

---

① 《汉读考周礼六卷序》，见《揅经室一集》卷十一，《四部丛刊》本。

之学。不得其理与法，虽字书罗胸，亦不得名学。"[①] 虽然本书试图对敦煌写本的语言特点和书写特例进行系统全面的归纳和总结，建构敦煌写本文献学的理论体系，但能否当得起"学"的称号，则有待于读者诸君的裁断，期待着大家的批评和指正。

2012 年 5 月 22 日于临安灌园

又记：承蒙评审专家的厚爱，本书忝列 2011 年国家社科基金重点项目。项目结项后，根据匿名评审专家的意见，增写了第一章"写本文献学：一门亟待创立的新学问"，并对第三章"敦煌文献的写本特征"作了较大的增订。柴剑虹、郝春文、郑炳林、荣新江审读了书稿，并提出了宝贵的修改意见。友生张磊、秦桦林、鲍宗伟、李义敏、陈瑞峰也各有是正，秦桦林对第一章的撰写贡献尤多；张新朋对书中残卷图版的缀合多有辛劳。谨补记于此，以志谢忱。

2013 年 6 月 13 日

---

① 黄侃：《文字声韵训诂笔记》，上海：上海古籍出版社，1983 年，第 2 页。

国家社会科学基金重点项目结项证书

增订本后记

写本学是 19 世纪以来西方的热门学科，包括实物写本学、比较写本学、古书迹学等等。相对而言，我国以前在这方面的研究没得到重视。不过 20 世纪 80 年代以来，在林聪明、方广锠、郑阿财、郝春文、黄正建、王晓平、荣新江、伏俊琏等先生的呼吁和推动下，以敦煌文献为中心，敦煌文书学、敦煌写本学、古文书学、写本学、写本文献学等等，写本学及相关的研究呈现出勃兴的态势。拙著《敦煌写本文献学》就是笔者追寻这一学术潮流所作的探索，2013年由甘肃教育出版社初版。可以自慰的是，拙著出版后，受到学术界的充分肯定，如邓文宽先生认为"所有研究敦煌文献的专业工作者均应将该书列为必读之作"，赵和平先生称许本书"堪称古代写本学的奠基之作"，日本关西大学玄幸子教授称本书是研究写本学的"第一本综合性的、优秀的指南书"。豆瓣网的读者绝大多数也对拙著给予正面的评价，评分在9.5分以上。专家的肯定，读者的鼓励，是对作者最大的褒奖。

在肯定和鼓励的同时，专家和读者也就拙著存在的不足和疏失提出了不少中肯的批评和建议。加上出版不久，拙著就已销售一空，网上旧书的价格也已经炒到超出原价几倍的高价。所以这些年不断有出版社跟我商谈再版事宜，继续修订完善的念头也始终萦回在自己的心头。但由于前些年"敦煌文献语言大词典""敦煌残卷缀合研究"等重大科研项目的压力让我无法分身，一直抽不出比较完整的时间来做这件事，只是在其他课题研究的间隙断断续续做过一点细微的修订工作。

2022年下半年，持续进行了二十多年的《敦煌文献语言大词典》终于正式出版，"敦煌残卷缀合研究"课题的前期成果《拼接丝路文明——敦煌残卷缀合研究》也已经付排，才让我下定决心着手本书的修订工作。修订过程中，张小艳、张传官、徐浩、王子鑫等都提出了宝贵的意见。具体而言，修订工作包括以下几方面。

1.内容的增补。如第十四章第一节"句读号"下增加了之五"补白号";同一节之三"引号"下增加了"引某书或某人语,在引文之首的书名、人名右侧加朱笔顿点,提示其下为引文"的例子;第三节"勘验号"下增加了标"ㄱ"形勘验号表示注销的例子;第五节"余论"部分增加了"㠯(△)"形层次号整理者径录作"厶"容易让人误解的例子,还增加了应尊重写卷原有的句读符号但又不可完全照搬的例子。又如第十章讨论"卜"形删字符的形成时,根据张小艳的意见增补了以下小注:"平安时期的日本古写经中,发现错字时,便在误字左侧画一短竖,然后在其右侧写上正字……这种画一短竖以指示应删去之字的方法,跟'卜'号的短竖,其功能其实是一致的。"

2. 内容的更新。随着敦煌文献图版的进一步公布、研究的深入、新成果的涌现,修订本对原有的一些统计数字或有关结论作了更新。如第一章在介绍敦煌文献整理研究情况时增加了如下内容:"2022年,国家启动了'敦煌文献系统性保护整理出版工程',其中包括出版高清彩色版《敦煌文献全集》,目前中国国家图书馆藏、法国国家图书馆藏及甘肃藏敦煌文献的彩色版已在陆续出版之中。这项工作的完成,将极大改善敦煌图版的质量,推动敦煌文献整理研究的深入。"又如初版第一章第二节称徽州契约文书"总数在50万件以上",修订本更新为"总数在100万件以上",前一个统计数字出自刘伯山《徽州传统文化遗存的开发路径与价值评估》,《探索与争鸣》2010年第12期第77页,后一个统计数字出自同一作者的《新时代徽州传统文化遗存的开发与价值评估》,《学术界》2019年第4期第138页。再如第二章第一节介绍童蒙识字读物《开蒙要训》,初版称敦煌文献中凡存70个卷号,经整理缀合得44卷,修订本更新为凡存86个卷号,经整理缀合得57卷。诸如此类,所作的修订反映了最新的研究成果,表述更为准确可靠。

3. 纠正了原书的一些疏误。如初版第七章第二节引《后汉书·张奂传》"张奂字然明,敦煌酒泉人也",网友"十三时梦迷"指出"酒泉人"应为"渊泉人",甚是。中华书局标点本即已据钱大昕、王先谦等说校改作"渊泉人",修订时从改。又如第六章第三节引敦煌写本斯4373号有"上头修大渣用""上头修渣用"等句,"渣"字初版根据《敦煌社会经济文献真迹释录》括校作"闸",修订时据张小艳的意见括校作"查",又出注云:"'查'古作'柤',为拦水的木栅;其义与水相关,故'查'俗书又增旁作'渣'。或校'渣'为'闸',非是。"又同一节据任半塘《敦煌歌辞总编》引斯1497号《五更转》"诸女彩楼畔",其中的"诸"任编称原写"慎",本书初版据以认为"慎"应该就是"贞"的增旁字;张小艳指出此字原卷实作"频",卫莱译注录为"频"校作"嫔"可从。修订时删此条而换用了其他例子。

4. 调换了个别原来前后重复的例子。如类化俗字"馳",网友"十三时梦迷"指出初版第六章、第七章重出,修订时第六章换用了其他例子。

5. 体例方面的统一。如引用中国国家图书馆藏敦煌文献的简称，初版多用"北"，少数用"北敦"（"北"为缩微胶卷及《敦煌宝藏》所用的中国国家图书馆藏敦煌文献原编号，"北敦"为新刊布的《国家图书馆藏敦煌遗书》所用的统编号，《国家图书馆藏敦煌遗书》2012年才出齐，本书写作时参考的主要是《敦煌宝藏》或缩微胶卷），修订时统一为"北敦"，必要时括注"北"编号。

6.标点符号用法的规范。根据最新公布的标点符号用法，书名号、引号连用时，中间一般不用顿号，修订时据以作了规范。

写本学是一门新兴的学科，主要涵盖物质和内容两个层面（前者包括书写材料、工具、产地、抄手、装帧、保管、流通、印签等），涉及面十分广泛。敦煌写本学同样如此。本书主要侧重敦煌写本内容的层面，物质形态方面则阙漏多多。最近我和我的同事们正在编纂一部《写本文献学》教材，希望为建立一门更为系统全面的写本学学科作出我们的贡献。

2024年1月21日

（《敦煌写本文献学》，甘肃教育出版社2013年出版；增订本，商务印书馆2024年出版）

2015年,《敦煌写本文献学》获第七届
高等学校科学研究优秀成果奖三等奖

《敦煌文献语言大词典》前言

敦煌文献的发现，是中国近代文化史上的一件大事，在很大程度上改写了整个中国学术文化的历史。从语言文字的角度而言，敦煌文献的重要价值也不容低估。

如众所知，总数达7万号的敦煌写卷，佛教文献占了绝大多数，但其中也包含有大批久已失传的中国人造的所谓"疑伪经"，此外还有相当数量的通俗文学作品、道经、通俗辞书以及案卷契约等社会经济文书。由于这些写经和文书的"民间"或"半民间"性质，从而为口头语词"施展身手"提供了广阔的天地。我们随便打开一个敦煌写卷，无论是佛教的还是世俗的，往往都可见到若干新鲜的语言成分。正因为如此，语言学界习惯以晚唐五代为界，把汉语的历史分成古代汉语和近代汉语两个大的阶段[1]，敦煌文献大多是晚唐五代这个界标前后的产物，在汉语发展史上起着承前启后的作用，特别是其中以白话为主体的变文、曲子词、

---

[1] 参看吕叔湘：《近代汉语指代词》，上海：学林出版社，1985年，"序"，第1页。

王梵志诗，以及愿文、书仪、契约等社会经济文书，更是近代汉语语料的渊薮。苏联汉学家谢·叶·雅洪托夫曾说："我们在变文中找到了几乎所有列入我们清单的近代汉语语素。"[①]对其他敦煌通俗文学作品和社会经济文书来说，我们同样可以作如是观。这些文献的发现，为汉语的研究注入了新的活力，孕育或推动了近代汉语、俗语词研究、俗字研究等一些新兴学科的诞生和发展。

有必要指出，我国传统的训诂学主要是为经学服务的，它所重视的是所谓的"雅言"，而对民间的口头语词，却向来不甚措意。事实上，由于口头语词的方俗性质，加上时过境迁，我们今天理解它们的难度往往要比"雅言"大得多。所以在校理以口语为主体的敦煌文献时，对唐代前后口头语词的了解和把握，就是一个必备的条件。正是有鉴于此，早在20世纪50年代，蒋礼鸿师就撰作了划时代的名著《敦煌变文字义通释》，对变文中的一些"不容易知道它的意义"的语词从纵横两方面进行了"通释"，为正确校读、理解变文词句作出了极大的贡献。后来他又带领包括笔者在内的几位学生编纂了《敦煌文献语言词典》，收词的范围略有扩大。在蒋先生的影响下，当年郭在贻师、项楚师等一批中年学者及不少年轻学子也陆续加入到敦煌文献语词考释的队伍中来，不但范围多所拓展，成果亦颇可观。

20世纪80年代初，笔者在蒋礼鸿师的指导下撰写本科毕业

---

① 谢·叶·雅洪托夫：《七至十三世纪的汉语书面语和口语》，《语文研究》1986年第4期。

论文《〈太平广记〉引书考》，就对俗语词产生了浓厚的兴趣。后来在郭在贻师的指导下撰写硕士学位论文《敦煌变文校读释例》，更是有不少篇幅直接与敦煌文献的口头语词有关。我在该文开篇中写道："清末在敦煌石室发现的变文，是唐五代间的民间文学作品，它的作者和传抄者，大多是处于社会底层的'下里巴人'；它的语言，也大抵是当时的口语，其中俗字、别字、俗语词之多，保存口语材料之丰富，实为它书所未有。它对于推究古今语音演变之轨迹，考索宋元白话之沿溯，都有重大的参考价值。"可以说，当时自己对敦煌文献口头语词研究的意义已有了一定的认识。1986年研究生毕业后，郭在贻师带领我和黄征师弟合作撰著"敦煌学三书"（《敦煌变文集校议》《敦煌变文校注》《敦煌吐鲁番俗字典》），更是直接和敦煌俗字、俗语词研究结下了不解之缘。20世纪90年代初，我有幸参与蒋礼鸿师主编的《敦煌文献语言词典》的编写，其中一些条目就是自己前一阶段学习、研究敦煌文献俗语言的结晶。

在此后撰作《敦煌变文校注》《敦煌文献合集》等著作的过程中，特别是20世纪90年代中跟随项楚师研习敦煌语言文学，耳濡目染，我对敦煌口头语词研究的意义及对敦煌文献校理的价值有了更深刻的认识。但此前的敦煌文献语词考释论著所释对象基本上局限于变文、王梵志诗、歌辞等通俗文学作品，而数量更为庞大的敦煌社会经济文献（民间契约、判词、发愿文、书仪）、佛教文献、道教文献却基本上不被关注。另外，敦煌文献中还有一些贴近生活、注重实用的通俗辞书，是当时语言面貌的真实记载。如《字宝》记录与人的眼睛相关的词语有目䀎眵、人眼蓛、晓眼、笑䁤䁤、眼睖著、眩曜、笑嗰嗰、人眼眻、䀽眼、睥睨、人瞟眊、螽眼、小䁔䀏、眨眼、轻蔑等；《俗务要名林》彩帛绢布部记载绫有独窠、双矩（距）、龟甲、雀眼、填心之别，罗有孔雀、瓜子、许春之别，锦有波斯、卧鹿、鸭子、对凤之别，等等。这些词语，不仅对了解唐代前后的社会经济、生活、风俗等大有帮助，而且以俗治俗，对校读以口语为主体的敦煌俗文学作品和社会经济文书亦可收左右逢源之效。但这些辞书也多未入前人法眼。正是因为存在这种种的局限，使得我们对敦煌文献的校读还颇有隔阂，对一些方俗词语的诠释尚多误解。加上已有的敦煌文献词语考释成果大多散布在报刊或专著的行文之中，读者寻检利用不便，因此很有必要在汇集前贤成果的基础上，把词语收集考释的范围扩大到所有敦煌文献，编纂一部集大成的敦煌文献语词词典。

2000年，我申报的"敦煌文献语言大典"获批为教育部人文社会科学重点研究基地重大项目。于是，这一酝酿已久的科研计划正式启动。先后参加这一项目的有张涌泉（辞书、变文、俗字，指主要负责敦煌辞书、变文词条及疑难俗字的搜集撰写，下仿此），张小艳（书仪、社会经济文书、疑伪经等），周掌胜、计晓云（变文、王梵志诗、歌辞等），黑维强（社会经济文书），冯培红（职官），景盛轩、于淑健、刘丹（佛经），王启涛、陆娟娟（吐鲁番文书），叶贵良（道经），杜朝晖（名物词），郜同麟（道经、汇集散见成果），叶娇（服饰词），鲍宗伟、李义敏、张龙飞、孙幼莉、王子鑫等（引例校核、部分词条改写）。最后由张小艳、郜同麟、刘丹和我合成增改写定。原以为这样一个项目三四年即可完成。承蒙四川辞书出版社冷玉龙编审的厚爱，早在2000年，我便和该社签订了出版协议，约定2004年交稿。但由于一些敦煌文献资料刊布时间的滞后和词条收集、合成写定等环节意想不到的困难，加上不断有其他科研任务的干扰，原定交稿的时间不得不一再推延。现在，经过二十多年持续不断的努力，全书终于即将付梓。在此谨向参与词条撰写的各位同仁表示衷心的感谢，也向为出版本词典付出了最大耐心的四川辞书出版社表示深切的歉意和谢意。

本词典在以下五个方面有自己的特色，或者说是我们所试图达到的目标。

一、集大成

本词典收集的对象涉及所有敦煌文献及吐鲁番文书，其中既有百年间敦煌吐鲁番文献字词考释成果的汇聚，也有大量编者自己通读敦煌吐鲁番文献爬梳考释的条目。全书550万字，收录条目21939条，而此前收词最多的《敦煌文献语言词典》所收条目仅1526条。本词典不少条目下还列有相关词语，如B部"博士"

条,《敦煌变文字义通释》所举敦煌写本用例仅音声博士、泥工博士,本词典所举则涉及卜博士、医学博士、国子监博士、经学博士、道学博士和音声博士、泥工博士、造床博士、木博士、造园博士、叠墙博士、写博士、铁博士、错锯博士、点金博士、团锯博士、擀毡博士、起毡博士、煮盆博士、剪羊博士等20多种相关称呼。即便前贤或大型辞书已有考释的条目,本词典的释义也融入了编者自己的思考,举证也更加周备严密。如F部"防援"条,《敦煌文献语言词典》所举敦煌文献用例仅《不知名变文》一例,本词典则增列伯4525号背《归义军节度使曹致蕃官首领书》、伯2754号《唐安西判集》、斯4453号《宋淳化二年(991)十月八日归义军节度使下寿昌都头等依例看侍防援兵将并官车牛帖》等三例。B部"伴涉"条,《敦煌文献语言词典》仅举《庐山远公话》《下女夫词》二例,本词典则增列《舜子至孝变文》《王梵志诗》及《佛本行集经》等四例;又如"崩背"条,《汉语大词典》释为"指帝王之死",本词典则根据敦煌文献的实际用法,指出"崩背"本指帝王之死,后亦泛称尊者之死;又"比者"条,《汉语大词典》释为"近来",本词典则根据敦煌文献的实际用法,指出"比者"还有昔日、过去义。如此等等,不但收词更加丰富,释义、举证也更为准确全面,反映了敦煌文献及其所处时代语词的整体面貌。

二、探源流

本词典对字词的诠释并不满足于简单的释义、举例，而是把敦煌文献与其他传世文献结合起来，互相比勘，上探其源，下穷其变，力图勾勒出每一个疑难字词产生、发展、消变的历时脉络，既明其然，又明其所以然。如B部"百"下"佰"条指出敦煌吐鲁番文献"百"字繁化大写多借用同音的"伯"，纠正了整理者及传世古书往往把原来的"伯"妄改作"佰"的疏误；"𡰪"条释为妇阴，使《篇海》以下辞书皆不明其义的疑难字得到了确解；"伴换"条释为陪伴，指出"换""援"二字古通用，"伴换"当读作"伴援"，从而使其获义之由得到了说明；"摒挡"条谓即"屏当"的后起增旁俗字，"屏当"之"当"本为助词，后来"屏"涉义增旁作"摒"，"当"又受"摒"字类化增旁作"挡"，从而使其字形字理得到了解释；"擗"条谓"擗羊毛"是把粘连的羊毛等毛料分开打散，"擗"乃"擘"的偏旁易位字，从而使其词义得到了诠解。C部"鹿"条指出表"麤"义的"鹿"实即"麤"俗字"麁""麁""麁"等形讹省，传世古书所谓"鹿布""鹿裘"之"鹿"同此，从而使"鹿"何以有"麤"义得到了解释。G部"歸"下"皈""皈"条指出"皈"为"歸"的会意俗字，而后世通行的"皈"当是"皈"的讹变字，大型辞书只收"皈"而未收"皈"显然不妥。H部"花盖"条指出"花盖"即"華蓋"，并通过其得义之由的追溯，指出"華蓋"之"華"应读"花"音，今人读作 huá，不确；又"花报"条，《汉语大词典》仅释"报应"，引明清小说为证，本词典指出"花报"同"華报"（"華"为"花"的古字），佛教语，相对于"果报"而言，"果报"着眼于来世，今生作善恶业，来世受苦乐报，"華报"着眼于现世，今生作善恶业，今生即受苦乐报，理清了此词的来源，其义也就思过半了。N部"孃"下"娘"条厘清指称少女的"娘"与指称母亲的"孃"各自的得义之由和后来字形混同的原因，订正了清段玉裁关于"娘""孃"混同时间的推断，等等。同时，本词典还为大型辞书提供了许多较早或较为适宜的例证，如"拜岁"条《汉语大词典》引鲁迅用例，"卑劣"条《汉语大词典》引梁启超、茅盾、闻一多、丁玲等用例，"悲楚"条《汉语大词典》引《再生缘》例，"倍切"条《汉语大词典》引苏曼殊用例等，本词典皆把例证提前到敦煌写本甚至追溯到更早的两汉魏晋时期。

三、明规律

以例读书是古人治学的一大法宝。本词典在字词的考释中，也注重字词演变规律的探寻，从纵横两方面钩稽其演变的通例。如B部"般"条指出搬运的"搬"古本作"般"，宋元以后才增旁作"搬"，唐代以前古书未见（宋以后所刻唐代以前文献偶有"搬"字，应皆出于传刻者增改）。C部"辝"条指出"辭""辝""辞"本为一字，而与"辮"字别，但"辮""辝（辭）"同音，古多混用不别，就敦煌写本所见而言，无论辞让义还是辞讼、辞说义皆以"辝"或其异体"辞""辞"为之，而罕用"辭"。G部"个"条指出今天繁体字通行的"個"字，大约是宋代前后才出现的"箇"的换旁俗字，而敦煌写本未见其字（各整理本有作"個"者，皆整理者传录之误）；又"瓜"下"瓜"条指出据《说文》篆文"瓜"楷定，这个字既可作"瓜"，亦可作"瓜"，唐代字样书和写本文献多作"瓜"，宋元以后才通行"瓜"字；"菓"条指出敦煌写本中花果的"果"多加草头作"菓"，而非指称花果的"果"则不加草头，二字分用的意味明显。L部"曆"条指出"曆"乃"歷"的后起分化字，其用作账簿一类的意义，敦煌写本中"歷""曆"并出，说明这两个字的分化当时尚未完成，"曆"仍为"歷"的异体字，大约宋代以后，历日、账簿义则通常作"曆"，"歷""曆"的分化才基本完成。T部"聽"下"廳"条指出"廳"为"聽"的增旁俗字，六朝以后始见，较早时"廳"应该仅是"聽"的繁化俗字，无论动词的聆听还是名词的厅事皆可作"廳"，二形混用不分，大约唐代中后期开始，这二字才逐渐区别开来。Y部"一餉"条指出"一餉"的"餉"《说文》本作"曏"，"餉"乃"曏"的后起俗字，后世通行的"晌"字，宋以前的写本、刻本皆未见，较早见于元代的刻本古籍，当又为"餉"的换旁俗字；又"焱"条云"焱""燄"《说文》字别，段玉裁谓"焰"为"燄"俗字，光焱字以作"燄"为正，其实从古书的实际使用情况来看，"焱""燄"混用无别，而其通行用字则皆作"焰"。Z部"迊"

条指出"迊"为"帀"的增旁俗字,"乚"形或"匸"形部件俗书作"辶",俚俗误以"迊"所从的"辶"为"乚"俗书,加以回改,于是"迊"进而又写成了"匝","匝"形的写法敦煌吐鲁番文献极为罕见,应该是宋以后刻本才流行起来的。诸如此类,都是编者在深入考察写本及刻本文献字词用法的基础上归纳出来的新知新见,有的颠覆了传统的认知,相信对读者最为有用。

四、释疑难

在汇集前贤研究成果的基础上,本词典对敦煌吐鲁番文献中的大量疑难词语进行了考释,纠正了不少相沿已久的错误校释。如B部"北斗"条指出即"北斗星座,借喻极高之处",纠正了《敦煌文献语言词典》释作"壁斗(墙壁)"的错误;"别"条义项②释"分别,各自",纠正了前贤释为"每"的错误。C部"犂(觸)夜"条释为"趁夜,冒着夜色",纠正了罗振玉《敦煌零拾》及《敦煌变文集》臆改作"单夜"的错误。H部"畫日"条释为"限日,即日",纠正了《敦煌变文集》《敦煌变文集新书》《敦煌变文校注》《敦煌变文选注》皆误录为"盡日"的错误;"嚻"条指出此字疑为"嚻"的会意俗字,纠正了校录者皆径改作"嚻"的错误。L部"郎忙"条释同"狼忙",急忙、匆忙义,纠正了前揭各家皆误录作"即忙"的错误。S部"三兩"条指出当二(两)、三这两个数字相连,大数在前、小数在后的顺序是古人惯用的模式，纠正了前揭各家或误录作"两三"的错误。同时本词典还把敦煌文献字义词义的解释施及其他文献，连带纠正了传世文献中的一些误校误释。如 B 部"抱产"条释为"孵育"，纠正了《汉语大词典》把《天工开物》中所见该词误释作"把蚕种放在怀里靠人体温孵化"的谬误；"波涛"条释为"逃跑"，"同'波逃'。'涛'通'逃'"，纠正了李白《白马篇》诗明刻本妄改作"奔逃"的错误；"堨塞"条指出其乃"逼塞""畐塞"记音用字之异，纠正了韩愈《南山诗》朱文公校本及《汉语大词典》释"堨"为"土块"的错误。C 部"仓子"条释"管理仓库的人"，纠正了传本《南史》作"食子"的错误。如此等等，敦煌文献与传世文献"疑义相与析"，颇见互证互补、相得益彰之效。

五、资料可靠

本词典的基本语料均来源于敦煌吐鲁番文献，每条引文都直接据写本及刻本原文引录，而不是据后人的整理本转引，从而避免了沿袭前人校录整理中造成的失真和误改；而且每个例句都经过主编审订时的复核和推敲，从而最大限度地保证了例句的准确和可靠。如 C 部"朝庭"条引斯 2630 号《唐太宗入冥记》"臣与李乾风为朝庭已来，□□（情同）管鲍"句，纠正了《敦煌变文字义通释》沿袭《敦煌变文集》录作"朝廷"的错误；又"趁及"条引伯 2275 号《维摩经抄》"前后两念不相趁及，前念已灭，后念方生，中间断绝，无有真实，故曰无人"例，纠正了《大正藏》"趁及"的"及"字属下读的错误；又"此简"条引斯2204号《董永变文》"路逢女人来委问：此简郎君住何方"例，纠正了《敦煌变文集》《敦煌变文校注》皆作"此個"的错误。如此等等，不胜枚举。

有必要指出的是，敦煌写本大多残缺不全，影本清晰度不高，加上字多俗别，多数文献又未经前人校录整理，在这种情况下，要直接在原卷中提取例句并加以标点、校勘，其实并不是一件容易的事。如B部"布头"条引俄敦1405号＋俄敦1406号《布头索留信等官布籍》例："布头高加兴地捌拾陆亩，高加进地玖拾捌亩，高文胜地肆拾☐☐（贰亩），郭丑☒☒（儿地贰）拾玖亩，安黑儿地肆拾伍亩：已上计地☒（叁）倾（顷），造布叁☒（匹）。"原卷如左图所示，括注的文字就是编者根据残笔或文义反复推敲斟酌拟补校定的，同样凝聚着编者的智慧和汗水。

即便是引用其他文献资料，编者也逐一核检原文，并仔细推敲文义加以校订。如Z部"祗叙"条据《高丽藏》本引梁释僧祐《弘明集》卷十《敕答臣下神灭论》"兹诱藻悦之诚，非止今日。未获袛（祗）叙，常深翘眷"

例，纠正了《大正藏》本"祗（祇）"排作"祇"的错误；又"制勒"条据《高丽藏》本引唐道宣《广弘明集》卷二三《南齐禅林寺尼净秀行状》"颖律师又令上约语诸寺尼：有高床俗服者，一切改易。上奉旨制勒，无不祇（祇）承"例，其中的"祇承"《金藏》广胜寺本略同，纠正了《大正藏》本排作"祇承"的错误；又"昨來"条据《金藏》广胜寺本引北凉昙无谶译《大般涅槃经》卷二十"医见是已，问瞻病言：'病者昨來意志云何？'"例，纠正了《大正藏》本作"咋來"的错误；等等。——细心推敲，争取不留隐患。

本词典的编写，广泛吸收或参考了前人及时贤的研究成果（详见附录"主要参考论著"），特别是《敦煌变文字义通释》《敦煌文献语言词典》和项楚师的《敦煌文学丛考》《敦煌变文选注》《王梵志诗校注》《敦煌歌辞总编匡补》，郭在贻师的《郭在贻文集》，江蓝生、曹广顺编著的《唐五代语言词典》，白维国主编的《近代汉语词典》，参用尤多，谨致谢忱和敬意。

敦煌文献数量浩繁，本词典应收而未收的词语恐怕尚不在少数，即便是已收部分，也肯定会存在这样那样的问题，我们期待着读者朋友的批评和指教。

2011 年 10 月 31 日初稿

2022 年 9 月 20 日定稿

《敦煌文献语言大词典》书影

《敦煌文献语言大词典》后记

在键盘上敲下"后记"二字,这把磨了二十多年的剑终于到了"出鞘"的时刻,真有如释重负的感觉。有位前辈说,编词典简直不是人干的活。有了这番亲身的经历,才体会到这话说得是如此真切。这部词典从 2000 年谋划编纂,到 2022 年底付印出版,整整耗去我和我的团队成员二十三年的心力,其间甘苦,种种不易,怎一个"苦"字可以了得。然而幸运的是,一路走来,这部词典从策划、编纂、出版,都得到了许许多多前辈、同行、同门及朋友们的关心和大力支持,让我心存感激。

首先得感谢编纂团队所有同仁的支持和努力。项目刚启动,很多学界同行就给了我有力的支持,如黑维强、周掌胜、冯培红等,他们在本身繁忙工作之余,友情出场,承担了部分条目的搜集撰写工作。我门下历届的硕士、博士研究生及博士后,也大多参加了本词典的编纂。他们在搜集撰写条目的同时,磨炼了学术基本功,也有很多自己的收获。如博士生、博士后张小艳负责书仪、社会经济文书条目的搜集撰写，她因此完成的博士论文《敦煌书仪语言研究》获商务印书馆语言学出版基金资助，后又荣获全国百篇优秀博士学位论文；她的博士后出站报告《敦煌社会经济文献词语论考》荣获上海市哲社科优秀成果奖一等奖、教育部优秀成果奖三等奖。博士后王启涛负责吐鲁番文书条目的搜集撰写，他后来在这一领域持续发力，获国家社科基金重大项目资助，并被评为教育部长江学者特聘教授。博士生部同麟负责汇集散见成果，虽然他的博士论文与这部词典无关，但通过这项工作，厚植了语言方面的功底，为后续的文献整理打下了很好的基础，近期还有敦煌词语考释方面的论文在《中国语文》发表。他同张小艳善始善终，和我一起完成全书条目的修改写定。总之，通过这部词典的编写，既出了成果，又培养了一批优秀人才，我为此感到欣慰和骄傲。

还要感谢前辈学者的提携和友朋的支持。我的老师项楚先生是敦煌文献字词考释和敦煌俗文学作品整理研究的顶尖专家，相关论文曾荣获中国社会科学院青年语言学家奖一等奖；他的著作《敦煌文学丛考》《王梵志诗校注》《敦煌变文选注》也都以字词校释的精湛渊深为学界所艳称。正是老师的这些成果，为本词典的编纂奠定了重要基础。江蓝生老师是近代汉语研究的大家，也是我博士论文答辩的指导老师之一，她一直关注关心着我的研究工作。这部词典从最初编纂的设想，到后来推荐申请国家出版基金，都得到了两位老师的指导和关怀。敦煌文献涉及佛教、道教、儒家经典，社会经济文书，通俗文学作品，等等，内容包罗万象，因而这部词典也就带有百科性质，涉及面很广，在我们碰到疑难问题时，陈践践、陆锡兴、扬之水、俞理明、杨军、李国英、蒋冀骋、朱庆之、方一新、汪维辉、汪少华、吴福祥、杨永龙、孙玉文、曾良、郑阿财、王素、郝春文、杨铭、张先堂、赵丰、湛如、刘进宝、刘安志、李小荣、黄维忠、张荣强、朗杰扎西、王乐、程章灿、孙江林、孙伯君、任小波、陈开勇、袁开慧、余欣、王海云、梁春胜、真大成、李发、凌文超、王敏庆、朱若溪、席德育、余柯君、傅及斯、邓博方、吴昌政、释同法等一大批学界师友（有的素不相识）伸出援手，解疑答惑，匡我不逮，助益良多。感谢李宗焜师兄题写了书名，他那清劲秀雅的书法为本词典增添了光彩。

最后得感谢四川辞书出版社的理解支持、审读专家的严谨细致以及编辑们认真负责、一丝不苟的工匠精神。早在2000年，我便和该社签订了出版协议，约定2004年交稿付排。因为种种原因，原定交稿的时间一再推延，词典出版社方面的负责人也由原总编辑冷玉龙编审调整为现任总编辑王祝英编审。据说冷老师退休时专门对王祝英说：这是一部原创性的词典，编写不容易，让张老师他们慢慢做，不要催他们。祝英总编是我川大的校友，她对词典的编写工作给予了最大的理解和支持。三年前，词典进入交稿审读阶段，在杨斌社长的支持下，出版社组建了高水平的编辑团队，她带领冯英梅、杨丽等编辑一起，兢兢业业，严谨细致，精心打磨书稿。去年下半年，词典的编审排版进入关键期，当时适逢她身体欠安，但仍坚持审稿，让我深感愧疚和不安。为确保质量，出版社特别约请资深编审郑红、杨宗义、左大成、骆晓平等审读把关。考虑到本词典的语词性质，祝英总编又跟我商量，约请著名近代汉语研究专家、宁波大学人文学院原院长、宁波大学学报原主编周志锋教授通读全稿。在付印之前，又约请学有专攻的某一领域的顶尖专家，如郝春文、邓文宽、杨永龙、伏俊琏、赵声良等，审定部分条目（包括附图）。这些专家都提出了许多宝贵的修改意见。正是由于采取了这一系列措施，加上编辑们字斟句酌、精益求精的高度责任感，使本词典在内容的可靠性、体例的规范性和文字的准确性方面有了很大提高。在此，我要向各位审稿专家和以王祝英总编辑为首的编辑团队表示最深切的敬意和谢意。

要感谢的还有很多很多。可以说，这部词典最终完成并顺利出版，是与众多师友、同门的大力支持和编辑团队的共同努力分不开的，其间蕴含着无数人的智慧和心血。但愿这把磨了二十多年的剑是一把真正的好剑，庶几不辜负读者的期待和大家共同付出的心力。

2022 年 12 月 10 日

（《敦煌文献语言大词典》，四川辞书出版社 2022 年出版）

《敦煌文献语言大词典》后记　　159

浙江大学第四届哲学社会科学研究优秀著作奖

成果名称：敦煌文献语言大词典
　　　　　四川辞书出版社
作　　者：张涌泉、张小艳、郜同麟 主编
奖项类别：专（编）著奖
获奖等级：特等奖

2023年，《敦煌文献语言大词典》获浙江大学
第四届哲学社会科学研究优秀著作奖特等奖

浙江省哲学社会科学优秀成果奖
获 奖 证 书

著作《敦煌文献语言大词典》（作者：张涌泉、张小艳、郜同麟等）荣获第二十二届浙江省哲学社会科学优秀成果奖基础理论研究类一等奖。

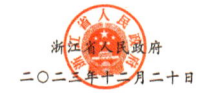

浙江省人民政府
二〇二三年十二月二十日

2023年，《敦煌文献语言大词典》获浙江省
哲学社会科学优秀成果奖一等奖

《拼接丝路文明——敦煌残卷缀合研究》前言

位于河西走廊最西端的敦煌，是古代丝绸之路东西方贸易的重要中转站，也是世界四大文明的交汇之地。季羡林先生指出："世界上历史悠久、地域广阔、自成体系、影响深远的文化体系只有四个：中国、印度、希腊、伊斯兰，再没有第五个；而这四个文化体系汇流的地方只有一个，就是中国的敦煌和新疆地区，再没有第二个。"[①]20世纪初，王道士在敦煌莫高窟藏经洞发现的大批古代文献，就是四大文明交汇的结晶，也是丝路文明最宝贵的实物见证。

然而，这些珍贵的丝路文明遗存，大量的却是以身首分离的状态呈现在世人面前，亟待修复和缀合。姜亮夫先生说："敦煌卷子往往有一卷损裂为三卷、五卷、十卷之情况，而所破裂之碎卷又往往散处各地：或在中土，或于巴黎，或存伦敦，或藏日本，

---

① 季羡林：《敦煌学、吐鲁番学在中国文化史上的地位和作用》，原载《红旗》1986年第3期；收入《佛教与中印文化交流》，南昌：江西人民出版社，1990年，第148页。

故惟有设法将其收集一处，方可使卷子复原。而此事至难，欲成不易。"① 又说："卷子为数在几万卷，很多是原由一卷分裂成数卷的，离之则两伤，合之则两利，所以非合不可。"② 作为姜老的学生，在几十年研读、整理敦煌文献的过程中，我们也深切体会到残卷缀合对深化敦煌学研究的重要性，完成此项艰巨任务的责任感使命感油然而生。

20世纪90年代中，我牵头的学术团队开始了敦煌文献的大规模整理工程——《敦煌文献合集》的编纂。在对敦煌文献全面普查、系统分类整理的过程中，我们发现有不少残卷相互之间关系密切，有些是可以拼接复原的。如敦煌文献中有唐玄应《一切经音义》残卷数十件，分藏于中、法、英、俄各国，我们在全面普查的基础上，共发现42件玄应《音义》写本残卷。经过进一步调查，发现这42件残卷包括玄应《音义》第一卷3件、第二卷6件、第三卷11件、第六卷12件、第七卷1件、第八卷2件、第十五卷1件、第十六卷1件、第十九卷1件、第二十二卷2件，另摘抄1件。最后比较行款、字体、纸张、正背面内容，结果发现存有2件以上残卷的一、二、三、六、八、二十二各卷均全部或部分可以缀合，总数达32件，可缀数超过3/4。这些原本撕裂的残卷，如果不预先加以拼接缀合，仓促分头整理，要做出高质

---

① 姜亮夫：《导言》，陶秋英辑录、姜亮夫校订：《敦煌碎金》，杭州：浙江古籍出版社，1992年，第2页。
② 姜亮夫：《敦煌学规划私议》，《敦煌学论文集》，上海：上海古籍出版社，1987年，第1011页。

量的整理成果显然是不可能的。如敦研357号残片，存8行，无题，《甘肃藏敦煌文献》编者拟定为"字书残段"。其实此残片并非字书，而是玄应《音义》卷二残文。后来我们发现此残片与斯3469号残卷字体、行款完全相同，盖出于同一人之手，应分别为同一写本的残片，可以拼合，而后者《敦煌宝藏》定作"一切经音义"，甚是。此二号拼合为一，进而比勘刻本玄应《音义》，不但可据以纠正刻本的文字之误，而且可以得知敦研357号第六行行末"足大"二字及其下的半字（"大"下尚有小半字，存上部，应为"指"字）应移至第八行"古才反"之后，盖碎片误粘于前，"古才反，足大指"是对第八行"脑胲"之"胲"的音释，而第六行下部本身原有残泐，误粘的碎片复位后，所存字句与玄应《音义》卷二相关文句完全相同，残文怡然理顺。[①] 诸如此类，不胜枚举。由此我们体会到，敦煌文献中残卷的比例极大，残卷缀合对提高敦煌文献整理研究的质量确实非常重要。

正是基于这样的认识，2006年，《敦煌经部文献合集》整理编纂工作大体完成后，我开始把研究的重心逐步转移到残卷缀合上来，并先后发表了《俄敦18974号等字书碎片缀合研究》[②]《敦煌本玄应〈一切经音义〉叙录》[③]《敦煌残卷缀合研究》[④] 等一些

---

① 参看《敦煌经部文献合集》第10册，北京：中华书局，2008年，第4789—4792页。
② 《浙江大学学报》2007年第3期，已收入本书（本篇中指代《拼接丝路文明——敦煌残卷缀合研究》一书，后同）附录一。
③ 《汉语史研究集刊》第10辑，成都：巴蜀书社，2007年。
④ 《文史》2012年第3辑，与张新朋合写。

讨论残卷缀合的论文，为残卷的大规模缀合作了实践上的探索和理论方法上的准备。在此基础上，考虑到可缀残卷数量巨大，除了团队核心成员张小艳、张磊、景盛轩、张新朋、窦怀永、黄沚青、秦桦林之外，还有一大批博士、硕士研究生加入到敦煌残卷缀合的队伍中来，与之相关的博士论文就有9篇，硕士论文更是超过30篇。现在呈现给读者的这部著作——《拼接丝路文明——敦煌残卷缀合研究》，就是我们学术团队师生共同倾注心力打造的第一部敦煌残卷缀合研究的著作。全书主要包括以下五个方面的内容。

第一，对藏经洞文献的性质提出了全新的观点。藏经洞文献的性质及藏经洞封闭的原因，长期以来困扰着海内外学术界，堪称世纪之谜。本书指出，莫高窟所在三界寺收藏佛经的场所有"经藏"与"故经处"之别，"经藏"就是三界寺的藏经处，而"故经处"则是用作修复材料的"古坏经文"的存放地，亦即后来的藏经洞。公元934年左右，后来担任敦煌都僧录的三界寺僧人道真开始了大规模的佛经修复活动，很多敦煌写卷中都留下了道真等人的修复痕迹；藏经洞就是道真汇聚修复材料的"故经处"。道真搜集"诸家函藏"的"古坏经文"，意在"修补头尾"。那些经过修复配补成套的经本，"施入经藏供养"；剩余的复本及残卷断片，则留在"故经处"作为配补或修复材料备用，并最终成为我们见到的藏经洞文献。藏经洞的封闭，则很可能与道真去世和他主持的修复工作结束有关。我们通过普查发现，敦煌文献确以佛经残卷为主，且多来自各家寺庙，残卷比例高达90%以上，其中至少1/4以上的残卷可以缀合，而且各类材料分类包裹，井然有序，目的是为开展大规模修复工作提供便利。从而证明敦煌藏经洞文献确实是来自"诸家函藏"的"古坏经文"，汇聚的目的是"修补头尾"，即为拼接修复作准备。所以三界寺藏经与藏经洞藏经其实是两回事。以前人们纠结于敦煌文献没有一些本该有的完整的佛典，因而生发种种的疑虑，原因就在于把两者混为一谈了。

第二，对敦煌残卷缀合的重要性作了充分的阐述。根据我们对近百种共计32587号敦煌佛经写本的统计，缀合前某一卷基本完整的仅1964号，残卷数达30623号，残卷比例为93.97%；其中绝大多数佛经的可缀残卷比例在25%以上，平均则达27.83%。[①]据初步统计，敦煌文献的总数约为7万号，那就意味着可缀合的残卷数将超过17500号，数量巨大。正因为敦煌文献以残卷为主，可以缀合的残卷数量很大，一个写卷撕裂成两件或多件的情况比比皆是，乃至四分五裂，身首异处，给整理和研究带来了极大的困难。这种"骨肉分离"的情况，不但不利于写卷的整理与研究，也严重干扰了残卷的正确定名和断代。也正因为如此，敦煌残卷的缀合成了敦煌文献整理研究"成败利钝之所关"的基础工作之一。我们还从恢复写本原貌、确定残卷名称、确定残卷版本、推断残卷时代、明确残卷攸关方、明确残卷属性、分

---

① 详见本书上编第一节"问题的提出"之（三）"可缀残卷的比例"小节。

辨残卷字体、判定残卷真伪、破解藏经洞文献之谜九个方面对敦煌残卷缀合的意义作了进一步的分析讨论。

第三，提炼归纳了敦煌残卷缀合的程序和方法。在前贤的缀合成果，特别是我们自己的缀合实践基础上，本书提炼出了敦煌残卷缀合的基本程序：首先在充分利用现有的各种索引的基础上，对敦煌文献进行全面普查，把内容相关的写本汇聚在一起；其次把内容直接相连或相邻的写本汇聚在一起，因为内容相连或相邻的残卷为同一写本割裂的可能性通常比较大；最后再比较行款、书迹、纸张、正背面内容，以确定那些内容相连或相邻的残卷是否为同一写本之割裂。接着，我们又从内容相邻、碴口相合、字体相同、书风近似、抄手同一、持诵者同一、藏家同一、行款近同、校注类似、残损相似、版本相同、装帧相同十二个方面，对与残卷缀合密切相关的关键要素举例作了说明。

第四，发现了大批可缀合残卷。我们在对世界范围内业已刊布的敦煌文献图版全面调查搜集的基础上，首先对其中近百部佛经作了穷尽性的定名、缀合、编目等工作，并在前贤缀合的基础上，新发现可缀合残卷近万号[1]，同时纠正了前人在定名、断代及属性、字体、真伪判定方面的大量疏失，多有创见和发现。如2019年7月14日，伍伦春季文物艺术品拍卖会上，伍伦7号拍品《金刚般若波罗蜜经》残卷以402.5万元人民币的高价成交，一时引

---

[1] 因篇幅所限，本书只是择要收入了我们学术团队部分佛经及变文的缀合成果，更大量的缀合只能留待收入《敦煌残卷缀合总集》。

起轰动。该卷为著名敦煌学家及文物鉴定专家周绍良旧藏，卷前有著名书画家及文物鉴定家启功题耑并钤印。原卷卷轴装，前缺尾全，存9纸181行，行间有非汉文夹注。伍伦官网上附载的著名敦煌学家方广锠叙录称："从原件形态考察，确属藏经洞所出敦煌遗书……在3600多号敦煌遗书《金刚经》中，此种在汉文经文旁加注藏文本，唯此一见……可谓第一次汉藏文化大交流的又一见证，弥足珍贵。"作为行间有非汉文夹注"唯此一见"的孤本，又有这么多重量级学者经眼鉴定，其珍稀和重要性毋庸置疑。后来我们在普查时，发现此号前可与北大敦20号缀合，二号行款格式相仿，字迹书风似同，接缝处行间非汉文夹注字母残字可拼合为一，横向乌丝栏亦可对接，其为同一卷之撕裂可以无疑。进一步研究发现，此二号夹注的并非藏文，而是草体于阗婆罗谜字母，这种字母夹注的敦煌文献，确是"唯此一见"，无比珍贵。[①]伍伦7号既然可与北大敦20号完全缀合，不但使这一海内孤本得以更加完整的面貌呈现在世人面前，极大提升了其文献和文物价值，而且也为丝路文明的交汇交融提供了鲜活的实物佐证。

第五，基本摸清了相关敦煌文献的家底。在缀合工作正式展开之前，我们对敦煌文献作了穷尽性的调查和数字化，建立了数据库，并给其中4000多号未定名残卷作了定名，基本摸清了敦煌文献的家底。本书每种文献下一般包括引言、新缀、卷号简目

---

① 详见本书上编第四节"敦煌残卷缀合的意义"之（八）"判定残卷真伪"小节。

三部分，其中的卷号简目就是为该文献敦煌本的收藏及缀合情况所作的草目，这个草目是所收每种文献目前为止最为全备的目录，并且一般按存文内容先后及完整度排序，利用方便，对进一步的研究而言非常重要。

从第一篇敦煌残卷缀合的论文《俄敦18974号等字书碎片缀合研究》发表以来，我们已经在这个领域耕耘了十七个年头。通过全面的普查和类聚，摸清了家底，明确了敦煌文献的性质，并有计划按步骤地对敦煌残卷进行了系统的缀合。佛教徒把佛经的抄写视为一种功德，敦煌残卷的缀合同样是功德无量。当看到原本"骨肉分离"的敦煌碎片残卷经过我们的拼接最终"团圆"的时候，一种巨大的成就感和喜悦感充盈在我们心间，让人激动不已。

当然，相比于总数约为7万号、可缀残卷数达17500号左右的庞大体量而言，本书仅仅是我们十七年努力工作的一个小结，更繁重的任务还在后头。征程未有穷期，我们将扬鞭奋蹄，继续前行。

《拼接丝路文明——敦煌残卷缀合研究》后记

我的本行是文字训诂学,后来因为整理敦煌文献,又对敦煌残卷缀合产生了浓厚的兴趣。于是从 2006 年起,我就"不务正业",越界跨行,把很大一部分精力投入到了敦煌残卷缀合之中。幸运的是,一路走来,学生们积极参与,同行及朋友们大力支持,让我心存感激。

本书是我们学术团队合作的成果,由我和张磊、罗慕君牵头撰著。十七年来,先后参加这一工作的除了团队核心成员张小艳、景盛轩、张新朋、窦怀永、黄沚青、秦桦林之外,还有很多博士生、硕士生甚至本科生,如博士生徐浩、鲍宗伟、朱若溪、罗慕君、刘丹、秦龙泉、沈秋之等,其中参与下编各篇初稿撰写的同学有(篇目后括注承担任务的同学):

1. 变文(沈秋之)
2. 佛本行集经(李毓琳)
3. 摩诃般若波罗蜜经(范丽婷)

4.《般若波罗蜜多心经》及其注疏（陈虹妙）

5. 大宝积经（邱湘）

6.《观无量寿经》及其注疏（方晓迪）

7. 佛说阿弥陀经（陈琳）

8. 大方等大集经（周小旭）

9. 佛说佛名经（刘溪）

10. 药师琉璃光如来本愿功德经（刘艳红）

11. 佛说观佛三昧海经（沈秋之）

12.《大乘稻芉经》及其注疏（刘明）

13. 大乘无量寿经（左丽萍）

14. 大佛顶万行首楞严经（康小燕）

15. 佛顶尊胜陀罗尼经（杨扬）

16. 五分律（刘丹）

17. 摩诃僧祇律（刘丹）

18. 摩诃僧祇比丘尼戒本（刘丹）

19. 四分律（胡方方）

20. 四分律比丘戒本（胡方方）

21. 四分比丘尼戒本（胡方方）

22. 十诵律（刘丹）

23. 十诵比丘波罗提木叉戒本（刘丹）

24. 十诵比丘尼波罗提木叉戒本（刘丹）

25. 梵网经卢舍那佛说菩萨心地戒品第十（孟雪）

26. 大智度论（郭晓燕）

27. 瑜伽师地论（徐键）

28. 瑜伽师地论分门记（徐键）

29. 瑜伽师地论手记（徐键）

30. 净名经集解关中疏（赵丹）

31. 净名经关中释抄（赵丹）

32. 七阶礼（沈秋之）

以上各篇敦煌残卷缀合的初稿，就是在我们全面普查业已刊布的敦煌文献（包括对未定名残卷的定名）并自建数据库的基础上，安排这些同学分头撰写的；初稿完成后，再由我和张磊、罗慕君逐字逐句修改、补充写定。同学们通过自己的努力，不但以优异成绩获得了学位，而且发现了大批可以缀合的残卷，敦煌学史上将会留下他们的名字，我为他们感到骄傲。

本书也是社会各界大力支持的结果。2014年，我申报的"敦煌残卷缀合研究"被批准为国家社科基金重点项目；2020年，"敦煌残卷缀合总集"被立为国家社科基金冷门绝学研究专项学术团队项目；2022年，本书入选《国家哲学社会科学成果文库》。衷心感谢全国哲学社会科学工作办公室、浙江省哲学社会科学工作办公室领导和评审专家的大力支持。特别令我感动的是之江实验室主任王坚院士多年来对我的关心和支持。20世纪90年代中，王坚院士曾任杭州大学心理系主任，很受沈善洪校长器重。当时我只是杭州大学古籍研究所的一个普通讲师、副教授，和他算是校友，但也仅此而已，并没有什么交集（那几年我先后在四川大学、北京大学读博士、做博士后，基本不在杭州）。不久，他加盟微软亚洲研究院，后又担任微软亚洲研究院常务副院长。大约2005年前后，微软亚洲研究院办公室突然联系我，说要支持我的敦煌学研究，并给我们提供了一笔研究经费。2008年以后，王坚院士回到杭州，担任阿里巴巴集团阿里云计算平台总裁。2017年岁末，素昧平生的阿里巴巴合伙人、蚂蚁金服董事长兼CEO彭蕾女士又突然约见我，和我聊起对中国传统文化尤其是敦煌艺术的向往。后来她通过她家族的乐淳慈善信托基金，对我们正在进行的敦煌残卷缀合项目给予了大力支持。我知道，这后面有王坚院士对我的研究工作的关注，虽然我们其实一直也没有见过面；再后面，还有沈善洪老校长生前对我的关心和培养。此时此刻，我深深怀念为杭州大学的发展倾注了心血的敬爱的沈善洪校长。我也要借此机会，感谢乐淳家族慈善信托基金对敦煌残卷缀合项目的资助，并向王坚院士、彭蕾董事长表示由衷的敬意和谢意。

我还要感谢同行专家的支持和媒体朋友的关注。本书作为国家社科基金重点项目结项时，得到五位匿名评审专家的高度肯定。专家们认为"本成果堪称近年来敦煌藏经洞文献研究方面一项具有重大突破意义的成果，具有突出的开拓意义和创新价值……极大地拓展、深化和提升了敦煌残卷缀合研究，对于推进敦煌学具有十分突出的开拓创新意义，对于中国古代写本学研究、中国佛教典籍研究、中国佛教史研究也具有重要的参考价值和借鉴意义，堪称一项具有重大学术价值的成果，值得给予高度肯定评价"；本成果"从理论上阐述了敦煌残卷缀合的意义，从实践上示范了敦煌残卷缀合的方法，是一项非常了不起的学术成就，大大推进和深化了敦煌文献的研究。这也是哲学社会科学研究领域里不多见的精品研究成果"。多家媒体也对我们的工作给予很大的关注和鼓励。2020年12月14日，《光明日报》头版头条发表《让敦煌文献"孤儿回家""亲人团聚"——敦煌残卷系统缀合背后的故事》的报道，文中引述中国古文字研究会会长、吉林大学原副校长吴振武教授的话说："张涌泉教授团队缀合了一大批敦煌文书，应该说是历史上最大规模的敦煌文书缀合。这是真正的学术推进。"又引中国敦煌吐鲁番学会名誉会长、首都师范大学郝春文教授的评价说："张涌泉关于藏经洞性质的新看法，有全面调查梳理敦煌文献的坚实基础，有全面调查的数据作为论据，比以往的各种说法具有更强的说服力。"由字节跳动公益基金会、中国文物保护基金会、中国国家图书馆等单位出品，以本书作者为采访对象的纪录片《穿越时空的古籍——拼接撕裂的文明》于2021年3月18日在西瓜视频、抖音、今日头条等平台上线，纪录片讲述了作者及其学术团队缀合敦煌残卷的艰辛过程及其不凡业绩。有关话题登上了"知乎热榜"。中央广播电视总台中国之声在同年4月14日晚七点黄金时段播报对作者的采访，称作者的工作"让千年残卷穿越时空重新活起来，中华文明的薪火也在此过程中继往开来"。凡此种种，专家的肯定，媒体的关注，读者朋友的鼓励，给了我们把这项工作持续进行下去的信心和决心。

最后要感谢中华书局长期来对我的提携和支持。责任编辑陈乔女士三年前编辑过拙著《汉语俗字丛考》，那部书仅造字就有4万多个（包括部分重造字），编辑排版之难，堪称世界之最，我一直为此感到愧疚不安。这部书虽然造字不多，但大量的缀合图，也给排版和编辑审读带来了不少麻烦。陈乔这次又受命担任本书的责任编辑，她以她惯有的严谨细致的编辑风格为保证本书的排版质量作出了贡献。

要感谢的还有很多很多，在此难以尽述。我们会把每一份珍贵的情谊铭记在心间，认真做好后续的普查和缀合工作，推出一部更加完备的《敦煌残卷缀合总集》，让撕裂的丝路文明重新联结在一起，为敦煌文化的传承与弘扬作出我们这一代人应有的贡献！

2023年12月6日

（《拼接丝路文明——敦煌残卷缀合研究》，入选2022年度《国家哲学社会科学成果文库》，中华书局2024年出版）

《拼接丝路文明——敦煌残卷缀合研究》入选
2022年度《国家哲学社会科学成果文库》

《浙江与敦煌学——常书鸿先生诞辰一百周年纪念文集》后记

1990年10月,敦煌研究院在莫高窟举办敦煌学国际学术讨论会,年近九十高龄的杭州大学古籍研究所所长姜亮夫先生亲笔为会议题词:敦煌宝藏是全人类的同心结。

"敦煌宝藏是全人类的同心结"——这句话道出了与会学者的共同心声。1900年,一个偶然的机会,在敦煌莫高窟藏经洞发现了7万件左右唐代前后的写本(少量为刻本)文献,震动了整个世界,并从此形成了一门世界性的学问——敦煌学,从而极大地改变了整个中国学术文化研究的面貌。浙江和敦煌相隔万水千山,然而正是敦煌宝藏的发现以及珍贵的莫高窟壁画艺术把浙江学者和敦煌学连在了一起。近一个世纪以来,浙江学者为敦煌学的创建和发展,作出了不可磨灭的贡献,他们为祖国赢得了荣誉。罗振玉、王国维开创在前(这两位学术大师是国内外公认的敦煌学的奠基者),郑振铎(原籍福建长乐,出生于浙江永嘉)、夏承焘、胡士莹、常书鸿、夏鼐、姜亮夫、史岩、蒋礼鸿、戴不凡、郭在贻、王伯敏、黄永武、项楚、樊锦诗、朱雷、齐陈骏、柴剑虹等继踵于后，一大批浙籍或在浙江工作的学者都为（或仍在为）这一学科的发展作出了自己的贡献，在敦煌学的发展史上留下了浙江人的印记：

最早注意到敦煌文献的价值并吁请学部加以保护的是浙江籍学者罗振玉（1909年8月）；

第一篇介绍敦煌遗书的论文是罗振玉1909年发表的《敦煌石室书目及发见之原始》（《东方杂志》6卷10期）；

最早对敦煌俗文学作品进行研究的是浙江籍学者王国维（他的《敦煌发见唐朝之通俗诗及通俗小说》发表于1920年）；

敦煌艺术研究所的第一任所长是浙江籍画家常书鸿（由敦煌艺术研究所发展而来的当今世界上最大的敦煌学研究实体敦煌研究院的现任院长是浙江籍学者樊锦诗）；

第一部对敦煌文献及艺术进行系统介绍的著作是长期在浙江工作的姜亮夫的《敦煌——伟大的文化宝藏》（上海古典文学出版社1956年版）；

第一部研究敦煌文献词语的著作是浙江籍学者蒋礼鸿的《敦煌变文字义通释》（中华书局上海编辑所1959年版）；

最早成立的省级敦煌学会是浙江省敦煌学研究会；

国内高校、科研院所第一个敦煌学研究中心是1994年成立的杭州大学（今浙江大学）敦煌学研究中心。

如此等等，不胜枚举。这里值得特别指出的是常书鸿、姜亮夫、蒋礼鸿、郭在贻先生对敦煌学的贡献。常书鸿先生是杭州人。1927年，常书鸿在浙江大学工学院的前身浙江省立甲种工业学校毕业不久，赴法国留学。一个偶然的机会，他在塞纳河畔的一个旧书摊上见到一本《敦煌石窟图录》，后来又在吉美博物馆看到伯希和从敦煌掠去的敦煌文献和画卷，从而勾起了他对敦煌文献艺术的无限向往之情，于是他决定放弃在法国的事业，奔赴敦煌。他在回国途中对自己说："祖国啊，在苦难中拥有稀世之珍的敦煌石窟艺术的祖国啊！我要为你贡献出我的一切！"正是这种强烈的爱国主义精神，促使他在极其困难的情况下在莫高窟坚守了四十年，被称为"敦煌守护神"，为敦煌莫高窟石窟艺术的保护作出了宝贵的贡献。

姜亮夫先生原籍云南昭通，1953年起长期在浙江工作。姜先生早年师承王国维、梁启超等国学大师；20世纪30年代远渡重洋，毅然放弃了获得博士学位的机会，赴法、英、意、德、苏等国抄录敦煌卷子，回国后，经过详尽细致的整理考证，撰写了数百万字的学术论著，其中包括《瀛涯敦煌韵辑》《瀛涯敦煌韵书卷子考释》《敦煌——伟大的文化宝藏》《莫高窟年表》《敦煌学概论》

《敦煌学论文集》《敦煌碎金》等著作，是我国敦煌学研究的开拓者之一。1983年，八十高龄的姜亮夫先生还受教育部委托，在杭州大学主办敦煌学讲习班，为敦煌学人才的培养作出了可贵的贡献。

蒋礼鸿先生是浙江嘉兴人，生前在杭州大学任教。蒋先生的敦煌学研究集中在语言文字方面，他的《敦煌变文字义通释》初版于1959年，后于1960、1962、1981、1988、1997年先后增订过五次，以其精益求精的治学态度而被学术界传为佳话，并受到海内外学术界的广泛赞誉，如日本学者称之为"研究中国通俗小说的指路明灯"，美国学者称之为"步入敦煌宝库的必读之书"。1995年，蒋先生率五位博士弟子（黄征、张涌泉、俞忠鑫、方一新、颜洽茂）编撰的《敦煌文献语言词典》也以其较高质量受到学术界的好评。

郭在贻先生是山东邹平人，1965年于原杭州大学毕业后留校任教。郭先生师承姜、蒋二位学术大师，侧重于敦煌俗字、俗语词的辨析，主要著作有《郭在贻敦煌学论集》、《敦煌变文集校议》（与张涌泉、黄征合作）、《训诂丛稿》、《训诂学》（后二书虽非敦煌学专著，但引例举证多涉及敦煌文献材料）。姜、蒋、郭三位都是国务院学位办（1984、1986）批准的博士生导师，培养了大批博士、硕士生，并因其在学术研究方面的开拓性贡献，姜、蒋二先生经国家人事部批准为终身教授，郭先生被评为国家有突

《浙江与敦煌学——常书鸿先生诞辰一百周年纪念文集》后记

出贡献的中青年专家。可惜天不永年,这三位先生都已先后去世了。敦煌学是三位先生一生的追求,敦煌是三位先生梦中的圣地,虽然他们一辈子都没有到过敦煌,但他们的心和敦煌连在一起,他们用辛勤和汗水把自己的名字和敦煌学永远连在了一起!

薪尽火传。在老一辈学者的培养和熏陶下,现在一批年轻的敦煌学家已在我省成长起来,并以他们自己的努力,进一步巩固和发展了我省在敦煌语言文字研究和敦煌文献校理研究方面的传统优势和领先地位,巩固了我省作为海内外公认的敦煌学研究中心之一的地位。这批年轻人大都是在姜、蒋、郭三位先生和王伯敏等先生的培养下成长起来的,学有渊源,根基扎实,已在学术界有相当大的影响。中国敦煌吐鲁番学会会长、著名学者季羡林先生在一篇文章中谈到我国敦煌学研究的现状时,列举了八位国内成就较为突出的青年学者,其中浙江就占了三位。浙江大学敦煌学研究中心的一批年轻的敦煌学家正在编纂《敦煌文献合集》。该书将把除翻译佛经以外的所有汉文敦煌文献汇为一编,并按经、史、子、集分类校录整理,估计全书总字数将达3000万左右。这是一个集大成的跨世纪工程,为国内外学术界所瞩目,并得到教育部高校古委会强有力的支持。可以预料,本书的编纂成功,必将大大推动敦煌学研究的深入和普及,那将是浙江儿女对敦煌学的又一重要贡献。

另外,近年来,随着多媒体和智能技术的发展,浙江大学以潘云鹤院士为首的课题组利用多媒体与智能技术进行敦煌艺术复原和保护的研究，这一研究得到了国家自然科学基金的重点资助，目前已取得重大进展。这项研究的成功，不仅对保护和再现敦煌壁画艺术有重大意义，而且也使对敦煌壁画的研究摆脱了地域上的限制，拓展了更为宽广的研究空间。把传统的敦煌学研究和现代化的多媒体智能技术结合起来，将使我省的敦煌学研究在原有的基础上向着更高、更深的层次和方向发展。

光绪三十年九月五日（1904年10月13日），浙籍著名藏书家和金石学家叶昌炽在《缘督庐日记》中最早对敦煌藏经洞文献作了记录、考订，敦煌学界通常把叶氏的这一记载作为敦煌学研究的发端。那么时至今日，浙江的敦煌学研究也恰恰走过了一百年的历史。同时今年又是常书鸿先生创立国立敦煌艺术研究所六十周年暨常书鸿先生诞辰一百周年。面对这么多值得浙江人为之骄傲的日子，浙江省敦煌学研究会和浙江省博物馆、浙江大学古籍研究所一起，共同编选了这本纪念文集。收在文集中的论文，除少数几篇纪念文章外，其他绝大多数论文的作者均为浙籍，或长期在浙江工作或学习过，其中既有久享盛名的老前辈，也有成就卓著的中年学者，也有一些青年学者或在读的博士研究生；这些论文有的已经刊布过，有的尚未正式发表，它们都从不同的侧面展示了浙江敦煌学研究一百年来走过的历史轨迹。我们希望用这种朴素的方式来纪念常书鸿先生百年诞辰，并对为敦煌学研究作出了贡献的浙江的其他前辈学者表示我们心中深深的怀念和敬意。

2004 年 11 月 25 日

（《浙江与敦煌学——常书鸿先生诞辰一百周年纪念文集》，浙江古籍出版社 2004 年出版）

《敦煌写本研究年报》第13号弁言

按通行时间的先后,传世的汉文文献资料大概可以分为铭刻、简帛、写本、印本这样四个序列。写本文献介于简帛与印本之间,大约始行于汉代。东晋安帝元兴元年(402),官方下令"古无纸,故用简,非主于敬也。今诸用简者,皆以黄纸代之",从此纸张取代其他文字载体,成为主要的书写材料,于是书籍的流传从简帛时期迈向纸写本时期,并一直行用到晚唐五代,其主要流通期约为七百年。但宋代以后随着刻本的流行,文献的传播进入印刷时代,写本书籍就几乎全被废弃了。我国传世的古书,主要是以宋以后刻本的面貌呈现的,所以以前人们谈论古籍,主要依靠刻本,而尤以宋版元版为珍贵。而刻本之前写本的情况如何,则往往不甚了然。

清末以来,写本文献大发现,包括吐鲁番文书、敦煌文献、黑水城文献、宋元以来契约文书、明清档案等等,数量巨大,震动世界,写本文献才又重新回到世人的视域之中。尤其是清末在敦煌莫高窟藏经洞发现的敦煌文献，数量之多，价值之高，影响之大，都是空前的，更为人们认识写本文献、了解写本文献、研究写本文献起到了直接的推动作用。敦煌文献发现不久，就引起了海内外的广泛关注，形成了一个世界性的研究热潮。特别是日本学者，凭借他们良好的汉语基础，以及获取资料的方便，在敦煌学的各个领域都取得了出色的成绩，出现了一代又一代叱咤世界学坛的敦煌学家，比如我所仰望的藤枝晃、入矢义高、池田温等前辈学者。这里我想特别表示一下对与我的研究旨趣近似而又为我长期以来所崇仰的高田时雄先生的敬意。

高田时雄先生是世界著名的东方学家、敦煌学家，1980年获得法国哲学博士学位，2005年又获京都大学文学博士学位，现为京都大学荣誉教授、复旦大学特聘教授。他长期致力于敦煌吐鲁番写本文献尤其是其中的胡语文献的研究。如众所知，敦煌是唐代前后的一座国际城市，不但是古代丝绸之路上著名的东西方贸易中心，也是世界四大文明的唯一交汇之地，约7万件敦煌文献就是这一交汇的实物见证，其中固然以汉语写本文献为主体，但也有数量众多的西域乃至国外语言写本文献，如粟特语、于阗语、回鹘语、梵语、希伯来语以及胡语与汉语双语文献等等，丰富多彩。由于种种原因，中国学者很少涉足后一领域。高田先生从20世纪70年代起赴巴黎留学，遍访欧美，得名师亲授，并凭借其深厚的汉语根柢和卓越的语言天赋，攻克并掌握了中古时期的各种西域语言。在此基础上，他对敦煌文献中的汉藏对音资料、回鹘文书资料、于阗文书资料等作了系统全面的搜集、整理和研究，进行了类似破译密码的艰苦探索，纠正了前此不少不正确或片面的意见，初步勾勒出了敦煌地区9、10世纪河西方言的面貌，描写了当时汉语与胡语接触、交流、渗透与融合的实况，提出了许多带有颠覆性和创新性的新观点、新结论，得到了海内外学术界的广泛赞誉。与此同时，高田先生还对许多敦煌吐鲁番写本文献进行了整理、讨论和研究，取得了许多重要的成果，极大促进了写本学的研究。另外，高田先生还担任敦煌学国际联络委员会干事长，对世界各国敦煌学研究的开展与协调起到了重要的推动作用。

特别令人感佩的是，从20世纪90年代开始，高田先生在京都大学人文科学研究所组织主持了共同研究班，包括"西陲发现中国中世写本研究班"，汇集关西一带的研究骨干、博士、硕士及访问学者，就汉语音韵史、与近代欧洲的语言接触、与中亚的文化交流、敦煌学和写本研究等课题进行会读研讨，其成果汇编为《中国语史的资料和方法》《明清时代的音韵学》等研究报告，并以《敦煌写本研究年报》的形式逐年出版（现已出版12号），将有关敦煌学和写本学的共同研究最新成果刊行于世，吸引了国内外的高度关注，尤其是在青年人才的培养方面作出了巨大的贡献。现在马上要出版的《敦煌写本研究年报》第13号，作为高田先生古稀纪念特刊，是在2018年9月15—17日浙江大学召开"中日敦煌写本文献学术研讨会"提交的论文的基础上编纂而成的，因为这一机缘，负责本期编辑的山本孝子博士要我代表浙江大学在前面写几句话，因就写本文献与敦煌学的发端，高田先生在其中的杰出贡献，谈一点感想，并以此表达我对高田先生的崇仰之情和最美好的祝愿。

2019 年 1 月 6 日

（《敦煌写本研究年报》第 13 号，京都大学人文科学研究所 2019 年 3 月发行）

评论

评《敦煌邈真赞校录并研究》

敦煌遗书中的近百篇邈真赞文书，以其珍贵的历史文化价值，受到中外学人的高度关注。1909年，敦煌遗书发现不久，蒋斧辑《敦煌文录》[①]、王仁俊辑《敦煌石室真迹录》[②]，即向世人披露了若干种敦煌邈真赞文书。稍后王重民及日本羽田亨等也作过这方面的校录和研究。[③] 1970年，陈祚龙著法文本《唐五代敦煌名人邈真赞集》[④]，是为敦煌邈真赞文书的第一次结集。嗣后陈氏又续有补充。[⑤] 然陈氏所录以巴黎藏卷为主，至于伦敦所藏，则

---

① 载罗振玉：《敦煌石室遗书》，1924年影印本。
② 清宣统元年（1909）国粹堂石印本。
③ 参看王重民：《金山国坠事零拾》，《国立北平图书馆馆刊》1935年第9卷第6号，第5—32页；羽田亨、伯希和编：《敦煌遗书》第一集，1926年活字本。
④ Chen Tsu-lung, *Éloges de personnages éminents de Touen-houang sous les T'ang et les Cinq Dynasties*, Paris 1970.
⑤ 参看陈祚龙：《敦煌文物随笔》，台北：台湾商务印书馆，1979年；《中华佛教文化史散策三集》，台北：新文丰出版公司，1981年；《中华佛教文化史散策四集》，台北：新文丰出版公司，1986年。

仍多阙如；且陈氏好逞臆见，勇于改字，故其录文疏误颇夥，识者憾之。[①] 1990年，唐耕耦等编《敦煌社会经济文献真迹释录》第5辑[②]，其书上图下录，读者称便；收采虽较陈书为广，然仍未为全豹；且有录无校，疏失亦多。稍后，郑炳林推出《敦煌碑铭赞辑释》[③]，郑氏在陈、唐二书的基础上，增广其未备，凡收赞文90余通，堪称敦煌邈真赞的集大成之作。郑氏学历史出身，其书于地名、人名及典章制度之属广引敦煌文书和其他传世古籍作证，钩稽考较，颇称详备。然郑氏所据主要为《敦煌宝藏》和缩微胶卷，原文多有漫漶不清，故其录文错误所在多有，尚难称为善本。

1991年夏至1992年冬，饶宗颐先生先后邀姜伯勤、项楚、荣新江三先生赴港，合作进行敦煌邈真赞的研究。选堂先生乃学界耆宿，文史名家。姜、项、荣三位则是内地敦煌学界的"顶尖高手"。姜、荣二氏精于唐五代史和敦煌文书，项楚先生则精于文献考据之学。由这样一个小组合作进行敦煌邈真赞的研究，可谓珠联璧合，自然是最合适不过了。现在摆在我们面前的这部近30万字的《敦煌邈真赞校录并研究》（台北新文丰出版公司1994年版，以下简称《研究》），就是他们奉献给读者的一部精品。

---

① 关于陈氏校录敦煌文书的失误，请参看拙作《陈祚龙校录敦煌文书失误例释》，《学术集林》卷六，上海：上海远东出版社，1995年，第295—320页。
② 唐耕耦、陆宏基编：《敦煌社会经济文献真迹释录（五）》，北京：全国图书馆文献缩微复制中心，1990年。
③ 郑炳林：《敦煌碑铭赞辑释》，兰州：甘肃教育出版社，1992年。

《研究》分上下篇，上篇为《敦煌邈真赞研究》，下篇为《敦煌邈真赞校录》。上篇系由姜伯勤先生所作《敦煌邈真赞与敦煌名族》和荣新江先生所作《敦煌邈真赞所见归义军与东西回鹘的关系》两篇长文组成。姜文就赞文所反映的敦煌名族的姓望及其功能进行了深入的探讨，为我们勾勒出了8至11世纪初在敦煌占统治地位的世家大族的谱系。荣文则从邈真赞切入，就归义军与东西回鹘关系史上的一些重要事件作了详尽考察，初步理清了归义军政权与东西回鹘的关系，并提出了许多独到的见解。这两篇论文对了解当时敦煌的社会结构以及归义军的历史无疑具有非常重要的价值，读者诸君有必要给予充分的注意。

下篇主要由项楚先生和荣新江先生主其事。凡校录敦煌邈真赞92篇，各篇按撰作年代的先后顺序排列（末附《敦煌邈真赞年代考》）；录文后备载原卷编号及后人的图录本；校记中称引各家校说凡10余种，可以说，关于敦煌邈真赞的一些主要的校勘意见都已经荟萃其中了。由于项楚先生对敦煌写本用字、用词以及书写特点有较为深入的研究，而荣新江先生长于西北史地，又亲睹过英法所藏写本原卷，一经他们的梳理，原卷的错误便很少能漏而过网的。所以该书录文准确性之高、校勘之精，都是此前的各家录文所无法比拟的。下面我们就分录文、校勘、断句三个方面举几个具体的例子。

一、录文方面

如该书325页录斯390号《氾嗣宗邈真赞》："运如弦之真，济润黎民；行平等之心，高低罔间。空持一钵，余资弃舍于尘泥；只具三衣，割己赈贫而守道。五乘晓了，八藏该通。"其中的"罔"字原卷作"冈"，即"罔"的俗字[1]，而郑炳林氏误录作"同"[2]。又"晓了"同义复词，"了"亦即"晓"[3]，而郑氏误"了"作缺字，又臆补一"朗"字。又文中的"尘"字、"只"字、"割"字郑氏分别误录作"率""共""刻"，皆与原卷不合。

又如该书234页录伯3718号《张喜首写真赞》："初以罄瓶之器，怅恋意下颜低。"原书校云："低，原写伍，即低字。陈作范，唐、郑作任，皆误。"

按："低"字原卷作"伍"，即"伍"的变体。凡"氏"旁俗书皆可作"互"[4]，故"低"俗字作"伍"。伯2011号王仁昫《刊谬补缺切韵》平声齐韵："伍，当兮反，伍昂。"其中的"伍"亦即"低"字，是其比。陈、唐、郑诸家录作"范"或"任"，显然都是不正确的。又该书250页录伯3718号《张明集写真赞》：

---

[1] 《龙龛手镜·冈部》："冈，俗；罔，正。"（北京：中华书局，1985年，第329页）
[2] 郑炳林：《敦煌碑铭赞辑释》，第510页。
[3] 晋郭璞《尔雅序》："其所易了，阙而不论。"邢昺疏："谓通见诗书不难晓了者，则不须引，故阙而不论也。"邢昺以"晓了"释"了"，"了"亦即"晓"也。
[4] 《干禄字书》："互氏：上俗下正。诸从氏者并准此。"（北京：紫禁城出版社，1990年，第20页）

"居高当势，意下心低。"原书校云："低，郑作伍。"查该字原卷作"伍"，录作"低"无疑是正确的。又该书336页录伯3556号《曹阇梨邈真赞》："四摄劝迷，居高而低心下意。"原书校云："低，原写伍。陈作恒，误。"作"低"的准确性同样是无可怀疑的。

再如该书242页录伯3718号《张清通写真赞》："主持大柄，覆算无亏于升圭。"原书校云："主持大柄，原写主柄持，柄傍又写大，持字傍又有一墨线上引至主字下，意谓持字应移入主字下，因而此句应读作主持大柄。唐据原式照录，陈、郑作主大柄持。"

按：原卷既有补字又有乙字，情况确是够复杂的。倘或校录者对写本的书写特例缺乏深刻的了解，自难得出正确的结论。

二、校勘方面

如伯3718号《张明集写真赞》："南山偷路，公乃先行；对阵临锋，前荡后出。兇（匈）奴胆輙，波迸星流。"其中的"輙"字，陈祚龙录作"辙"[1]，自属臆改无据；唐耕耦、郑炳林二家照录"輙"字[2]，意亦不可通。该书录作"辄"，又云"辄"应

---

[1] 陈祚龙：《中华佛教文化史散策四集》，第303—305页。
[2] 唐耕耦、陆宏基编：《敦煌社会经济文献真迹释录（五）》，第252页；郑炳林：《敦煌碑铭赞辑释》，第414页。

是"慴"字音误。[1]

按：《说文·心部》："慴，惧也。""輒""慴"音近通用。读"輒"为"慴"，原文便豁然贯通了。

又如伯3556号《曹阇梨逸真赞》："三冬降雪，偏枯柰苑之枝；五月行霜，痛砗祇园之叶。""卒"旁俗书皆可作"卆"，故陈祚龙、唐耕耦、郑炳林三家皆录"砗"作"碎"，这无疑是正确的。但"碎"字意思仍不可通。该书指出"碎"乃"瘁"字之误。[2]"瘁"有憔悴、枯槁之义，与上文"枯"字同义。这样一校，原文便顺适无碍了。

再如伯3718号《阎胜全写真赞》："衔庭纲纪，忠言献玉珪之十条；领袖敦煌，抱直进狄公之九谏。"其中的"玉珪"二字，陈祚龙、郑炳林二家照录[3]，唐耕耦则臆改作"玉硅"[4]，皆不可解。该书则云："玉，当作王。王珪乃唐代名臣。"[5]

按：俗书有赘加点画的通例，此例"玉"殆即"王"的赘点字。其下的"珪"字原卷右下部亦赘一点，可以比勘。引文中的"狄公"指狄仁杰，亦为唐代名臣。伯3556号《府君庆德邈真赞并序》："每陈王氏之忠言，不失狄公之直谏。"这个与"狄公"相对的

---

[1] 《研究》第252页注5。泉按：《干禄字书》："輙輒：上通下正。""輙"即"輒（輒）"的常见俗字。
[2] 《研究》第337页注16。
[3] Chen Tsu-lung, *Éloges de personnages éminents de Touen-houang sous les T'ang et les Cinq Dynasties*, Paris 1970, pp.125-126；郑炳林：《敦煌碑铭赞辑释》，第462页。
[4] 唐耕耦、陆宏基编：《敦煌社会经济文献真迹释录（五）》，第284页。
[5] 《研究》第311页注9。

"王氏"，殆亦指王珪而言。伯4638号《曹良才邈真赞》："荣登上将，陈王珪十在（？）之能；历任崇资，亚昌业忠言之谏。"正有"王珪"之名。可见王珪是敦煌士人所熟知的名臣。"玉珪"当作"王珪"，殆可无疑。

三、断句方面

如伯4638号《曹良才邈真赞》："府寮哽噎，道俗悲哀子蹩踊而无依，阁女伤嗟而满路。"根据文例，"哀"字前后当脱一字。唐耕耦、郑炳林二家皆于"哀"字前补一"泣"字，而以"哀"字属下读。[①] 该书则云"哀"字当属上读，而谓脱字当在"子"字之前。[②]

按：后说是，伯4660号《阴法律邈真赞》："子弟悲哀，归投无措。"亦"悲哀"连文。而"哀子"为词，则为敦煌邈真赞赞文所未见。至于"子"前的脱字，疑为"孤"字。伯2482号《罗盈达邈真赞》："孤子哀号，雏（稚）女无望。"可证。

又如斯4654号《罗通达邈真赞》："于是机宣韩白谋运张陈。"郑炳林录"机"字误作"境"，读作："于是境宣韩白谋，运张

---

① 唐耕耦、陆宏基编：《敦煌社会经济文献真迹释录（五）》，第229页；郑炳林：《敦煌碑铭赞辑释》，第256页。
② 《研究》第290页注20。

陈〔计〕。"[①]卢向前校录作："于是机宣转，□运张阵。"[②]该书则读作："于是机宣韩白，谋运张陈。"[③]

按：稽核原卷，后录及断句皆是。韩（信）、白（起）、张（良）、陈（平）皆为秦汉有名的谋臣战将。

再如伯3556号《氾福高邈真赞》："文开百法通依说尽瑜珈论立千门合理指为本地有缘化度等深优婆鞠多随类开昏邻亚净名大士澄心在定山岳无移……"这段话唐耕耦读作："文开百法通依，说尽瑜珈，论立千门，合理指为。本地有缘（？），化度等深；优婆鞠多，随类开昏。邻亚净名大士澄心在定，山岳无移……"[④]郑炳林读"瑜珈"后改施分号，删去"有缘"后的表疑问的问号，又于"大士"后施逗，余同。[⑤]该书则校读作："文开百法，通依说尽瑜珈（伽）；论立千门，合理指为本地。有缘化度，等深优婆鞠多；随类开昏，邻亚净名大士。澄心在定，山岳无移……"[⑥]两相比较，后一读的准确性显然是无可怀疑的。

类似的佳胜之处在该书中确实是比比皆是，限于篇幅，我们不能更多地举例。可以说，本书是敦煌文书校录中质量最高的著作之一。从本书所取得的成就中，我们可以得到一些什么启发呢？

---
① 郑炳林：《敦煌碑铭赞辑释》，第337页。
② 卢向前：《关于归义军时期一份布纸破用历的研究》，《敦煌吐鲁番文献研究论集》第3辑，北京：北京大学出版社，1986年，第459页。
③ 《研究》第230页。
④ 唐耕耦、陆宏基编：《敦煌社会经济文献真迹释录（五）》，第167页。
⑤ 郑炳林：《敦煌碑铭赞辑释》，第371页。
⑥ 《研究》第221页。

从上面简单的举例中,我们已不难得出如下的结论:

其一,校录敦煌文书必须具备比较扎实的小学根柢,尤其要熟悉唐代前后的俗字、俗语词以及敦煌写本的书写特例;

其二,要具备史学、佛学和文献学方面的比较广博的学养,尤其要熟唐史,通佛典;

其三,一个人的知识毕竟是有限的,或长于此,或短于彼,要注意发挥群体的力量。

当然,绝对完美的事情是不可能的。《研究》中也存在着极少数值得商榷的地方。在笔者看来,这些地方包括:

(一)误校

如该书133页录伯3726号《杜和尚写真赞》:"谢此浊世,净土招承。一归极乐,三界无用(明)。"原书校云:"用,陈改作朋。郑照录。当作明。"

按:此字当据陈校作"朋"为是。首先从韵脚上来看,上下文的韵脚字分别为升、称、能、僧、腾、乘、冰、灯、肱、凝、兴、崩、薨、凭、承、僧、登,皆为曾摄字,"朋"亦为曾摄字,而作"明"则失押("明"为梗摄字)。其次从字形上来看,"用"字原卷本作"*用*",与原卷上文"双树枝崩"的"崩"字的下部同形,实即"朋"的俗字。唐代前后"朋"的规范写法作"*朋*",

作两个斜书的"月"字形。① 俗书则多简省作"*用*"形②,与"用"字形近,而与"明"字殊异(同篇上文"借一明灯"之"明"原卷本如此作)。所以这个"*用*"不可能是"明"字之误。最后从文义上看,"三界"即伯4660号《索智岳邈真赞》"三界火宅,八苦交煎"之"三界",亦即"浊世"。"一归极乐"两句似是说您(杜和尚)一死,我(作者本人)便没有了知音。同书143页录伯4660号《氾和尚写真赞》亦有"三界无用(明)"的话,原书校云:"用,当是明字之误。唐、郑照录。陈作朋。"这个字原卷字形在"*用*"与"用"之间,其实也正是"朋"字俗书③,陈录作"朋"是正确的。

又如该书198页录伯4660号《索法律邈真赞》:"钜鹿律公,贵门子也。丹之(墀)远派,亲怩则百从无疏;抚徒敦煌,宗盟则一族无异。"原校:"徒,原写徣④,乃徒字。陈、郑作徙,误。"同书239页又录伯3718号《索律公邈真赞》,亦有同样的文句,原书于"徒"字下按云:"徒,唐作定,误。"

按:前例"徒"字原卷实作"徣";后例作"徣",应是

---

① 宋孙奕《履斋示儿编》卷二三引《明皇杂录》云:"刘晏以神童为秘书省正字,上问:汝为正字,正得几字?晏曰:天下字皆正,唯朋字未正。"(《丛书集成初编》本第243页)又元李文仲《字鉴》卷二登韵亦云"朋"字"斜书之"(《丛书集成初编》本第57页)。
② 如伯2653号《韩朋赋》:"昔有贤士,姓韩名*用*。"例多不赘举。
③ "朋"字俗书有混同于"用"字形的,如斯5472号《朋友书仪》:"某乙恒居草室,长在蓬庵,细碎卑微,离用别俋(侣)。""用"即"朋"字俗讹。
④ 原书字形略有失真,兹据荣新江先生所惠借原稿本。

"徙"的变体。以字形而论,"徙"当是"徙"的俗字。斯388号《字样》:"徙,正;徙,通用。"张参《五经文字》卷上彳部:"徙,作徙者讹。"① 斯1835号失名书注:"《魏志》曰:……帝欲徙冀州士家十万户以实河南。""徙"亦"徙"的俗字。至于"徒"字,俗书或作"徒"(见《干禄字书》),与"徙"字字别。从文义上来看,"抚徙敦煌"系指索氏远祖前汉大中大夫索抚自钜鹿迁居敦煌事。斯530号《大唐沙州释门索法律义辩和尚修功德记碑》:"(索氏)远祖前汉太中大夫抚,直谏飞龙,既犯逆麟之势,赵周下狱,抚恐被诛,以元鼎六年,自钜鹿南和徙居于流沙,子孙因家焉,遂为敦煌人也。"② 即"抚徙敦煌"句所本。所以陈祚龙等录原字为"徙"无疑是正确的。而录作"徒",则文义不可解了。

(二)失校

如该书247页录伯3556号《陈法严邈真赞》:"和尚俗姓陈氏,香号法严,即先大唐三藏世代之云孙矣。福生有胎,敦煌人也。"按:"福生"不词,当校读作"腹生"。"腹生"意指亲生,为敦煌文书中之习语。如斯4571号《维摩诘经讲经文》:"喻似世间恩爱,莫越眷属之情;父母系心最切,是腹生之子。"是其例。③ 斯3877号《丙子年阿吴卖儿契》:"今将福生儿庆德,

---

① 《丛书集成初编》本,第12页。
② 伯2021、伯4640号亦有同样内容的碑文。
③ 参看蒋礼鸿主编《敦煌文献语言词典》"腹生"条,杭州:杭州大学出版社,1994年,第108页。

柒岁……立契出卖与洪润乡百姓令狐信通，断作时价干湿共叁拾石。"其中的"福生"亦当读作"腹生"，是其比。

又如上文提到的斯390号《氾嗣宗邈真赞》："运如弦之真，济润黎民；行平等之心，高低罔间。"其中的"真"字原书无校（325页）。窃谓这个"真"当是"直"的误字。《续汉书·五行志一》："顺帝之末，京都童谣曰：'直如弦，死道边。曲如钩，反封侯。'"[1]即上文所本。伯4660号《悟真邈真赞》："其直如弦，其平如砥。"又伯2482号《阎海员邈真赞》："宽弘得众，抱直如弦。"皆用"直"字，可为校字之证。

再如该书190页录伯4660号《悟真邈真赞》："耳顺从心，色力俄衰。了蟾蜍之魄尽，覩毁箧之腾危。"其中的"腾"字相对于上句"魄"，似乎应该是个名词才是。颇疑其字当读作"縢"。《广雅·释器》："縢，索也。"[2]《庄子·胠箧》："将为胠箧探囊发匮之盗而为守备，则必摄缄縢，固扃鐍，此世俗之所谓知也。"[3]文中盖以"箧"比喻人的躯体，以"縢"喻命根，故而云然。但这样解释还缺乏足够的证据，姑发此疑，以俟质正。

（三）缺乏裁断

如该书202页录伯4640号《李僧录赞》："洞览净名，魔〔□〕怖畏。"原书校云："魔下应脱一字，唐拟补邪字，郑从之。"

---

[1] 《后汉书》，北京：中华书局，1965年，第3281页。
[2] 王念孙：《广雅疏证》，北京：中华书局，1983年，第238页。
[3] 郭庆藩：《庄子集释》，北京：中华书局，1961年，第342页。

按："魔邪"连文，殊感生硬，唐补恐非切当。根据文义及敦煌文书的用词习惯，"魔"下疑当补"怨"字。"魔怨"指恶魔，为敦煌卷子习语。如俄罗斯藏敦煌写本《双恩记》："一云怖魔比丘……令魔恐怖，故云魔怖。"其下有韵文云："为有如斯德在身，魔怨所以长惊退。"又云："长遣魔怨怀怕惧，方得名为大比丘。"[①] 斯4571号《维摩诘经讲经文》："普使于魔冤（怨）稽首，悉令于□□（外道）倾心。"皆其证。

又如该书301页录伯2970号《阴善雄邈真赞》："久陪军幕，作我主之腹心；百战沙场，几潘生于龙塞。"原书校云："潘，郑校作番。"

按："几番生于龙塞"义不可通，郑校非是。其实这个"潘"即《捉季布传文》"九族潘遭违敕罪"[②]、《盂兰盆经讲经文》"时向之间潘却命"[③]、《太子成道经》"若能取我眼睛，心里也能潘得"[④]之"潘"，通作"判"或"拚""拚"（今字多作"拼"）。伯3718号《阎胜全写真赞》："凶渠犯塞，舍命而先冲；虏骑交锋，判生而后敌。""潘生"即此"判生"，犹今语云"豁出命去"。"几"指几回、几次，表示数量，辞书已载，其后本无需赘加量词。

像这类罗列前人校说而无按断的条目，该书中还有一些，这

---

① 周绍良、白化文、李鼎霞编：《敦煌变文集补编》，北京：北京大学出版社，1989年，第6—7页。
② 王重民等编：《敦煌变文集》，北京：人民文学出版社，1957年，第57页。
③ 周绍良、白化文、李鼎霞编：《敦煌变文集补编》，第58页。
④ 王重民等编：《敦煌变文集》，第293页。

对普通读者的正确理解恐怕是有妨碍的。

另外，书中还有一些手民之误[1]，也可谓是美中不足。

总的来说，尽管《研究》还存在着一些未尽美善之处，但和它所取得的成就相比，这些缺憾是微不足道的。我们期待着更多这类优秀著作问世。

（原载《敦煌吐鲁番研究》第一卷，北京大学出版社1996年出版；《敦煌邈真赞校录并研究》，饶宗颐主编，姜伯勤、项楚、荣新江合著，台北新文丰出版公司1994年出版）

---

[1] 如该书136页注9"妙""歁"分别为"歁""歁"之误；139页4行"删除赘，略词繁"应作"删除剗赘，剗略词繁"；同行及注3的"蓦"为"蓦"之误；145页注6"漪""猗"的位置应互乙；147页8行"要"字后应补"段"字；152页6行"各"应作"名"；154页倒3行"吴尚"当作"吴和尚"；169页注6"当"字后应补"作"字；176页注2"原写亡"，"亡"当作"匸"；190页注2"翼"下部当改作"寅"；同页注8下当补"注9：召，郑作招。原来的注9当改作注10；198页16行"岁"前的"年"字当删；205页15下当补"注16：烈，唐、郑照录。陈改作列，是"；207页7行"果"后的句号当改逗号；212页注4"通"字中的"頁"当改作"責"；213页14行衍一"边"字；230页16行"床"字当与括号中的字乙；242页23行"绂"后当补"（绋）"；247页4行"二"当改作"三"；252页注9"赴"当改作"趂"；253页2行"施"当改作"族"；269页42行"您"当改作"愆"；274页注10"窖"当作"感"，而注11的"窖"则当作"窖"；283页18行"推"后当补"（權）"；287页注19"作"后一字右旁当作"蓋"；290页注20"路"当改作"俗"；299页27行"衆"当改作"象"；302页24行"冠"当作"寇"；317页33行"赐"右旁"多"当改作"条"；325页11行"年"当改作"生"；327页22行"已"当改作"己"；333页21行"鈷"当改作"鐪"；351页注4"獲"当改作"玃"。

评《唐五代韵书集存》

20世纪初以来,在敦煌莫高窟、新疆吐鲁番以及北京故宫博物院等地陆续发现30余种唐、五代韵书的写本和刻本,其中包括失传已久的隋陆法言的《切韵》,唐长孙讷言的《笺注本切韵》、王仁昫的《刊谬补缺切韵》、裴务齐的正字本《刊谬补缺切韵》以及孙愐的《唐韵》等等,它们对于研究六朝以迄隋唐五代的语音、文字、词汇以及词义等,都具有很大的参考价值,因而引起了海内外汉学界的极大关注和重视。1921年,王国维首先把伦敦所藏的3种《切韵》残卷根据照片钞录印行。1925年,刘复又把从巴黎钞回的王仁昫《刊谬补缺切韵》和两种《切韵》的序文刻入《敦煌掇琐》。1936年,北京大学又出版了刘复、魏建功、罗常培编的《十韵汇编》,把当时所能见到的几种唐五代韵书都编辑在内。1955年,姜亮夫先生又把自己以前在国外摹录的一些写本韵书集为一编,名为《瀛涯敦煌韵辑》(近年浙江古籍出版社重版,易名为《敦煌韵书卷子考释》;潘重规先生又对姜书作过订补,名为《瀛涯敦煌韵辑新编》）。而周祖谟先生的《唐五代韵书集存》一书，则是这方面搜采最为全备、考订最为精审的集大成之作。

周祖谟先生学识渊博，著述宏富，而音韵学的研究则是他生平着力最多的一个领域。他对古今语音演变，尤其是对六期以迄宋代语音的变化，进行过非常深入而且全面的研究，并取得了丰硕的成果。所以他在处理和阐释唐五代韵书材料时，就显得得心应手，游刃有余，每每闪露出一位研究有素的学者的睿智和卓识。在《唐五代韵书集存》一书中，他把那些大多残缺不全、没有著者姓名、没有书名的韵书材料划归为七类：1.陆法言《切韵》的传写本；2.笺注本《切韵》；3.增训加字本《切韵》；4.王仁昫《刊谬补缺切韵》；5.裴务齐正字本《刊谬补缺切韵》；6.《唐韵》写本；7.五代本韵书。这样一划分，那些原本凌乱无绪的韵书材料，便如同网之在纲，而有脉理可寻了。这样，读者不但可以看出唐代韵书发展的脉络，而且可以了解宋修《广韵》的渊源与变化。在每一类下，编者都附以韵书写本或刻本的照片，一些照片不够清楚的，还另附摹本或摹刻本，从而为读者提供了极大的便利。尤为可贵的是，编者对书中所收的每种韵书，都作有一篇考释，说明原书的体制、内容及其特点，并与有关的韵书相比较，指出异同，阐明彼此之间的关系。全书卷端的序和总述，则对韵书发展的历史和唐五代韵书的演变作了高屋建瓴式的描述。其辨析之详尽，考订之精审，都是以前的同类著作所不能比拟的。

本书1983年中华书局初版。这次由台湾学生书局重版，增加了俄罗斯科学院东方学研究所所藏的《笺注本切韵》《唐韵》残叶3件。另外台湾版纸张颇佳，印制精美。遗憾的是其中的一些图版大约是据中华书局版翻制的，模糊漫漶，转不如中华本清晰。

本书所附摹本或摹刻本，可信度总的来说是比较高的，但也有一些摹写失真或失误之处。如本书下册第755页摹录伯2014号《五代本切韵》有云："䯨，水鸟，又姓。巨□反。"这一条录文《瀛涯敦煌韵辑》《瀛涯敦煌韵辑新编》皆同。这一指称"水鸟"的"䯨"前此未见字书载录，此后亦未见载籍沿用，不能令人无疑。考俗书"䯨"字多用作"乔"的俗字。《干禄字书》："䯨乔：上俗下正。"宋跋本王仁昫《刊谬补缺切韵》平声宵韵："乔，通俗作䯨。"伯3636号《类书》引《说苑》："子产，姓公孙，名䯨，周时郑国相也。""䯨"即"乔"的俗字。例多不赘举。因疑上揭韵书的"䯨"当亦是"乔"的俗字。原卷"巨□反"当作"巨憍反"（查原卷缺字本作"憍"，即"憍"的俗字），正与"乔"字字音相合。原卷"䯨"字条下接云："乔，正字。"正是指"䯨"为"乔"的俗字而言。又查原卷"水鸟"二字实作"木高"，即"木高"二字。宋跋本《刊谬补缺切韵》"乔"字正释作"木高"。"乔"字本为"高而曲"义，因古人多用"乔木"一词，故此以"木高"释"乔"。各家把"木高"录作"水鸟"，殆与不明"䯨"为"乔"的俗字有关。该卷下文载"骄""娇""憍""鹪""燆"等字，其"乔"旁原卷皆写作"䯨"，而本书皆录作"乔"，可见校录者对"喬"字及"喬"旁作"髙"这一俗书通例是不甚了然的。类似的摹写失真或失误之处我们在各家的录文中都可以举出一些,这就提示我们在利用它们时应和核实原卷结合起来进行,以避免一些本可避免的错误发生。

(原载《敦煌吐鲁番研究》第二卷,北京大学出版社1997年出版;《唐五代韵书集存》,周祖谟编著,台湾学生书局1994年出版)

评《唐五代语言词典》

蒋礼鸿先生在他的名著《敦煌变文字义通释》的序言中，曾经提出从纵横两方面研究古代语言的主张。所谓横的方面是断代语言研究，所谓纵的方面是联系各个时代的语言来看它们的继承、发展和异同。断代研究是纵的研究的基础，没有一批扎扎实实的断代研究的成果，纵的研究是无法进行的。正是从这一意义上来说，断代研究是构建古代语言研究大厦的最基础的，也是最重要的一环。现在摆在我们面前的江蓝生、曹广顺二位编著的《唐五代语言词典》，就是断代语言研究的一个较为成功的范例。

编写一部断代语言词典，首先要解决的是如何收词的问题。历史是一条长河，语言是有继承性的。要在一部断代词典中把那个时代所使用的词语统统收罗进去，既不可能，又无必要。本词典所收词语"以唐五代出现和使用的口语词、方言词为主"（前言），是一个既经济又实用的好办法。作者取材的资料包括敦煌变文、禅宗语录、诗词、笔记、传奇、史传、文书等各类文献，大致可以说，当时使用口头语词较多的文献材料都涉及了，那个时代所出现的新词新语也大抵已荟萃其中。全书收词多达4500余条，搜采之富，允为同类辞书之冠。其中不少词语是各类大型辞书所未收的，或虽收而引例较晚或义项不全的。所以本词典不仅大体反映了唐五代历史时期的语言面貌，为编撰近代汉语词典提供了断代的材料，而且对大型辞书的编纂、对阅读这一时期的历史文献（尤其是俗文学作品和社会经济文书）具有重要的参考作用。

本词典所收的唐五代出现的新词新语，既有像"别人""家私""甚麽"这样一类的至今仍在沿用的普通词语（这些词语对于读者了解现代汉语的语源是十分重要的），也有许多后世已不再流行的方俗语词。这些方俗语词或"字面普通而义别"，或"字面生涩而义晦"，其考释的难度往往比代代相传的文言词语要大得多。本词典作者在广泛借鉴吸收前人及时贤研究成果的基础上，对唐五代文献中出现的方俗语词进行了系统、全面的搜集和考释，其中新见胜义，纷呈迭出，令人目不暇接。如敦煌写本《李陵变文》："管敢怕李陵斩之，背军逃走，直至单于帐前，勃笼宛转，舞道（蹈）扬声，口称死罪。"其中的"勃笼"一词，蒋礼鸿先生疑是"旋绕"之意；陈治文先生又认为是"哼咙"的同音代字，"哼咙"指歌喉[1]，均未能使人信服。本词典作者则认为"勃笼"为"蓬"的切音词，并引宋俞文豹《唾玉集》"俗语切脚字"条云："勃龙，

---

[1] 参看黄征、张涌泉校注：《敦煌变文校注》，北京：中华书局，1997年，第143页注101。

蓬字。"蓬草随风飘转，故此处"勃笼"为旋转义（28页"勃笼"条）。这样一解释，何以"勃笼"为旋转义，便使人恍然大悟了。又如《汉将王陵变》："卢绾勃跳下阶，便奏霸王。"其中的"勃"字，注者多按常义释为"突然"[①]，总让人感到不那么对劲。本词典作者则云："勃跳，即跳。'勃'之本字应为'踣'。《说文·足部》：'踣，跳也。''踣'，异体为'踤'，'勃'为'踤'之音借字。《大正藏》卷四七《云门匡真禅师广录》卷中：'师乃云："火炉勃跳上三十三天，见么，见么？"'"（28页"勃跳"条）据此，"勃跳"应校读作"踣跳"，"踣""跳"为同义连文。宋吴规父《蛙》诗："敛藏鼓吹寂无言，踤跳何曾离草根。""踤跳"亦即"踣跳"，可资参证。校"勃跳"为"踣跳"，验之上揭语例均密合无间，显然是更为可信的。

作为一部断代词典，无疑要努力反映该时代的词汇系统和整体面貌。但由于种种原因，要确定某一词语产生的具体年代并不是一件容易的事。事实上，许多词语的产生、流行经历了漫长的历史时期，往往是"跨时代"的。这时，我们的语言工作者就不能自我局限于一朝一代的狭小圈子里，而必须讨源溯流，反映出这些词语产生、流行、消亡的演变轨迹。令人欣慰的是，本词典作者在这方面进行了可贵的探索，许多词语（尤其是一些虚词）除详述其在唐五代时期的用法以外，还以按语的形式对其演变的

---

① 参看项楚：《敦煌变文选注》，成都：巴蜀书社，1990年，第134页注7；黄征、张涌泉校注：《敦煌变文校注》，第88页注207。

过程加以简要的勾勒，从而为断代词语的考释带来了史的动感。如本词典253页"麼"字条下按语云："'麼'字的功能与现代汉语中'吗'相似，作疑问语气词多用于一般疑问句。表示祈使的用法，在唐五代极少见。现'么'的字形在唐五代多写作'磨、摩'，目前所见较为可信的材料，如敦煌文书、《祖堂集》等均如此，写作'麼（么）'是宋代以后的写法，现唐代文献中的'麼（么）'字，当是后人改动的。"像这样的按语，本词典中数量不少。假如没有对整个近代汉语文献的透彻了解，恐怕是难以作出这样高质量的按断的。

从总体上来看，本词典已经达到了很高的水平，不愧为一部优秀的断代语言词典。不过本词典也有一些不尽如人意之处。如不少词条的训释依据的是前人的校录本或第二手资料，导致了若干郢书燕说、谬以传谬的错误，如第4—5页"阿耶孃"条称"耶"字也作"爷"，所引《伍子胥变文》例"阿爷孃"的"爷"敦煌写本原卷斯328号实作"耶"；第83页"歹"字条所引二例"歹"字敦煌写本斯4571号《维摩诘经讲经文》、伯2418号《父母恩重经讲经文》分别术作"多"和"支"（"支"文中通作"之"）；第93页"递斗传局"条所据《丑女缘起》敦煌写本原卷斯4511号、斯2114号实本作"递互传局"（该段仅见于此二卷）；等等。凡此皆为承袭《敦煌变文集》传录之误。又本词典第166页"环"字条释为"甚"，所据为《太平广记》卷四一五引《乾𦠆子》、卷四八四引《李娃传》二例，查《太平广记》

原文（据中华书局1961年排印本），"环"字实本作"瓊"，"瓊"乃"瑰"字异体；段观宋《〈太平广记〉语词选释》一文[1]误以上揭"瓊"为"环"字繁体，简化作"环"（"环"字繁体作"環"而不作"瓊"），而又谬释为"甚"[2]；本词典"环"字条云云，实即承袭段说之谬。另外，本词典词语的训释偶尔也有可以再作斟酌之处。如第100页"逗遛"条释为"停留，挽留"，引例为《敦煌变文集》卷一《伍子胥变文》："望陛下追问逗遛，必是怀冤侠客。"又卷四《降魔变文》："因逢九牛小子，诘问逗遛。"以"停留，挽留"义施之上述二例，总感到不大贴切。其实唐五代时"逗遛"（又作"逗留"）多作因由、原因解[3]，上揭"逗遛"也正应如此解，而较按常义释作"停留，挽留"为真切。

（原载《敦煌吐鲁番研究》第四卷，北京大学出版社1999年出版；《唐五代语言词典》，江蓝生、曹广顺编著，上海教育出版社1997年出版）

---

[1] 载《语文研究》1989年第3期。
[2] 拙作《语词辨析七则》（《古汉语研究》1993年第1期）已指出段说的谬误，可以参看。
[3] 参看拙作《敦煌文书疑难词语辨释四则》，《中国语文》1996年第1期。

敦煌故里对敦煌学的新奉献
——《甘肃藏敦煌文献》读后

公元 1900 年 6 月 22 日，一个偶然的机会，在敦煌莫高窟藏经洞发现了 7 万件左右唐代前后的写本（少量为刻本）文献，震动了整个世界。这次发现的文献数量之多，价值之高，影响之大，都是空前的。然而令人遗憾的是，这些文献发现不久，大多被国外的"探险家"劫掠而去，从而给国人的研究带来了极大的困难。最近几十年来，在世界各国学人的呼吁和努力下，世界各国所藏的敦煌文献陆续公布于世。20 世纪 50 年代至 70 年代，英国、法国和我国先后将各自收藏的大部分敦煌文献摄制成缩微胶卷；20 世纪 80 年代，我国台湾学者又据缩微胶卷编辑影印了 140 巨册的《敦煌宝藏》；近几年，国内有关部门又据原卷照片影印出版了《英藏敦煌文献（汉文佛经以外部分）》和上海博物馆藏、上海图书馆藏、北京大学藏、天津艺术博物馆藏、浙江藏敦煌文献，并正在影印出版俄藏、法藏、中国国家图书馆藏敦煌文献，从而为各国学人查阅敦煌文献更清晰的影本提供了条件。

甘肃是敦煌学的故乡，也是敦煌学的发源地。近一个世纪以来，甘肃学人前赴后继，为敦煌学的创立和发展，也为敦煌文物的保藏和保护，作出了独特的贡献。藏经洞文献发现以后，除被盗劫及解送京师图书馆的以外，仍有不少写卷流散到民间，尤其是甘肃境内。叶昌炽在光绪二十九年（1903）十一月十二日的日记（《缘督庐日记》）中说："当时僧俗皆不知贵重，各人分取，恒介眉都统、张又履、张筱珊所得皆不少。"民国初年任官甘肃的许承尧在上海博物馆藏敦煌写卷023号《佛说佛名经》的跋中也说："（敦煌写卷）留于武威、张掖、皋兰者不少，且皆精整。予以民国二年（1913）至皋兰，适市时遇人求售，值颇廉，因遂购访，先后得二百卷。"皆可见其一斑。这些卷子除一部分辗转流播全国外，大部分仍留存于甘肃，并通过各种形式，陆续被当地文博管理部门和图书馆所收藏。但由于种种原因，这些卷子大多"养在深闺人未识"，普通读者难以睹其"真容"。在海内外收藏的敦煌文献大多已经出版或即将出版的情况下，甘肃藏的敦煌文献何时推出便成了海内外学术界关注的一个焦点。正是顺应广大学人的这种关切和期盼，甘肃人民出版社历时四载，耗资上百万元，于敦煌藏经洞发现一百周年之际推出了六卷本的《甘肃藏敦煌文献》，这是敦煌故里人民对敦煌学的新奉献，也是对敦煌藏经洞发现一百周年的最好纪念。

《甘肃藏敦煌文献》由著名敦煌学家段文杰任主编、施萍婷任副主编,甘肃人民出版社1999年12月出版。笔者粗粗翻阅一过,觉得这部书有以下几个特点。

一、印制精美,体例完善

《甘肃藏敦煌文献》8开6巨册,硬封精装(外加护封),用纸极佳。每册卷首有若干幅精美的彩色图版,把一些重要的文书或以黑白图版不能完整展示其原貌的文书用彩色照片突出加以介绍,让人一打开就有一种精美绝伦的感觉。全书总计收入写卷696件,拍成图版4000多幅,总长度达1400多米,然而难得的是,幅幅图版成像清晰,色度饱满,规格统一,阅读效果甚于原文。每册图版后有叙录、本书编号与原编号对照表,全书之末还有纪年卷编年、人名·寺名·印鉴索引、卷名索引等,体例科学严谨,读者使用称便。

二、定名准确,叙录详尽

按照本书的体例,编者给每一件文献加了标题,其中不少卷子由于残缺不全等种种原因,本身并没有题目,需要编者根据内容来拟定。这是最困难的一项工作,也是最能反映编者学术水平的一项工作。在这方面,本书编者做了大量工作。如考定敦研347号为《大般若波罗蜜多经》卷三三残卷;甘图021号为《大般涅槃经》卷三十师子吼菩萨品残卷；甘图022号为《摩诃般若波罗蜜经》卷七无生品残卷；甘图027号为《大般若波罗蜜多经》卷五七七残卷；敦博018号为《大般涅槃经》卷二三光明遍照高贵德王菩萨品残卷，并指出该卷上接敦研207号，下接敦研131号，应予缀合；敦博021号为《辩意长者子经》；敦博057号为《大宝积经》卷四四、四七残卷；酒博012号为《大般若波罗蜜多经》卷四七三残卷；西北师大017号为《大方等陀罗尼经护戒分》卷四残卷；等等。计达50余件，很不容易。尤其是像《大般涅槃经》《大宝积经》《大般若波罗蜜多经》这样几十卷甚至几百卷的大经，要确定某一残卷的归属，确像大海捞针，个中甘苦，诚非我们这些局外人所能想象。若干卷子原收藏单位虽然定了题目，但未必准确，本书也给予了规范或订正。如敦研101号、109号《添品妙法莲华经》本书改正为《妙法莲华经》，便是其例。

本书每册图版后的叙录，包括定名的依据、写本状况的描述、内容的提示、题跋印鉴的迻录，所述颇为详尽，为读者提供了许多极为有用的信息，而不少信息是只有在目睹写本原卷时才能得到的，因而显得更加可贵。如敦研096号《金刚般若波罗蜜经注》叙录指出原件系"线装册叶"，"朱、墨两色书写，朱笔写经文，墨笔写夹注"；敦研054号《道行般若经》卷五照明品叙录指出"中有朱笔提行分段符号"；甘博001号《法句经》卷下叙录指出"经文中有雌黄改字"；甘博029号《大般涅槃经后分》叙录指出"经朱笔校勘，有刮削改字痕迹"；敦博050号《大般涅槃经》叙录指出"全卷经朱笔校勘,有朱笔眉批和朱笔句读,还有雌黄改字痕迹";敦博076号《地志》叙录指出"各道名称上方有朱笔'△'符号。在至京都的里程数上有朱点。各州、府的等第,以朱笔在其名称上端标出;县的等第,以朱笔在其名称旁注出。文字经过校勘,正文内有朱笔补入的文字或说明";等等。这些信息对不容易看到原卷的一般读者来说自然非常有用。叙录中对写卷内容的提示也包含着编者研究的心得,具有很大的参考价值。如敦博039号《佛说解百生怨家陀罗尼经》叙录指出:"此经又名《解百生怨家陀罗尼经》,印度大乘佛教密教经典。现存北图推90、日93等2件,斯2900等7件,伯2169等3件。历代经录中未见著录,历代大藏经也未收入。从现存敦煌文献看,经文长短不一,是研究民间信仰的珍贵资料。"又如甘博004号《贤愚经》卷二末有题记"敦煌太守邓季彦妻元法英供养"云云,叙录指出:"已知有关邓季彦的写经有三卷,都是其妻元氏所写……邓季彦杀元荣之子元康而自为瓜州刺史,但是《魏书》《北史》及《周书》无传。他在敦煌的活动,见于《令狐整传》《申徽传》。二传前者作'邓彦',后者作'刘彦'……今证以写经题记作'邓季彦'或'邓彦',可以肯定是姓邓。"类似这样的叙录,有介绍,有提示,有裁断,对读者自然是很有帮助的。

三、内容丰富，特色明显

甘肃藏的敦煌文献内容十分丰富。当然和其他各地藏品一样，其中数量最多的也是佛经写本。但甘肃藏的佛经写本有着自己的明显特色。一是抄写时代早。英、法、俄及中国国家图书馆藏的写经多出于唐五代经生之手，而甘肃藏的写经则有不少出于六朝前后经生之手。如甘博001号《法句经》卷下，卷尾有升平十二年（368）和咸安三年（373）的题记，是国内外现存敦煌文献中最早的写本之一。又如敦研019号、020号、022号、031号、033号、108号、160号、193号、213号、232号、243号、371号《大般涅槃经》写本，敦研054号《道行般若经》写本，敦研176号《维摩诘所说经》写本，甘图030号《金光明经》写本，甘博004号《贤愚经》写本，敦博005号《大方广佛华严经》写本，西北师大017号《大方等陀罗尼经护戒分》写本等，都属北朝写经。这些写经大抵反映了隶书向楷体转化时期的用字特点，为我们研究近代汉字字体和书法的演变发展提供了大量的实物证据。二是多长篇巨制。中国国家图书馆及英、法、俄所藏的敦煌写经既有长卷，又有许多残卷断片；而甘肃藏的佛经写本则以长卷为主，而且相对较为完整，残卷断片则极为罕见。这可能是因为甘肃藏的佛经写本原本多为私人藏品，入藏时往往比较讲究内容的相对完整，而残卷断片则不受重视，也不容易保存。另外，有些藏品（包括敦煌研究院源于土地庙的藏品）可能是藏经洞发现不久王道士挑选出来送人或自己保存而遗留下来的，自然也就多为长卷精品。三是价值高。抄写时代早、多长篇巨制当然也是价值高的标志之一，此外甘肃藏的佛经还有不少精美绝伦的宫廷写经（如敦博055号《妙法莲华经》、甘博006号《大般涅槃经》写本），有向无传本的古代佚经（如敦研010号《佛说祝毒经》，敦研370号《佛图堂所化经》，敦研018号、050号《佛说阿难律经》，甘博015号《坛法仪则》，敦博038号《大乘修行论》），有传世佛经的别译本（如敦研045号《旧杂譬喻经》、敦研139号《百喻经》、敦研178号《佛说八师经》、敦研269号《佛说无垢贤女经》、敦博020号《大方等如来藏经》），都具有很高的文献和收藏价值。尤其是敦博077号包括《六祖坛经》在内的5种禅籍抄本，是今见最早的传本，且抄写精善，内容基本完整，文字校勘价值极高，为海内外学术界所普遍关注。

与佛经写本相比，甘藏敦煌文献中的四部书和社会经济文书写本数量不算太多，但也很有特色。如敦研007号《大慈如来告疏》，敦研068号《北魏禁军军官籍簿》，敦研298号、299号《唐代奴婢买卖市券副本》，敦研322号《辛亥年腊八燃灯分配窟龛名数》，敦研341号《唐景云二年张君义勋告》，都是独一无二的孤本。敦研095号《李翰自注〈蒙求〉》是失传已久的古佚书。敦研287号《三国志·步骘传》系北朝写本，敦研328号《说苑·反质》系隋至初唐写本，敦研356号《文选·运命论》系隋代写本，都是今见最早的传世写本。又敦研368号《国语·周语》，叙录中未明其时代，施萍婷在卷首"概述"中说，该卷"由于过去没有公布过，尚待深入研究"（泉按：该卷正文下有注，1990年北京师范学院出版社出版的《王利器论学杂著》载《跋敦煌写本〈国语贾逵注〉残卷》已介绍过此卷，并定其注为后汉贾逵注；1996年北京大学出版社出版的《敦煌吐鲁番研究》第一卷又载饶宗颐《敦煌所出北魏写本〈国语·周语〉旧注残叶跋》，则疑为三国吴唐固注，并附载原卷照片）。考该卷卷背为太平真君十一年至十二年(450—451)历，则其正面的《国语》旧注抄写时间自当更早，从字体看，该本用字仍存有浓厚的隶体况味，雄浑朴茂，与汉简文字极为接近，很可能是魏晋（甚至更早时期）古写本的遗存，王利器定为北朝写本，饶宗颐定为北魏写本，庶几近之，则其价值之巨，自亦毋庸赘言矣。

本书也存在一些小的问题。现就笔者浏览所及，略记如下，供编者参酌。

敦研012号《粮食入破历》写卷多处把"斛"字写作"九"字右部加一竖的形状，这种写法的"斛"字经见于吐鲁番写本文书，而敦煌写本中则别无所见，该件是否为敦煌写本，恐怕还是疑问。

敦研298号、299号为《唐代奴婢买卖市券副本》，奴主行客王修智请百姓安神庆等作保，出卖胡奴多宝，成交以后，牒报官府，以取得"市券"（象征买卖合法的官府证明）。编者在叙录中移录全文，其中有："客王修智牒称：'今将胡奴多宝（出卖）……得大生绢贰拾壹匹，请给买人市券者。'依安神庆等款保前件人，奴是贱不虚。"这里的标点有误，"款"或"保"后可施逗，而"人奴"二字间的逗号则应取消。"人奴"为一词，指家奴、奴仆。如《汉书·食货志下》："匈奴侵寇甚，莽大募天下囚徒人奴，名曰猪突豨勇。"是其义。又原卷"依"下存残笔，似还有一字，宜当设一缺字格。

敦研352号背《道经》叙录中说："经名待考。从文字的写法看，不像宋初以前人所书，可能是本卷从藏经洞出土后，今人利用背面所抄写。书体拙劣，墨色浮。"按：卷中有"症""双""还""过""閗""声"等宋元以后甚至清代以后才行用的简体俗字，应为清末或民国以后人所抄。

敦研357号残片8行，编者拟定为《字书残段》，实为玄应《一切经音义》卷二《大般涅槃经》卷十一、十二音义（《丛书集成初编》本第88页）的残片[1]，其中第六行下部"足大"及以下的半字（"大"下尚有小半字，存上部，应为"指"字）应移至第八行"古才反"之后，盖碎片误粘于前，"古才反，足大指"是对第八行"脑胲"之"胲"的音释，而第六行下部本身原有残泐。误粘的碎片复位后，所存字句与玄应《一切经音义》卷二相关文句完全相同。又该残片与斯3469号《一切经音义》（存第二卷《大般涅槃经》卷一的部分音义）字体行款完全相同，盖出于同一人之手，当系同一书的残片。

甘图附032号《中阿含经卷第四十九》叙录中说："经文中

---

[1] 许建平也把此卷定为玄应《一切经音义》残片，与拙见暗合。

不少字的写法与敦煌写经相同，但也有些字，其写法在敦煌写经中不太常见。如'歌舞'写作'歌儛'，显然系日文中的写法。从跋文与'歌舞'等字的写法可知，这是一件十分珍贵的日本写经。"按此件封面有日本"高野山弘法大师完全写经"云云，末尾又有"弘法大师全部古经天下孤本"字样，编者据以谓此件为日本写经，当然不无道理。但"儛"字却非日本写经的专有特征，而在敦煌写本中同样经常可以看到。如敦博056号《佛说无量大慈教经》："牛耕田，由人所遣；猕猴作儛，由人所教。"斯5437号《汉将王陵变》："张良闻诏，趋至殿前，拜儛礼中（终），叫呼万岁。"皆其例。又斯388号《正名要录》"字形虽别，音义是同，古而典者居上，今而要者居下"类：舞儛。伯2011号王仁昫《刊谬补缺切韵》上声麌韵无主反："舞，亦作儛。"《干禄字书》："儛舞：上俗下正。"由此可见，"舞"字作"儛"是唐代中土写本的通俗写法，日文中"舞"字作"儛"，不过是沿用中国唐代前后汉字的习惯用法而已[①]。《甘肃藏敦煌文献》编者以之作为本卷系日本写经的一个重要依据，那显然是靠不住的。

甘博058号《大佛顶如来密因修正了义诸菩萨万行首楞严经卷第六》叙录中说："本卷'整'字用武周新字写法，可知是为武周时期的写本。其中'世'字不减笔，说明'唐时避讳之法令

---

① 六朝碑刻中已见增加人旁的"舞"字。《大般涅槃经》卷一一（《中华大藏经》影印金藏广胜寺本）："说是语已，踊跃欢喜，或歌或儛。"亦用"儛"字。

本宽'。"按：据董作宾、王恒余《唐武后改字考》(《"中央研究院"历史语言研究所集刊》1963年第34本下册)、张勋燎《武周新字研究》(《古文献论丛》，巴蜀书社1990年版)、王三庆《敦煌写卷中武后新字之调查研究》(台湾《汉学研究》1986年第4卷第2期)等文研究，武周改字有照、星、年、臣、人、君、载、初、证、圣、授、月、日、天、地、正、国凡17字。而未闻武周改字有"整"字一说。查上揭写经有"阿难整衣服"一句，其中的"整"字原卷作"憗"形，乃"整"的常见俗字(《干禄字书》："憗整：上俗下正。"参看拙著《敦煌俗字研究》下编《敦煌俗字汇考》"整"字条)，而与武周新字无涉。又同一写经有"照""地""人""证"等字，这些原本应改用的字却无一作武周新字，这也就反过来证明本卷决非武周时期的写本。又本卷"民"字数见(如"上品魔王，中品魔民，下品魔女"，又"我灭度后，末法之中多此魔民，炽盛世间"等)，亦不缺避。所以，本卷的抄写时间恐怕有重新加以考虑的必要。

另外还有一些更细小的问题，如"重複"误作"重復"，"前後"误作"前后"，"于右任"误作"於右任"(原书用繁体字排印)，等等，这里就不一一罗列了。

（原载《敦煌研究》2001年第1期；《甘肃藏敦煌文献》，段文杰主编，甘肃人民出版社1999年出版）

吐鲁番出土文献整理的典范之作
——评《新获吐鲁番出土文献》

19世纪末以来，我国的新疆吐鲁番地区陆续出土了大量晋唐时期的古代写本文献，内容丰富多彩，从而形成了一门与敦煌学比肩的国际显学——吐鲁番学。早期吐鲁番学的研究是零星进行的，但随着考古发掘的进行，尤其是自20世纪50年代新疆科考队对吐鲁番古墓葬群的科学考察以来，吐鲁番古墓葬群源源不断地向我们奉献新材料，不断地推动吐鲁番学的进一步发展。与此同时，对吐鲁番出土文书的整理亦成为一项重要的工作。20世纪70年代起，以唐长孺先生为首的吐鲁番出土文书整理小组整理了1959—1975年出土的吐鲁番文书，先后出版了10册录文本的《吐鲁番出土文书》和4册图录本的《吐鲁番出土文书》，成为国内外研究吐鲁番文书的重要依据；其后柳洪亮先生的《新出吐鲁番文书及其研究》公布了20世纪70年代末到80年代之间新出土的文书；陈国灿先生整理的《斯坦因所获吐鲁番文书研究》和《日本宁乐美术馆藏吐鲁番文书》等也相继出版，这些文书的整理工作推动着吐鲁番学走向一个又一个高峰。

新的材料是一门学问保持生命力的重要推力。吐鲁番地不爱宝，近十年来，又陆续出土了一批新的文献，加上征集到的，总数达300多件，从而形成了由荣新江、李肖、孟宪实三位先生主编的《新获吐鲁番出土文献》（以下简称《新获》，凡引该书者，在引文后括注页码，不再出注说明）。这是吐鲁番出土文献整理的典范之作，是吐鲁番学研究新的里程碑。

《新获》收录了1997—2006年在吐鲁番阿斯塔那、巴达木、洋海、木纳尔、台藏塔等地发掘及少量征集到的文献，在时间上属于十六国到唐时期。笔者粗览一遍，觉得这部书有以下几个特点。

一、图版彩印，原件直观清晰

《新获》8开本上下2巨册，硬封精装，图文对照。与以往吐鲁番出土文书整理本不同的是，《新获》文献图版均用彩印，即原件图版是以彩色照片的形式展现出来的，这就给研究者提供了一个非常直观的原文书的真实面貌。由于出土的写本文献中有些地方是用朱笔书写或改订过的，以往的整理本因为都是黑白印刷，朱笔文字难以显现，因此只能在注释中说明，不够直观，容易发生混淆，甚至错漏，给研究带来很多不便。《新获》图版彩色印刷则避免了这个问题，使得每一件文书都几乎以原貌（有时甚至是超过原貌）展现在了读者面前。彩色印刷带来的另一个好处是，文书中的字形笔画比以往清楚好认了。我们知道吐鲁番文献都是古代写本文书，书手的文化层次参差不齐，随意性较强，其中有着大量的俗字异体，这也是整理者和研究者所要面对的第一个难题。以往的整理本虽然也有图版照片，但因为都是黑白的，有些本来就不是很清楚的图版拍成黑白照片，再印刷出来，其上的文字就越显模糊了。还有些字本来就写得不太规范，笔画粘连，黑白照片上就成了黑黑的一团，难以辨认。而《新获》采用彩色图版后则在很大程度上改善了这个问题，照片色彩分明，文字笔画清晰，易于辨认，为文书的正确释读奠定了基础。

二、体例完善，信息丰富完整

《新获》收录的文书，与以往的整理本相同，也是以墓葬为单位按年代先后排列；每件文书据内容加以定名并作题解；文书据原件按行录写，以保持与原文一致；等等。本书的独特之处在于：首先，吐鲁番文书多拆自古代墓葬的随葬品，所以文书多残碎破损，以往的整理本只录拆出的文书，但《新获》却将墓地实景以及墓葬中发掘出的能够说明文书来源的文物，如纸帽、纸鞋、木偶等，都拍摄照片置于同墓文献之首，这是首次将发掘文物和相关文献同列，使得所得文书的原貌更加形象直观，让读者有身临其境的感觉；其次，《新获》对出土的长篇文书，均将缀合后的完整图版缩小后置于该件文书之首，有助于读者了解这件文书的全貌；再次，《新获》在书后附录了人名、神名、地名、文献编号索引，极大地方便了读者对文书内容的查找和比较研究。另外，本书定名为《新获吐鲁番出土文献》，不再囿于"出土文书"的范围，突破了以往只收录纸质文献并且是汉文纸质文献的限制。《新获》不仅收录纸质文献，还收录墓志墓表；不仅收录汉文文献，还收录少数民族文献。也就是说，同墓出土的所有文献都在收录范围之内，这就给研究者提供了很大的方便，有助于读者了解整个墓葬的全貌。单就墓志而言，以往纸质文献和墓志都是分开整理单独成书的，但实际上这两种文献是分不开的，墓志是判断墓葬年代的重要依据之一，也是分析研究同墓纸质文献的重要佐证，两者放在一起利于相互对照研究。

三、图文对照，录文审慎准确

出土文献的整理出版既是为了公布考古发现的新材料，也是为了给研究者提供一个相对可靠的研究文本。因此，对所整理文献释录的准确性就成了判断整理工作质量高低的重要标尺之一。如上所说，吐鲁番文献中有着大量的俗字异体，券契等社会经济文书中还有许多当时的口头语词，文献的抄写也有不少殊异于后世刻本的特点，这些都给整理工作带来了特殊的困难。《新获》

在吸取以往文书整理工作的经验和成果的基础上，在追求录文的准确性方面作出了艰苦的努力。为保证录文的质量，课题组在多次实地考察、目验原件和组织读书班释读的基础上，又专门邀请朱雷、陈国灿、王素等顶尖的吐鲁番学专家和一些文字学家一起进行会读。笔者有幸作为受邀者之一，躬逢其盛，亲身经历了各方面的专家为一字一句的修订而热烈讨论的情景。正是这种精益求精、一丝不苟的治学态度，使本书的文字释录达到很高的水平。尤其是在一些疑难俗字的处理上，体现出了整理者很强的识断力。如2004TBM245：1《麴氏高昌延寿九年（632）六月十日康在得随葬衣物疏》："白绫褶袴一具，白绫衫袴一具。"（第101页）查"袴"字图版分别作"袄""袄"形，就字形而言，原字可隶定作"袄"。但"袄"字《说文·衣部》云"袭袄也"，指衣前襟，义不合，此"袄"实为"袴"字俗讹。"夸"字隶变亦作"李"，与"夫"字形略近。72TAM205：2《高昌重光元年（620）缺名随葬衣物疏》："白绫褶袴一具。"[①]"袴"即"袴"。又《碑别字新编》引《隋萧玚墓志》中"袴"字亦作"袆"形。今本《玉篇·衣部》："袄，方于切，袭袴也。"据上引《说文》，"袭袴"当作"袭袄"，这个"袴"则是"袄"的讹字（胡吉宣《玉篇校释》已改正），可证"袄""袴"二字确实形近易误。另外，据我们调查，在吐鲁番出土的随葬衣物疏中"褶袴一具"的说法出现了

---

① 唐长孺主编：《吐鲁番出土文书》第1册，北京：文物出版社，1992年，第360页。以下引该书者简称《唐吐》，在引文后括注页码，不再逐一出注说明。

十三次，"衫袴一具"出现了八次，都是衣物疏中的习语，然而却别无作"褶袄"或"衫袄"者，可见整理者把"袄"定作"袴"是正确的。当然，从技术处理上来说，此字如果先录作"袄"，再括校作"袴"，更容易让读者信服，这样效果也会更好些。

又如2004TMM102：4《唐显庆元年（656）宋武欢移文》："根袴一具，㵗衫一领。"（第105页）其中的"㵗"字本书括注校作"汗"，极是。《汉语大字典·水部》收有"㵗"字，云："地名用字。清顾炎武《天下郡国利病书·北直二·关支》：'兴州后屯前屯二卫㵗石仓，义谷吴家桥二仓。'"《中华字海》称"㵗"字"音未详"。其实这个"㵗"亦为"汗"的俗字，"㵗石仓"即"汗石仓"（《明会典》卷十六《诸司执掌·四川清吏司》有"汗石桥仓，汗石桥南仓"，可以比勘）。据本书的括注，连带解决了大型字典中的疑难问题，一举两得，本书校录水平之高，由此可见一斑。

四、校理按断，富于发明创见

本书在文献整理过程中，不但采取了读书班、专家会读等集思广益的好办法，还把文献整理和研究结合起来，在整理的基础上开展研究，通过研究反过来又提高了整理的质量。整理者意识到"只有做深入的研究，才能发现录文中存在的问题"（本书卷首《新获吐鲁番出土文献概说》），所以在本书录文过程中和稿本全部完成后，编纂小组成员根据各自的研究特长，撰写了10多篇相关的学术论文，不但通过研究发现了原来没有注意到的问题，纠正了原来的一些疏误，保证了校录文本的可靠可信，而且融进了整理者自己的许多研究心得，在定名、缀合、断代、校勘等方面都有很多自己的创获。如2006年征集的《唐龙朔二、三年（662、663）西州都督府案卷为安稽哥逻禄部落事》（第309页），原为36件文书残片，编者根据字体、纸质、文书形状等因素，经过比较分析，确定这些残片系同一案卷所撕裂，可以缀合成相对完整的五组，并通过与其他相关文献的比勘，推知原件记载的是西州哥逻禄部落破散事宜，这是史籍中没有记载的西域史上的一件大事，意义重大。诸如此类，原书的前言、题解甚至注释中都闪耀着整理者思想的光芒。可以说，本书既是一部吐鲁番出土文献整理的典范之作，也是一部高水平的研究著作。

当然，由于吐鲁番出土文献整理特殊的复杂性，本书的文本校录也存在一些可斟酌之处。如下面的例子：

2004TAM396:14背面《唐开元七年（719）洪奕家书》："洪奕今身役苦，终不辞，唯愁老彼。今者关河两碍，夙夜思惟，根（恨）不自死。"（第16页）其中的"唯愁老彼。今者关河两碍"文义不顺。查原文图版，"今者"本作"年灵"，实为"年老"二字。原件"今"字多处出现，字形笔势皆清晰可辨，如上文"洪奕今身役苦"的"今"原卷作"今"，与"年"字字形明显不同。又"唯愁老"的"老"字原卷作"老"，"灵"应即"老"字之变。

《干禄字书》载"老"字俗作"**耂**",可以比勘。故此句应该校读作:"洪奕今身役苦,终不辞,唯愁老彼。年老,关河两碍。夙夜思惟,根(恨)不自死。"

又2004TAM408:17《令狐阿婢随葬衣物疏》:"故落(绿)綪结发一枚。"(第21页)本书注云:"'綪'为'績'之俗写,下同。"按:"綪"字不误。《说文·糸部》:"綪,赤缯也。从茜染,故谓之綪。""綪"就是指红色的丝绸,衣物疏中既以"綪"表颜色,又可指其质地。如59TAM305:8《前秦建元廿年(384)缺名随葬衣物疏》:"绀綪尖一枚。"(《唐吐》第3页)75TKM99:7《建平六年张世容随葬衣物疏》:"故绯结发一枚,故绀綪结发一枚。"(《唐吐》第90页)皆其例。故原文"绿綪结发"是指红绿相间的发带之属。而"績"指缉麻,与文义不谐。

又2004TMM102:4《唐显庆元年(656)宋武欢移文》:"脚靡一具,脚赦一枚。"(第105页)本书"赦"字右部括注"皷"。然"皷"字未见古今字书载录,校者把"赦"校作这样一个来历不明的字,让人费解。考"脚赦"又见于《高昌延寿九年(632)吴牟范随葬衣物疏》:"脚赦一枚。"[①]"脚赦"当校读作"脚遮"。柳洪亮《吐鲁番发现北凉武宣王沮渠蒙逊夫人彭氏墓》一文中称该墓出土的丝织品中有一物"略呈条砖状,长三十厘米、

---

① 本件系由橘瑞超1912年在吐鲁番挖获,据小笠原宣秀《吐鲁番出土的宗教生活文书》一文图版录入,载《西域文化研究》第三《敦煌吐鲁番社会经济资料(下)》,京都:法藏馆,1960年,图版第三〇下。

宽十四厘米、高九厘米，用两层素绢缝制，内填谷物糠皮，置于死者脚后部位"[1]。与该墓出土的随葬衣物疏对照，其中第十五行有"故帛练脚遮一枚"，当即指此物。"脚遮"或简称"遮"，如75TKM99:16《苻长资父母墟墓随葬衣物疏》："故遮一枚。"（《唐吐》第91页）"赦"字《广韵·祃韵》音始夜切，假摄章纽，"遮"字在麻韵，音正奢切，假摄书纽，二字读音相近，"赦"应即"遮"的借音字。另外吐鲁番衣物疏中又有"脚释"，如72TAM170:77《高昌章和十八年（548）光妃随葬衣物疏》："脚释一枚。"（《唐吐》第144页）73TAM113:1《高昌义和四年（617）缺名随葬衣物疏》："鸡鸣枕一，脚释一。"（《唐吐》第332页）"脚释"当指同一物，可参。

又2006TSYIM4:8《北凉缺名随葬衣物疏》："绀夵一枚，帛縺（练）夵一枚。"（第174页）按《广韵·琰韵》以冉切："夵，上大下小。"《集韵·琰韵》："本广末狭谓之夵。"而上揭衣物疏中"夵"的意义恰恰相反，这里的"夵"当为"尖"字之误。"尖"指尖顶帽，衣物疏中常见，如59TAM305:8《前秦建元廿年（384）缺名随葬衣物疏》："绀缯尖一枚。"（《唐吐》第3页）66TAM62:5《北凉缘禾五年（436）随葬衣物疏》："清尖一枚，两当一枚。"（《唐吐》第47页）皆其例。"夵""尖"构件相同而位置相反，写字的人上下位置误易写作"夵"，就让

---

[1] 柳洪亮：《新出吐鲁番文书及其研究》，乌鲁木齐：新疆人民出版社，1997年，第149页。

人不得其解了。

另外书中还有少数手民之误,如21页"故丝襖一枚","襖"乃"鞥"之误;130页"□□□致(苜)菝(蓿)宿",括注"苜蓿"二字错位("苜""蓿"应分别括注在"菝""宿"右侧);等等。此不详列。

(与陆娟娟合写,原载《敦煌研究》2009年第3期;《新获吐鲁番出土文献》,荣新江、李肖、孟宪实主编,中华书局2008年出版)

展示中国敦煌学研究成果的一部力作
——郝春文等著《当代中国敦煌学研究（1949—2019）》读后

1900年6月22日，一个偶然的机会，道士王园禄在敦煌莫高窟第十七窟（俗称藏经洞）发现了约7万号古代写本文献（少量为刻本），震动了整个世界。此后不久，一门世界性的学问——敦煌学——便诞生了。于是，世界各国学者，尤其是一代又一代的中华学人，为这门学问的发展付出了艰辛的努力，作出了独特的贡献，有力推动了国际敦煌学的发展。2019年8月19日，习近平总书记在敦煌研究院座谈时指出：敦煌学是当今一门国际性显学，要"展示我国敦煌文物保护和敦煌学研究的成果，努力掌握敦煌学研究的话语权"；要"讲好敦煌故事，传播中国声音"。郝春文等著《当代中国敦煌学研究（1949—2019）》（以下简称《研究》）一书，就是按照总书记的嘱托，展示中国敦煌学研究成果的一部精品力作。

承蒙郝春文教授的美意,《研究》还没付印之前,笔者就得以快读一过,真是如行山阴道上,有美不胜收之感。限于篇幅,这里只能举其要者,谈三点感受。

一、高屋建瓴,视野宏阔

1909年,伯希和到北京为法国国立图书馆购买汉籍,随身携带了一些1908年他从敦煌掠走的敦煌文献珍本,当时在京的一些著名学者,如罗振玉、蒋斧、王仁俊、曹元忠等,得以参观或抄录、拍照,并进而影印、介绍、研究,从此正式揭开了敦煌学研究的序幕。一百多年来,中国学者在敦煌学的各个领域都取得了骄人的成绩,有关的论著成千上万,多姿多彩。但要在一本几十万字的小书中,把这么多成果加以定位,并给予准确的点评,却不是一件容易的事。本书作者没有简单罗列论著的名称,而是高屋建瓴,把中国敦煌学的发展划分为四个阶段三个时期,即1909年至1949年中华人民共和国成立前为第一阶段,1949年中华人民共和国成立后至1978年改革开放前为第二阶段,1978年改革开放后至2000年为第三阶段,2001年至2019年为第四阶段;其中第一、第二阶段为"敦煌学的兴起及曲折发展"时期,第三阶段为"敦煌学的腾飞"时期,第四阶段为"转型期的敦煌学"。这样的划分,契合我国敦煌学的发展历程,纲举目张,相关的论著就自动找到了各自的位置,其高低得失就不难作出评判了。

同时，由于敦煌学是一门世界性的学问，《研究》介绍的虽是"中国敦煌学研究"，但关起门来自我比较，其成就得失往往不易看清。所以本书作者还会把同一时期国外的敦煌学情况作一鸟瞰式的介绍，以便对国内的敦煌学研究状况有一个准确的定位。如第五章在谈到新时期的社邑研究时，作者首先介绍了日本学者的研究："在敦煌社邑的研究中，日本学者那波利贞是这项课题的开拓者，法国学者谢和耐对社邑的研究在一些方面比那波利贞有所推进，竺沙雅章也发表过有关社邑研究的重要论文。"我们中国学者的研究就是在日本、法国学者研究的基础上向前推进的，所以作者指出唐耕耦等编撰的《敦煌社会经济文献真迹释录》第1辑是当时"国内外对社邑文书的一次最大规模、最细致的整理工作，其释文比那波利贞、竺沙雅章等的释文更接近文书原貌"（第185页）；又指出郭锋的《敦煌的"社"及其活动》"是我国学者专门研究敦煌写本社邑文书的第一篇文章，作者首次向我国学界介绍了敦煌民间结社的情况，其中关于敦煌社邑渊源和唐五代社邑特征的论述比外国学者有所前进"（第186页）。正是由于作者有世界的眼光，掌握的国内外的研究动态都比较全面，因而所作的评论自然就更为准确而全面。

二、评骘论定，实事求是

论著点评是一部学术史著作的重要板块，但由于关涉学术评价，也是最敏感最难写的部分，弄得不好，很容易变成流水账式的内容介绍，评功摆好，千篇一律，被评者皆大欢喜，阅读者索然无味。这样的点评，不能给被评论著正确的评价，自然也无法给读者提供真正有用的信息。本书作者不满足于"简单的论著名称的堆积"，而是强调要"展示敦煌学各个方面的发展脉络"（第519页），对涉及的论著，既肯定其具体贡献，也不回避其局限和问题，而且特别注意其在整个敦煌学发展史上的定位。如第六章在谈到任半塘《敦煌歌辞总编》时说，该书"堪称敦煌歌辞的最丰富结集，为研究者提供了宝贵的资料"，但"由于作者主要依据早年制作的缩微胶卷和文书的黑白图版释录文字，未能查阅原卷，往往将原卷并不存在，而是将自己主观的猜想强加给原文……所以其释文错误较多"（第217页）。又如第二章介绍我国第一阶段的敦煌学研究时说："白话诗人王梵志及其诗歌在这一阶段也得到学界的关注。《敦煌掇琐》首次收录王梵志诗3种。胡适《白话诗人王梵志》，最早讨论了王梵志诗及其作者王梵志的出身及时代。"（第70页）第六章在谈到张锡厚《王梵志诗校辑》时说，尽管学术界对若干诗的作者归属和校释问题提出了一些质疑，"但该书毕竟是国内外对王梵志诗第一次全面的整理辑校，首创之功仍不可没"。又说："新时期最重要成果当推项楚《王梵志诗校注》……该书最大的特点是释文准确，解决了很多以往误读误释的文字，获得国内外学界的高度评价。"但亦指出项书的文字校释也存在疏失，后来"陆续出现了多篇题为读后、匡补、商榷的文章"（第211页）。实事求是，是其是，非其非，不为尊者讳，正是一个纯正的学者应该坚守的风骨，也是一部学术史著作必须秉持的准则。诸如此类，读《研究》一书，我们既可看到许多正面的评价，也可以看到大量中肯的批评，清新之气扑面而来，确实让读者感受到了学术史的脉动。

敦煌学是一门综合性的交叉学科，涉及历史、地理、社会、哲学、宗教、考古、艺术、语言、民族、音乐、建筑、科技等众多领域，而我们每个人专精的领域往往都是有限的，为确保一些评价的准确可靠，本书付排之前，作者还特意约请方广锠、刘进宝、赵声良等审读。承蒙春文教授抬爱，笔者也有幸在受命审读之列，并提供了若干浅见。笔者曾比对了我提出的修改意见和排印的新书，发现大多数意见已被采纳。作者一丝不苟、严谨细致的精神让人感佩。

三、学理分析，引领方向

一部优秀的学术史著作，除了对具体的论著进行客观点评以外，还要善于从更广阔的视野，从总体性、全局性的角度发现问题，分析问题，指出不足，引领学术发展的方向。用作者的话来说，就是要进行"学理分析"，"从理论和方法层面分析写出高水平成果的原因和路径"（第522页）。《研究》在这方面的确也作出了可贵的努力。如第五章在总结新时期社邑研究的成绩时，作者肯定"经过近七十年的努力,学术界在对敦煌社邑文书和中古社邑的研究方面都取得了显著的成绩",但"在研究方面我们还有许多工作要做,比如将敦煌社邑文书与传世文献、石刻资料融会贯通,撰写出贯穿古今的中国古代社邑发展史,就是一项十分重要的工作。此外,我们还可以用新的方法或从新的视角来对这批文书进行深层次解读"(第188—189页)。又同一章谈到这一时期书仪研究的成绩时说:"新时期对敦煌写本书仪的整理和研究虽然成果丰硕,但所做的工作基本属于文献学范畴。"第九章谈到转型期的书仪研究时则说:"21世纪的书仪整理和研究完全实现了转型,将书仪放到魏晋南北朝唐五代的广阔背景下进行考察已经成为主流……在这样的研究范式下,敦煌书仪已经从被整理的文本资料转换成了历史学的研究资料","从文献学的整理到历史学的研究之转变,敦煌书仪是一个很好的个案,可供其他领域借鉴"(第374页)。本书的结语部分,作者更是提出了"用新范式和新视角开辟敦煌学的新领域"的期许。诸如此类的点评,授人以渔,视野开阔,立意高远,引领着敦煌学研究新的努力方向。

(原载《中国社会科学报》2020年12月28日A6版,收入本书时有增补;《当代中国敦煌学研究(1949—2019)》,郝春文、宋雪春、武绍卫著,中国社会科学出版社2020年出版)

提高敦煌文献整理研究水平的当务之急

敦煌遗书的发现，是我国近代文化史上的一件大事，在很大程度上改变了整个中国学术文化研究的面貌。这次发现的文献数量之多，价值之高，影响之大，都是空前的。然而令人遗憾的是，这些文献发现不久，大多被国外的"探险家"劫掠而去，从而给国人的研究带来了极大的困难。最近几十年来，在世界各国学人的呼吁和努力下，世界各国所藏的敦煌文献陆续公布于世。20世纪50年代至70年代，英国、法国和我国先后将各自收藏的大部分敦煌文献摄制成缩微胶卷；20世纪80年代，我国台湾学者又据缩微胶卷编辑影印了140巨册的《敦煌宝藏》；近几年，国内有关部门又据原卷照片影印出版了《英藏敦煌文献（汉文佛经以外部分）》和上海博物馆藏、上海图书馆藏、北京大学藏、天津艺术博物馆藏、浙江藏、甘肃藏敦煌文献，并正在影印出版俄藏、法藏、中国国家图书馆藏敦煌文献，从而为各国学人查阅敦煌文献更清晰的影本提供了条件。

但由于上述出版物都是按各地馆藏流水号影印出版的，没有分类，编排杂乱，读者使用起来很不方便。而且由于敦煌文献主要是以写本的形式保存下来的，其中有着许多殊异于后世刻本的特点，读者阅读困难重重。一般认为，研阅敦煌文献有三大障碍：一是敦煌写本多俗字，辨认不易；二是敦煌文书多俗语词，理解不易；三是敦煌卷子多为佛教文献，领会不易。近一个世纪以来，世界各国研究敦煌学的前辈学者，曾为敦煌文献的校录付出过艰苦的努力，并陆续刊布了一些敦煌文献的校录本，但这种校录往往是零散的、不完整的，而且由于对上列三大难点缺少深入的研究，不少校录著作失误较多。所以不少学者提出，在利用敦煌文献资料以前，必须先"由精于中国文字学，特别是敦煌汉文卷册所有的文字"的学者，"将其加以彻底与通盘的校录"，按比较合理的分类体系重新编排，编纂一部集大成的《敦煌文献合集》，做成像标点本二十四史那样的"定本"，使敦煌文献成为各个学科都可以使用的材料。同时，要大力促进敦煌文献整理研究手段的更新和现代化，在适当的时机编纂一套图（敦煌写卷）文（经过标点整理的录文）对照的电子版的《敦煌文献合集》，使珍贵的敦煌卷子从图书馆走进学者的书房，促进敦煌学研究的深入和普及。另外，还要集中力量对提高敦煌文献校录研究水平的关键性工作——敦煌文献语词（包括俗语词和佛教词汇）和俗字研究进行攻关。蒋礼鸿先生的《敦煌变文字义通释》是敦煌俗语词研究方面的奠基之作，在海内外学术界享有很高的声誉。但蒋书所释基本限于敦煌变文。后来蒋先生主编的《敦煌文献语言词典》范围虽有所扩大，但视角仍过于狭窄。应该把范围拓展到敦煌社会经济文书、佛经等所有敦煌文献，并与同一时期的其他传世文献相比勘，追源溯流，上下贯通，编撰一部规模更大、收词更广的《敦煌文献语言大词典》，使其成为研阅敦煌卷子及其他古代文献的重要工具书。敦煌俗字研究方面，虽已有潘重规主编的《敦煌俗字谱》和张涌泉的《敦煌俗字研究》（其下编为《敦煌俗字汇考》），但潘书取材过窄（仅收台湾等地所藏的敦煌卷子178种）；张著所考以敦煌辞书中的俗字为主，大量敦煌文献中的俗字则仍有待继续搜求考讨。有必要在《敦煌俗字汇考》的基础上，编纂集大成的《敦煌俗字典》，进一步扩大收字范围，并与传世碑刻及其他写本、刻本古籍中的俗字材料相比勘，上串下联，勾勒出每一个俗字异体的来龙去脉。我们相信，这些课题完成以后，将大大提高敦煌文献整理研究的水平，推出一批无愧于我们这个时代的超越前人的研究精品。

（原载《光明日报》2000年9月5日C2版，收入本书时有增补）

敦煌变文整理之展望

公元1920年4月，王国维在《东方杂志》发表《敦煌发见唐朝之通俗诗及通俗小说》一文，其中有"季布歌""孝子董永传""目连救母""李陵降虏"及"唐太宗入冥小说""伍员入吴小说"等与变文相关的作品多种，从而正式揭开了敦煌变文研究的序幕。九十多年来，敦煌变文的研究始终是整个敦煌学研究中最为热烈且成绩最为突出的领域之一，并且出现了《敦煌变文集》《敦煌变文集新书》《敦煌变文选注》《敦煌变文校注》等一些集大成之作，颇为世人所瞩目。但由于种种原因，变文的研究也还存在一些不足，或者说还有不少可以继续努力的方向。在这篇短文中，我们仅就变文整理方面可进一步拓展的工作谈一点想法。具体而言，我们认为变文整理中以下几个方面是应需继续努力的（限于篇幅，每类仅各举一二例加以说明）。

一、增补

1954年，周绍良编《敦煌变文汇录》，收录变文作品38篇，这是我国第一部规模较大的敦煌变文专集。

1957年，王重民、王庆菽、向达、周一良、启功、曾毅公六位先生合编《敦煌变文集》，该书根据国内外公私收藏的187个写本，详加校勘，整理出变文作品78篇，是当时变文辑本中最丰富的一部。

1984年，潘重规推出新一代的敦煌变文集——《敦煌变文集新书》，该书以《敦煌变文集》为基础，校正了原书的一些录文错误，增加了伯4980号《秋吟一本》、台北"中央图书馆"藏《盂兰盆经讲经文》、日本龙谷大学藏《悉达太子修道因缘》和原苏联列宁格勒藏《押座文》《双恩记》《维摩碎金》《维摩诘经讲经文》《十吉祥讲经文》等8篇。

1997年，中华书局出版黄征和笔者主编的《敦煌变文校注》，在潘书的基础上增加俄罗斯藏《须大拏太子好施因缘》、《妙法莲华经讲经文》（2种），斯2440号《太子成道吟词》，日本宁乐美术馆藏《八相变》等，并对原有的一些篇目作了调整，删除了《下女夫词》《秋吟》《搜神记》《孝子传》4种不属变文的作品，实收86篇。

其中《敦煌变文校注》后出，所收最为完备，且汇集众说，校勘精细，是后来学术界参考引用最多的本子。但由于当时敦煌文献大多还没有完全公布，所以遗漏仍是免不了的。近些年，随着世界各地的敦煌藏卷陆续公之于世，尤其是俄藏敦煌文献的全部公布，学术界又发现了一些新的变文写本。例如《破魔变》残卷：

俄敦410号＋俄敦409号…①俄敦5853号＋俄敦5802号…俄敦6043号…俄敦10737号＋俄敦11139号，该卷凡七号，黄征把它们分作以下四组：

（一）俄敦410号＋俄敦409号，俄敦409号仅存4残行，《俄藏敦煌文献》拟题"赞文"；俄敦410号存9残行，《俄藏敦煌文献》拟题"变文"。黄征指出该二号乃《破魔变》残卷，可以完全缀合；该二号是与《敦煌变文校注》所收《破魔变》乙卷斯3491号较为接近的另一抄本。

（二）俄敦5853号＋俄敦5802号，该二号《俄藏敦煌文献》已缀合（俄敦5853号《俄藏敦煌文献》附列在俄敦5802号之下，但此二号卷号与图版的对应关系不明，根据我们后来自购的彩色照片编号，可知右侧较小残片为俄敦5853号，左侧较大残片为俄敦5802号），未定名。黄征指出该二号乃《破魔变》残卷，而且字体特征与上一组完全一致，应为同一抄本的不同碎片。但这两组碎片内容上不衔接，比较《敦煌变文校注》所收《破魔变》，其间缺120多字。

（三）俄敦6043号，该号仅存8残行，《俄藏敦煌文献》未定名。黄征指出该号乃《破魔变》残卷，但字句与《敦煌变文

---

① "…"表示遥缀。

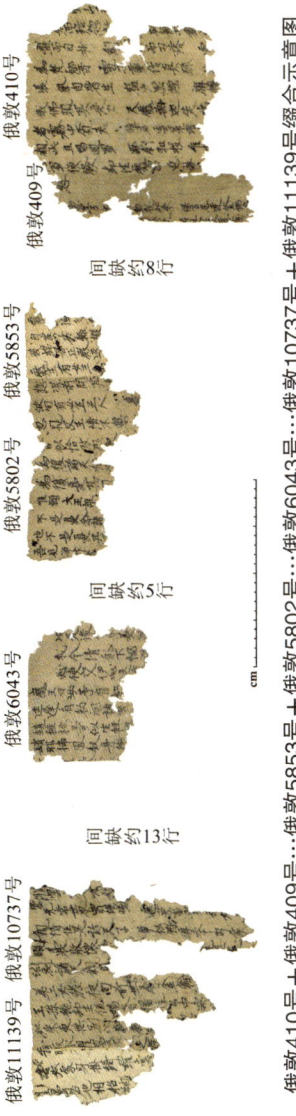

俄敦410号＋俄敦409号…俄敦5853号＋俄敦5802号…俄敦6043号…俄敦10737号＋俄敦11139号缀合示意图

校注》所收《破魔变》颇有异同，应为一个内容相异的传本。

（四）俄敦10737号+俄敦11139号，俄敦10737号存9残行，俄敦11139号仅存3残行，《俄藏敦煌文献》均未定名。黄征指出该二号乃《破魔变》残卷，可以完全缀合。但字句与《敦煌变文校注》所收《破魔变》亦颇有不同，应为一个内容相异的传本。①

张新朋认为后三组行款相近（散文行17字左右，韵文行14字），书风相近，字体相类，且内容不相重复，乃同一写卷之裂，可以缀合。②

综合黄征、张新朋二家之说，则以上四组实皆为同一写卷的残片，可以缀合，每组之间不能完全衔接，而分别有5—13行左右的残缺。《敦煌变文校注》所收《破魔变》凡两个底本，即伯2187号和斯3491号，二者互有差异。而前揭写卷缀合的文本与这两个写卷又有不同，是继二者之后另一个系统的抄本。

另外，荒见泰史近年来专注于敦煌写本中"故事纲要本"的辑录和研究，成果丰硕。他认为这些"故事纲要本"与讲唱文学关系密切，很可能就是变文、讲经文取资的对象。所以今后敦煌变文的增补和校勘也应该注意这方面的材料。

---

① 黄征：《〈破魔变〉残卷考证》，张涌泉等编：《汉语史学报》第3辑《姜亮夫、蒋礼鸿、郭在贻先生纪念文集》，上海：上海教育出版社，2003年，第348—357页。
② 张新朋：《〈孟姜女变文〉〈破魔变〉残片考辨二题》，《文献》2010年第4期。

二、缀合

由于人为的或自然的原因，敦煌文献中一个写卷撕裂成两件或多件的情况屡见不鲜，乃至四分五裂，身首异处，给整理和研究带来了极大的困难。变文写本同样有撕裂的问题，对此，我们的前辈学者业已有所留意。如刘复编《敦煌掇琐》（"中央研究院"历史语言研究所专刊1925年版），其中的伯2648号、2747号均为"季布歌"[①]，编者于伯2747号之首云："此颇似后文2648

伯2648号（前部） 伯2747号（后部）

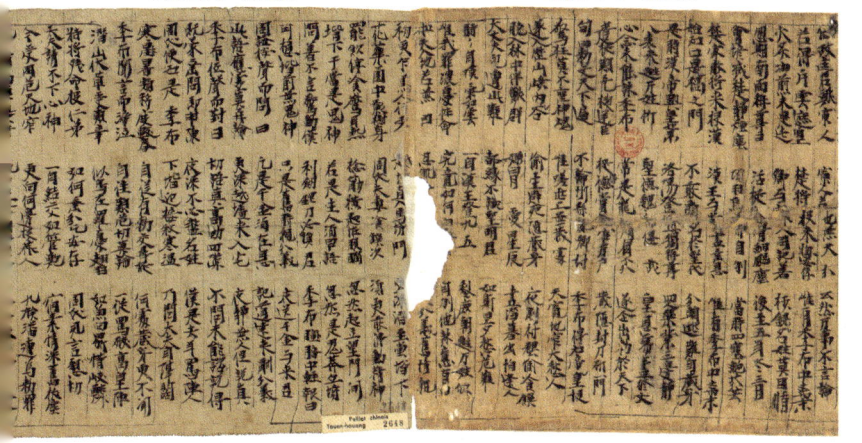

伯2747号（后部）＋伯2648号（前部）缀合图

---

① 该二号与《敦煌掇琐》所载的另一写卷伯3386号亦可缀合，后者存尾题"大汉三年季布骂阵词文一卷"，当据以定名。

号之头段，两号原本纸色笔意并排列行款均甚相似，疑一本断而为二，中间复有缺损。"刘氏疑伯2648号、2747号系"一本断而为二"，极是，二本衔接处原文应为"自刎他诛应有日，冲天入地苦无因。忍饥〔受渴终难过，须投〕分义旧情亲。初更乍黑人行少，越墙直入马坊门"等句，其中伯2648号首行"黑人行少越墙"6字的右侧缺画被割裂在伯2747号末尾，二卷缀合后前5字可得其全，所缺仅"受渴终难过须投"7字而已。

但由于写卷的缀合必须在看到原卷或影印本的基础上才能进行，而以往在这方面颇受限制。现在随着各家馆藏敦煌文献的基本公布，我们就有可能在类聚相关材料的基础上，经过综合比较，反复比对，推进完善这方面的工作。变文写本同样如此。如下例：

斯8167号，该号为一残片，存17残行，倒数第四行有"弟一世间医偈"字样，《英藏敦煌文献》拟题"押座文""第一世间医偈"。友生李小荣博士以为并非押座文，而是讲述鸠摩罗什译《维摩诘所说经·佛国品》的《维摩诘经讲经文》，他说："据业师张涌泉先生见告，从字迹判断，斯8167号与斯4571号当为同一抄手所书。但两卷文字并不相同……可见斯8167号是另一系统的《维摩诘经讲经文》。"①

今考此残片与斯4571号《维摩诘经讲经文》确为同一抄手所书，而且就是从后者掉落下的一片，可以完全缀合（其中斯8167号残片第三行"行行烈〔列〕座前"句后3字、第十六行

---

① 李小荣：《敦煌变文作品校录二种》，《敦煌学辑刊》2002年第2期。

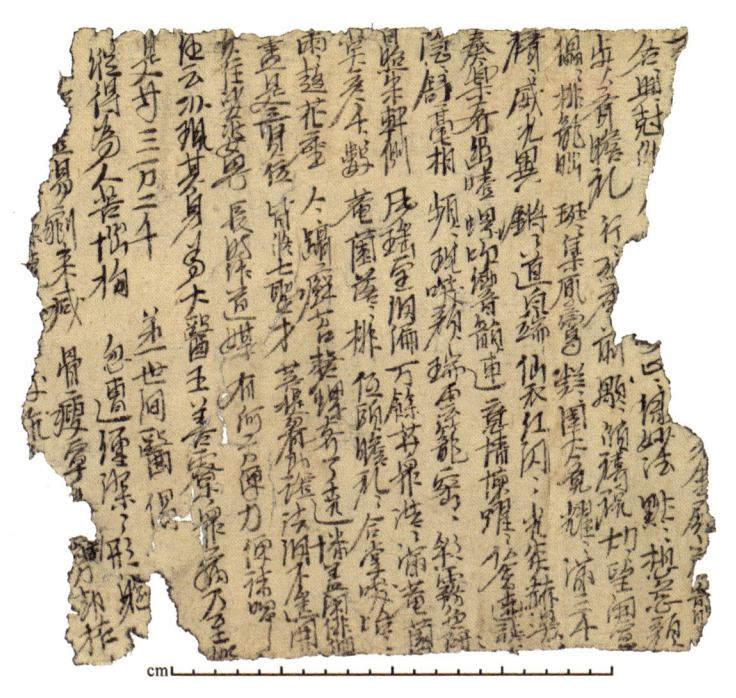

斯8167号《维摩诘经讲经文》残片

"眼深岂易剜来减"句前3字均有若干残笔在斯4571号,缀合后则密合无间)。所谓"弟一世间医偈"当校读作"弟一、世间医〔王,善疗众病〕。偈"。"偈"字后用冒号,领起其下韵文八句。与下文"弟二、世间父母忧其男女病。偈"云云格式正同,都是演绎上文所引用的经文"以现其身,为大医王善疗众病"云云之意。《英藏》以之为篇题是完全站不住脚的。

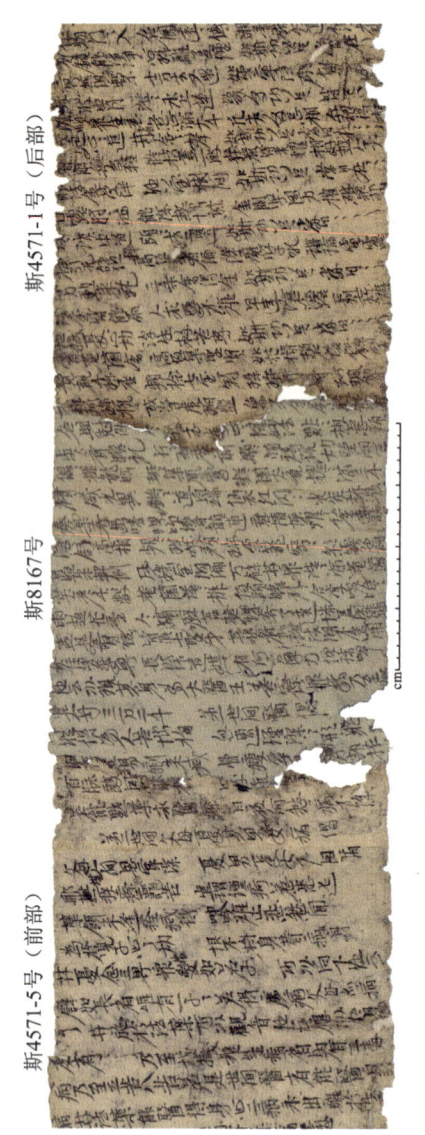

斯4571号＋斯8167号《维摩诘经讲经文》缀合图

要注意不同馆藏或藏家残卷的缀合。最近正在陆续影印出版的日本武田科学振兴财团杏雨书屋所藏原羽田亨藏敦煌写本（来源于清末李盛铎旧藏）《敦煌秘笈》，就颇有可与其他馆藏藏品缀合者。这里试举一例：

《敦煌变文校注》中《大目乾连冥间救母变文》一篇，参校本中有伯4988号背一种，可惜仅存34行，且前后6行皆有残缺。该号正面为《庄子·让王篇》残卷，亦仅存28行，前后5行皆残缺。最近检阅《敦煌秘笈》第一册，其中有羽19号残卷一件，正面存33行，前5行下部有残缺，编者拟题《庄子·让王篇》；背面存42行，前6行上部和末行有残缺，编者拟题《大目乾连

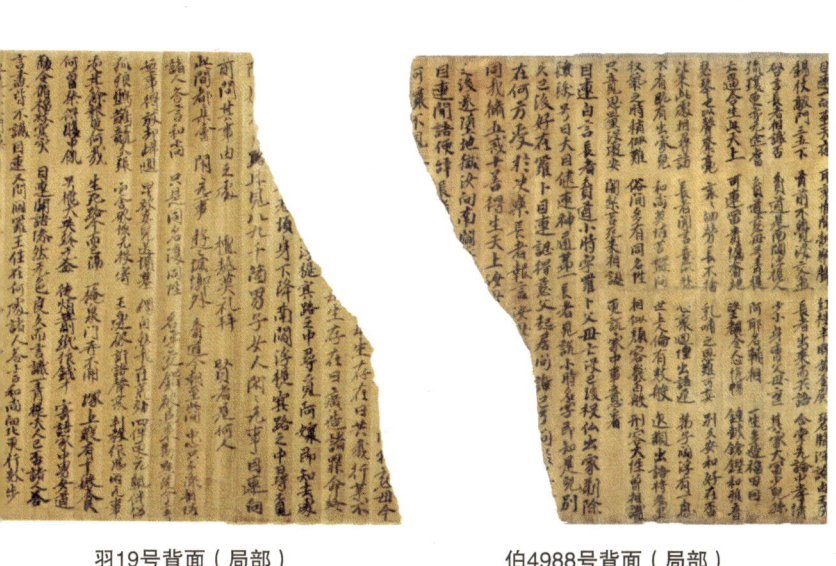

羽19号背面（局部）　　　　　　伯4988号背面（局部）

羽19号（前部）　　　　　伯4988号（后部）

伯4988号＋羽19号正面缀合图（局部）

羽19号背（前部）　　　　伯4988号背（后部）

伯4988号＋羽19号背面缀合图（局部）

冥问救母变文》("问"应为"间"字误排)。[1] 以之与伯4988号比观,发现二者内容先后相接,行款字体全同,可以确定乃一卷之撕裂。伯4988号后部的残行正好可与羽19号前部的残行完全对接。二号缀合后,缀接处密合无间,真正可以说是天衣无缝。

三、定名

变文写卷大多残缺不全,没有题名者不在少数;即使相对完整的文本,也常有缺题的情况;部分写卷虽有题名,但也每每存在题名歧异的情况。现已刊布的变文大多数已经拟定了题目,但这些题名是否准确不无可商;一些新发现的疑似变文残片的定名也存在争议。例如:

斯6836号,首尾俱全,卷首无题,但卷末有"叶净能诗"字样,《敦煌变文集》据以题全篇作"叶净能诗",《敦煌变文选注》《敦煌变

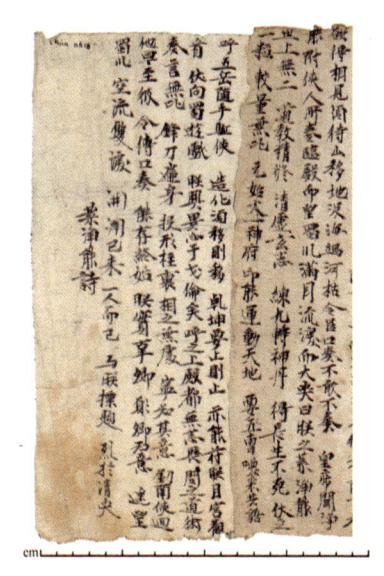

斯6836号"叶净能小说"尾部

---
[1] 《敦煌秘笈》复印件第1册,大阪:武田科学振兴财团,2009年,第166—170页。

文集新书》等各家从之。但以体裁而言，原文非诗，而属话本小说，故论者或致疑焉。任二北、胡士莹以原题为"叶净能传"之误；李正宇又以为"叶净能书"之误，《英藏敦煌文献》从之。其实原卷尾题"叶净能诗"乃仅指卷末"朕之叶净能，世上无二"以下一段诗赞而言，而非全篇标题。[1]《敦煌遗书总目索引》拟题"叶净能小说"，黄永武《敦煌遗书最新目录》《敦煌遗书总目索引新编》从之，恐怕是不无道理的。

又如斯8466号＋斯8467号，前号为残片，存26行，每行下部残泐；后号亦为残片，存23行，每行上部残泐；《英藏敦煌文献》已拼合为一纸，但上下相对位置未调整；宁可据下片第二十一行末句"壮卒提戈行"当与上片第二十六行"幽塞"为一句，谓上一片的第五行与下片的首行残字相对[2]，极是。二号拼合后，每行盖分上下栏，每栏抄一联10—14字，上下栏间残泐2—4字不等；首尾缺，中有"赠祷（擣）练篇一首"字样。荣新江拟题"孟姜女变文（？）"，云："内容为七言通俗诗，记为征夫制寒衣事。据文中'榆林长城''秦王'等词，推测为《孟姜女变文》的前半。"[3] 张鸿勋据荣说又进一步加以坐实[4]。《英藏敦煌文献》拟

---

[1] 参看黄征、张涌泉校注：《敦煌变文校注》，北京：中华书局，1997年，第341页注1。

[2] 宁可：《敦煌遗书散录二则》，季羡林等主编：《敦煌吐鲁番研究》第一卷，北京：北京大学出版社，1996年，第315—319页。

[3] 荣新江编著：《英国图书馆藏敦煌汉文非佛教文献残卷目录》，台北：新文丰出版公司，1994年，第94页。

[4] 张鸿勋《新发现的英藏"孟姜女变文"校证》，《敦煌俗文学研究》，兰州：甘肃教育出版社，2002年，第245—259页。

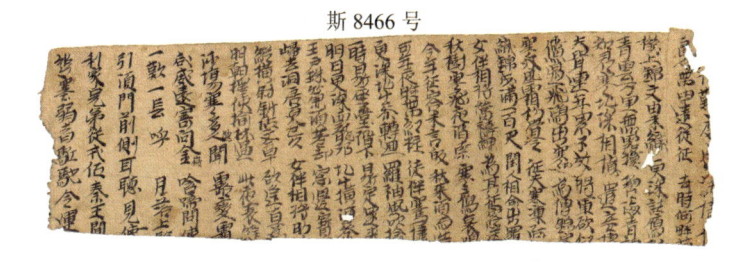

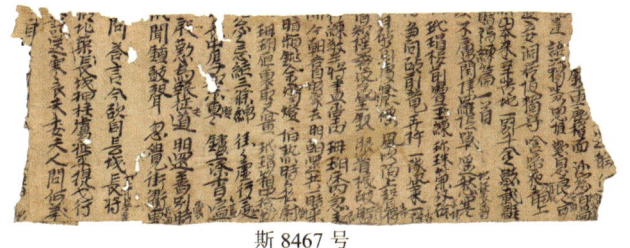

斯8466号＋斯8467号"孟姜女诗"缀合图

题"孟姜女诗"。项楚定作"闺怨诗"，云："从残诗的语言风格看，不像是民间作品，而像是初唐骆宾王、卢照邻、刘希夷一类人的长篇歌行一体。"[1]考该二号残存部分全为韵文（张鸿勋以为夹有散文，不确），这和伯5039号等卷所存《孟姜女变文》韵散结合的体例明显不同；语言上也更接近文人作品。在缺少进一步的证据之前，把它定作《孟姜女变文》恐怕是不合适的。

---

[1] 项楚：《敦煌诗歌导论》，成都：巴蜀书社，2001年，第79—82页。

四、补校

变文写本源自民间，记以口语，有大量"字面普通而义别"或"字面生涩而义晦"的俗字、俗语词，同时夹杂有许多含义不易把握的佛教术语或佛教哲理，抄手抄写时又使用了形形色色的标记符号，从而给今人整理和阅读带来了重重障碍。经过数以千计的学者的共同努力，现在这些障碍多已扫清，并且出现了《敦煌变文集新书》《敦煌变文选注》《敦煌变文校注》这样一些集大成的整理之作。但由于种种原因，变文校勘整理中遗留的问题仍然不在少数。具体而言，补校工作包括以下二端。

（一）进一步核对原卷

当年我们撰作《敦煌变文校注》，曾经核对过绝大部分写本的缩微胶卷或《敦煌宝藏》的影印本，但也有少量写本因缩微胶卷、影印本效果不佳或没有缩微胶卷及影印本而只能沿用原有的录文，如《敦煌变文校注》卷一《孟姜女变文》所据底本为伯5039号和伯5019号，校记第一条云："今查伯5039胶卷，一片漆黑，不见字迹，复查《敦煌宝藏》该卷，照片极为模糊，但隐约可辨数字。又查伯5019胶卷，勉强可读，但原卷卷面甚暗。"又如卷四《降魔变文》，《敦煌变文集》所据原卷第二段"在国内"，乙卷为"罗振玉旧藏"，《敦煌变文校注》因其"下落不明，无从校读"。诸如此类没有核对过原卷的变文，总让人放心不下。现在绝大部分敦煌写本都有了影印本（有的网上还公布了彩色照片），那些当年看不到的变文原本也陆续公之于世，从而为我们校核原文创造了条件，那些因缩微胶卷不太清晰而存疑的字句也可以进一步得出结论。另外如上文所说，还有一些新的变文写本被发现，为原有文本的校勘提供了新的线索。例如：

石谷风《晋魏隋唐残墨》载"唐大目乾连冥间救母变文残段"三段[1]，分别存12行、13行、4行，行25字左右。王继如指出此三段为同一写本之撕裂，应缀合为第一段＋第三段＋？＋第二段，第一段和第三段可以直接相连，第三段和第二段之间则缺七言韵文21句（据《敦煌变文校注》）。[2] 这是一个和此前已公布的《大目乾连冥间救母变文》不同的抄本，可纠正它本的不少错误。对此王继如文已有详说，这里仅举一例：《敦煌变文集》所据底本斯2614号云："愿和尚捕（菩）提涅盘，寻常不没。运载一切众生智惠钮勤磨不烦恼林而诛**威**行普心于世界，而（如）诸佛之大愿。"这段话又见于伯2319号，文字略同。其中的"捕"字各家校作"菩"是对的，本卷正作"菩"。这里最麻烦的是"智惠钮"以下24字的校读。《敦煌变文集》校读作"运载一切众生智惠钮，勤磨不烦恼林，而诛（诸）威行普心于世界"；《敦煌变文集新书》"钮"改录作"剑"，余同；《敦煌变文选注》校读作"运载一切众生，智惠剑勤磨，不烦恼林，而诛威行普心

---

[1] 《晋魏隋唐残墨》，合肥：安徽美术出版社，1992年，第69—71页。
[2] 王继如：《别本〈大目乾连冥间救母变文〉研究》，《敦煌研究》1998年第3期。其主要观点又见氏著《敦煌变文研究尚有可为》，载张涌泉等编：《汉语史学报》第3辑《姜亮夫、蒋礼鸿、郭在贻先生纪念文集》，第359—361页。

于世界",而于后句下校云:"这段话有脱误,俟再校。"[1]《敦煌变文校注》校读作"运载一切众生,智惠剑勤磨,不烦恼林而诛,威行普心于世界",而疑"不"字为衍文。"钊"字《敦煌变文集新书》《敦煌变文选注》及《敦煌变文校注》校作"剑"是对的,本卷正作"剑"。"威"字王继如指出应是"威"字之误,"威"为"灭"字初文,本卷正作"灭",其字应属上读。至如"不"字则并非衍文,王继如指出应从本卷作"拂",而谓"拂"读作"刜",斫也;作"不"者则为"拂"字音讹。本卷作"拂"无疑是正确的,不过此字不当如王说属下读,而应属上,读作"运载一切众生,智惠剑勤磨拂,烦恼林而诛灭,行普心于世界"[2],"磨拂"为拂拭义,乃近义复词。斯2922号《韩朋赋》:"唯有一毛羽,甚好端正。宋王爱之,遂即磨拂[其]身,大好光艳(色)。唯有项上未好,即将磨拂项上,其头即落。"亦用"磨拂"一词[3],义同,可以比勘。上揭《大目乾连冥间救母变文》短短的一段话,斯2614号等本竟有四处错误,以致注家蜂起,纷纭不定。今得本卷,则误者得正,校者之疑虑亦可以一扫而空矣。

---

[1] 项楚:《敦煌变文选注》,成都:巴蜀书社,1990年,第673页。该书增订本"不烦恼林而诛威"7字已据石谷风本校改作"拂烦恼林而诛灭"一句。

[2] 方广锠《〈晋魏隋唐残墨〉缀目》已有正确的读法,但方文未给出理由,亦未能指出王继如文对此三卷缀合和校读的贡献。方文载《敦煌吐鲁番研究》第六卷,北京:北京大学出版社,2002年,第323—325页。

[3] 伯3873号《韩朋赋》"磨拂"作"摩弗","弗"为"拂"字省借,"弗""不"音义皆近,敦煌写本中每多混用,这或许正可揭示《大目乾连冥间救母变文》"拂"何以异本得以讹作"不"的真实原因。

(二)纠正误校误说

由于种种原因,《敦煌变文集新书》《敦煌变文选注》《敦煌变文校注》等整理本都存在着或多或少的错误。如下面的例子:

《敦煌变文校注》卷二《舜子变》:"不经两三日中间,后妻设得计成。妻报瞽叟曰:'妾见后院空仓,三二年来破碎。交(教)伊舜子修仓,四畔放火烧死。'瞽叟报言娘子:'娘子虽是女人,说计大能精细。'"其中的"两三"《敦煌变文集》《敦煌变文集新书》《敦煌变文选注》皆同。查上文系据伯2721号校录,查原卷,所谓"两三"实作"三两"。那么"三两"是否为"两三"误倒呢?试比较以下材料。同卷上文:"房中卧地不起。不经三两□□(日间),□□□☒☒(瞽叟来至)。"斯329号《书仪镜》:"弊务草草,足下先知,未由奔慰,幸善将摄,三两日间,冀当□□。"斯2512号《药师经疏》:"三两年中,稍辞乳哺,肌肤虽长,而心识尚昏。"伯2155号背《曹元忠与回鹘可汗书》:"去五月廿七日从向东有贼出来,于雍归镇下,煞却一人,又打将马三两匹,却往东去。"斯78号《语对·兄弟》"棠(堂)燕"条引古诗曰:"翩翩堂前燕,冬藏夏来见。兄弟三两人,分别在[他]县。"(伯2524号、4870号"三两"作"两三")伯2324号《难陀出家缘起》:"世尊直到难陀门前,道三两声'家常'。"又斯5435号《不知名医方》"疗小儿头疮久不校方":"右取大麦烧作黑色。杵罗☒□□三两遍,便差。"北敦14666号《李陵变文》:"管敢启:'陛下!李陵兵马,箭尽弓折,粮用俱无,去此绝近。大王何不收取？'单于见管敢投来，大笑呵呵。唤言左右曰：'更行三二百里，李陵自伏作奴。'"斯133号背《秋胡小说》："远学三二年间，若不乘轩佩印，誓亦不还故乡。"斯2073号《庐山远公话》："当时缘愚（遇）清平，百物时贱，每日纳绢一匹，约有三二万人。寺院狭小，无处安排。"再看其他文献。《汉书·萧何传》："且诸君独以身从我，多者三两人；萧何举宗数十人皆随我，功不可忘也！"《史记·滑稽列传》："至其时，西门豹往会之河上。三老、官属、豪长者、里父老皆会，以人民往观之者三二千人。"归纳以上例句，不难看出，当二（两）、三两个数字相连，大数在前、小数在后的顺序是古人惯用的模式。前揭各家把《舜子变》原卷的"三两"录作"两三"显然是不妥当的。

另外《敦煌变文校注》等书出版后，在肯定成绩的同时，各类杂志上也陆续发表了一些商榷或补正文章，其中不乏真知灼见。但这些文章散在各处，读者利用不便。目前我们业已开始《敦煌变文校注》的增订工作，拟进一步汇聚各家研究成果，吸收表彰正确意见，对一些误校误说，也需要作必要的批判，以免谬种流传。

（原载《东方学研究论集》，临川书店2014年印行，收入本书时略有修改）

近一个世纪以来的敦煌语言文字研究

　　敦煌莫高窟藏经洞文献的发现，是我国近代文化史上的一件大事，在很大程度上改变了整个中国学术文化研究的面貌，也为长期以来作为经学附庸的小学的研究注入了新的活力。敦煌文献中的《切韵》系韵书、《字宝》、《俗务要名林》、《正名要录》、《时要字样》等，都是失传已久的唐五代人撰作的小学书，围绕这方面的研究产生了许多重要的成果。同时敦煌文献中所包含的大量唐代的口语和俗字资料、汉藏对音资料、吐火罗文等少数民族语文资料，孕育或推动了近代汉语、近代汉字、吐火罗语研究等一些新兴学科的诞生和发展。下面我们试以音韵、词汇训诂、文字、语法四方面为线索，对近一个世纪以来的敦煌语言文字研究情况作一个简要的介绍。

一、音韵

敦煌文献在音韵学方面的价值，是最早为海内外学人所注目的，也是成果最为突出的一个领域。早在1921年，王国维据照片把英藏的3种敦煌《切韵》残卷抄录印行；稍后又撰写了《唐写本〈唐韵〉校记二卷佚文一卷》《书巴黎国民图书馆所藏唐写本〈切韵〉后》等文，首开敦煌韵书校录研究的先例。1925年，刘复《敦煌掇琐》辑录法藏伯2011号王仁昫《刊谬补缺切韵》及两种《切韵》的序文。嗣后，丁山、董作宾、方国瑜、罗常培、厉鼎煃、蒋经邦、陆志韦、魏建功、姜亮夫等续加搜考，又有许多新的收获。1936年，北京大学出版了刘复、魏建功、罗常培编的《十韵汇编》，把当时所能见到的几种敦煌韵书都收集在内。1955年，姜亮夫把自己以前在国外摹录的一些韵书集为一编，名为《瀛涯敦煌韵辑》，由上海出版公司出版印行。姜书凡3大册二十四卷，分字部、论部和谱部三部分。字部收敦煌韵书摹本凡33种；论部收论文21篇，对所收韵书卷子的抄写年月、版式、体制及其流变进行了细致的介绍和考证；谱部据敦煌韵书卷子及其他材料，制成《隋唐宋韵书韵部总谱》《诸隋唐宋人韵书反切异文谱》等表。同年，姜氏在《浙江师范学院学报》发表题为《切韵研究》的长文，全面地反映了《瀛涯敦煌韵辑》论部诸文的主要观点。后来姜氏又把《瀛涯敦煌韵辑》字部、论部修订改编为《瀛涯敦煌韵书卷子考释》，交由浙江古籍出版社出版。姜氏的贡献主要在于在当年非常困难的情况下,把许多流散在外的敦煌韵书卷子摹录辑集为一编,并大致恢复了在我国失传已久的隋陆法言《切韵》的原貌。但限于当年的条件,姜书的录文间有若干疏误。有鉴于此,后来潘重规据敦煌写本原卷(或缩微胶卷)重加校核,并补充了姜书的一些遗漏,出版了《瀛涯敦煌韵辑新编》(台北文史哲出版社1974年版)。1983年,中华书局又推出周祖谟的《唐五代韵书集存》上下册,则是这方面搜采最为全备、考订最为精审的集大成之作。周氏在前人研究的基础上,把那些大多残缺不全、没有书名、没有著者姓名的韵书材料划归为七类:(一)陆法言《切韵》的传写本;(二)笺注本《切韵》;(三)增训加字本《切韵》;(四)王仁昫《刊谬补缺切韵》;(五)裴务齐正字本《刊谬补缺切韵》;(六)《唐韵》残本;(七)五代本韵书。每一类下,编者都附以韵书写本或刻本的照片,一些照片不够清楚的,还另附摹本或摹刻本。编者对书中所收的每一种韵书,都作有一篇考释,说明原书的体制、内容及其特点,并与相关韵书比较,指出异同,阐明彼此之间的关系。1994年,周书由台湾学生书局重版,增加了俄罗斯科学院东方学研究所所藏的《笺注本切韵》《唐韵》残叶3件,益见完备。

除了韵书以外,敦煌文献中还有相当数量的音义类写本残卷,尤其是一些经籍旧音,很早就引起了学术界的关注。20世纪30年代中,王重民到巴黎、伦敦调查敦煌写卷,对伯3383号、斯2729号《毛诗音》,斯2053号《礼记音》,伯2494号《楚辞音》,

伯2833号《文选音》都曾撰文加以介绍。其后闻一多、王大隆、刘诗孙、罗常培、周祖谟等续有考论（后来王重民著《敦煌古籍叙录》已把有关成果荟萃其中）。而对于数量更多的佛经音义类写卷，虽早在1936年许国霖就在《敦煌石室写经题记与敦煌杂录》中迻录过若干这类卷子，后来周祖谟撰《校读玄应一切经音义后记》也引用过敦煌写本残卷，但近些年才更多地引起人们的注意。1991年，许端容撰《可洪"新集藏经音义随函录"敦煌写卷考》一文（《第二届敦煌学国际研讨会论文集》，台北汉学研究中心1991年版），指出前此泛称佛经音义或归属于俟考诸经的斯5508号、伯2948号、伯3971号、北8722号写卷皆为可洪音义之抄本。1996年，杭州大学出版社推出张金泉、许建平合著的《敦煌音义汇考》，堪称敦煌遗书音义类写卷的集大成之作。《汇考》分四部书音义、字书音义、佛道经音义三类，凡得音义写卷约643号，主要归并于23种书目之下，每种写卷下都包括题解、照片、校记三部分。题解包括名称、年代、作者的考定及价值、前人研究情况的评述；校记除比勘异文外，重在明俗字和辨字音。该书以其"搜集的齐备、题解的精彩、校记的渊博"（鲁国尧书评语）而得到学界的好评。但该书图版多有漫漶不清之处，写卷录文亦间或有误，影响了其实际使用效果。

敦煌韵书、音义写卷的发现，以及其他敦煌文献中蕴含的丰富的音韵资料，也给唐代前后语音（尤其是西北方音）的研究以很大的推动。1933年，罗常培刊布《唐五代西北方音》一书。该书根据《千字文》《金刚经》《阿弥陀经》《开蒙要训》等敦煌汉藏对音写本及《唐蕃会盟碑》中的汉藏对音资料，勾勒出了 8 世纪到 10 世纪西北方音的概貌，为汉语语音史的研究开辟了新的途径。邵荣芬《敦煌俗文学中的别字异文和唐五代西北方音》（《中国语文》1963 年第 3 期）、龙晦《唐五代西北方音与敦煌文献研究》（《西南师范学院学报》1983 年第 3 期）、张金泉《敦煌俗文学中所见的唐五代西北音韵类（导言）》（《敦煌学论集》，甘肃人民出版社 1985 年版）、周祖谟《变文的押韵与唐代语音》（《语言文字学术论文集》，知识出版社 1989 年版），及日本学者高田时雄的《敦煌资料による中国语史の研究》（创文社 1988 年版）等文也是利用敦煌文献中的音韵资料考察唐五代语音的重要成果。此外，罗宗涛《敦煌变文用韵考》（台北众人出版社 1969 年版）、周大璞《敦煌变文用韵考》（《武汉大学学报》1979 年第 3—5 期）、张鸿勋《敦煌讲唱文学韵例初探》（《敦煌研究》试刊第 2 期，甘肃人民出版社 1983 年版）、张金泉《敦煌曲子词用韵考》（《杭州大学学报》1981 年第 3 期）、张金泉《敦煌变文假借字谱》（《杭州大学学报》1984 年增刊）、都兴宙《王梵志诗用韵考》（《兰州大学学报》1986 年第 1 期）、蒋冀骋《王梵志诗用韵考》（《敦煌吐鲁番学研究论集》，书目文献出版社 1996 年版），则是通过敦煌俗文学作品的用韵和用字（假借）情况来考察当时的语音实际。至于与敦煌音韵资料相关的研究论著，则数量更为庞大，其中仅专著就有《切韵音系》（李荣，中国科学院1952年版）、《切韵研究》（邵荣芬，中国社会科学出版社1982年版）、《汉语中古音新探》（古德夫，江苏教育出版社1993年版）、《〈切韵〉综合研究》（黄典诚，厦门大学出版社1994年版）、《〈切韵〉和中唐五代音位系统》（黄笑山，台北文津出版社1995年版）等多部，单篇论文的数量自然更多，这里就不一一例举了。

二、词汇训诂

对敦煌文献的词汇训诂学研究，也是首先从文献整理研究开始的。敦煌文献发现不久，王国维就注意到其中专收当时口语词汇的《字宝》一书，并写了《唐写本字宝残卷跋》一文（1919年）。1924年，罗福苌辑《沙州文录补》，收录了英藏斯6204号《字宝序》残卷。1925年，刘复辑《敦煌掇琐》，收录法藏伯2717号《字宝》一卷和分类辑录当时日常用语并加以注释的《俗务要名林》（伯2609号）一种，但录文都有不少错误。此后很长一段时间，这些写本没有再受到关注。1955年，姜亮夫出版《瀛涯敦煌韵辑》，内中有伯2717号《字宝》一种的录文，并有跋语，以为其书"可以考隋唐之语言，明文字之变迁"。后来潘重规作《瀛涯敦煌韵辑别录》，又据原卷重加校核，并参以伯2058号、伯3906号、斯6204号等卷，写为定本。1964年，台湾方师铎发表《明刻行书本〈碎金〉与敦煌写本〈字宝碎金〉残卷之关系》一文（《东海学报》第6卷第1期），认为《明刻碎金》系由唐人《字宝碎金》演进而成。20世纪80年代中期以后，关于《字宝》的研究掀起了一个小高潮，先后发表了砂冈和子（日本）《敦煌出土〈字宝碎金〉の语汇と字体》（《中国语学》1985年第233辑）、刘燕文《从敦煌本〈字宝〉的注音看晚唐五代西北方音》（《出土文献研究续集》，文物出版社1989年版）、张金泉《论敦煌本〈字宝〉》（《敦煌研究》1993年第2期）等文。1988年，周祖谟发表《敦煌唐本字书叙录》一文（《敦煌语言文学研究》，北京大学出版社1988年版），也对包括《字宝》和《俗务要名林》在内的敦煌语言文字学著作进行了系统全面的介绍。尤其是台湾的朱凤玉女士，从20世纪90年代初以来围绕《字宝》和《俗务要名林》发表了一系列的研究论文，其中部分成果已结集为《敦煌写本碎金研究》由台北文津出版社出版（1997年）。朱书分研究篇和校笺篇，并附有各写卷照片，堪称是《字宝》整理研究的集大成之作。对于《俗务要名林》一书的研究，除上面已提及者外，朱凤玉有《敦煌写本〈俗务要名林〉研究》（《第二届国际唐代学术会议论文集》，台北文津出版社1993年版），研究最为深入。此外，张金泉、许建平的《敦煌音义汇考》亦收载《字宝》和《俗务要名林》，并有详尽的校记，可与朱氏的论著比勘共观。

敦煌词汇训诂学研究方面的最大成就当然是文献语词的考释。如众所知，敦煌俗文学作品和契约文书中有大量含义不易把握的俗语词，给阅读和理解造成了很大的障碍，也对敦煌文献校录整理的质量造成了严重的负面影响。1959年，蒋礼鸿考释变文语词的著作《敦煌变文字义通释》由中华书局上海编辑所出版。该书从纵的和横的两个方面考索变文词义，探源溯流，考释精审，征引宏富，受到学术界的高度推崇，被誉为"研究中国通俗小说的指路明灯"。该书后来一版再版，字数也由初版时的6万增至第六次印本的近44万，被学术界传为佳话。在蒋先生的影响下，一些中青年学者也加入到敦煌语词考释的队伍中来，其中以郭在贻、项楚的成绩最为突出。郭在贻在这方面的成果主要有《郭在贻敦煌学论集》（江西人民出版社1993年版），以及他和他的弟子张涌泉、黄征合著的《敦煌变文集校议》（岳麓书社1990年版）。项楚这方面的成果主要有《敦煌变文选注》（巴蜀书社1990年版）、《敦煌文学丛考》（上海古籍出版社1991年版）、《王梵志诗校注》（上海古籍出版社1991年版）、《敦煌歌辞总编匡补》（巴蜀书社2000年版）。郭在贻和项楚的词语考释往往结合文献校勘，综合运用归纳、比较、推理的方法，旁征博引，论断类皆精审可靠。在这方面作出较大成绩的中青年学者还有江蓝生、袁宾、蒋冀骋、黄征、张涌泉、董志翘、方一新等人，其主要著作有江蓝生的《近代汉语探源》（商务印书馆2000年版），蒋冀骋的《敦煌文书校读研究》（台北文津出版社1993年版），黄征、张涌泉的《敦煌变文校注》（中华书局1997年版），以及蒋礼鸿主编，黄征、张涌泉、方一新、颜洽茂、俞忠鑫五位博士具体编撰的《敦煌文献语言词典》（杭州大学出版社1995年版）。

此外，吕叔湘、徐震堮、徐复、周一良、吴小如、陈治文、刘坚、孙其芳、蒋绍愚、俞忠鑫、施谢捷等也在这方面有所贡献，限于篇幅，这里不再详列。

另外，20世纪50年代以来报刊上还发表了数量颇为庞大的敦煌文献（尤其是俗文学作品）校勘方面的文章。由于种种原因（比如写卷多俗字，字迹多漫漶，有许多不同于后世刻本的书写特点，多俗语词和佛教术语），敦煌文献的校勘有着一些特殊的困难，不少这方面的整理成果存在着较多的质量问题，于是一些校勘商榷文章便应运而生了。这方面较有影响的文章有蒋礼鸿《敦煌词校议》（《杭州大学学报》1959年第3期），徐震堮《敦煌变文集校记补正》及《再补》（《华东师大学报》1958年第1、2期），项楚《〈王梵志诗校辑〉匡补》（《中华文史论丛》1985年第1辑，《敦煌研究》1985年第2期），郭在贻、张涌泉、黄征《敦煌变文整理校勘中的几个问题》（《古汉语研究》1988年创刊号）等。

三、文字

在敦煌写本中发现的字书主要有《字样》残卷、《正名要录》、《时要字样》，以及童蒙识字读物《千字文》《开蒙要训》等。周祖谟《敦煌唐本字书叙录》（《敦煌语言文学研究》，北京大学出版社1988年版），朱凤玉《敦煌写本字样书研究之一》（《华冈文科学报》1989年第17期），张金泉《敦煌古字书考略》（《辞书研究》1993年第3期）、《敦煌遗书与字样学》（《文史》1996年总第41辑）、《关于〈时要字样〉等八件敦煌写卷的考辨》（《古典文献与文化论丛》第1辑，中华书局1997年版），以及张涌泉的《汉语俗字研究》（岳麓书社1995年版）、《敦煌俗字研究》（上海教育出版社1996年版）都对这些字书有过介绍。下面择要略作评述。

（一）《字样》残卷

本卷见于斯388号，卷首残缺，无书名和作者名，其后为郎知本的《正名要录》。周祖谟认为本书"是根据颜师古的《字样》进一步有所考定补充的。主要是辨别形近义异和别体俗书，指明何者为正字，何者可以通用，一以《说文》《字林》为定"；其书写的时代"当在唐高宗或武则天之世"。至于其是否为杜延业的《群书新定字样》，周氏认为尚难确定。而朱凤玉、张涌泉则皆认为应即杜书的残卷。

（二）《正名要录》

本卷接抄于上揭《字样》残卷之后，字迹相同，当系同一人所抄。书名下题"霍王友兼徐州司马郎知本撰"。郎知本史书无传。《隋书·郎茂传》说"有子知年"，刘燕文认为"郎知本属知字辈，当是郎知年的同辈，是隋末、唐初时人"（《敦煌唐写本字书〈正名要录〉浅介》，《文献》1985年第3期）。朱凤玉据《旧唐书·郎余令传》载郎知年曾任霍王李元轨友的记载，推定郎知本当系郎知年之误。张涌泉则认为原卷"本"字字形分明，而正史所载屡经传抄翻刻，而谓"其名疑当从写卷作郎知本为是"。周祖谟指出《正名要录》"是一本分别古今字形的正俗和辨别音同字异的书"，包括比较隶定字与通行楷体笔画的异同、刊定正体与俗讹、辨正楷体与别体、定字形、定古今异体字、辨音同义异字六部分。张涌泉指出《正名要录》"是现存的第一部完整的字样学著作。书中所提出的'随时消息用'的原则，说明了作者能够用历史发展的观点去看待汉字，能够随时变通，这是难能可贵的。许多后世流行的俗字已在该书中被载录，如怜、床、粮、断等等。尤为可贵的是，一些后人不甚了然的俗字在该书中有明确的记载"。日本学者大友信一、西原一幸的《唐代字样两种の研究と索引》（樱枫社1986年版），我国台湾学者蔡忠霖的《敦煌字样书〈正名要录〉研究》（台湾中国文化大学硕士论文，指导教授郑阿财，1994年6月发表，未见正式出版）是研究斯388号字样书的两部专著，蔡书后出转精，所论更为全面系统。蔡书分研究篇与笺证篇，研究篇凡六章，目录如下：第一章绪论，简述字样学著作产生的背景及本书的写作意图；第二章《正名要录》概述；第三章《正名要录》之体例；第四章《正名要录》与其他唐代字样书；第五章《正名要录》之传承与开创；第六章《正名要录》之特色及价值。笺证篇以《正名要录》中之难解字为主要对象，所考尚称允洽。郑阿财《敦煌写本与中国中古文字学——〈正名要录〉考探》（《中国学术研讨会论文集——纪念高明先生八秩晋六冥诞》，台北大安出版社1994年版）、李景远《对敦煌写卷S.388的考察》（《中国语文论集》第11集，韩国釜山庆南中国语文学会1996年）也对该书进行了评介。

（三）《时要字样》

凡存3个写卷，即斯6208号、斯5731号、斯6117号。斯6208号有两部分，前一部分为分类抄录事物名称的字书残页，后一部分即本书残片，首行题"新商略古今字样撮其时要并行正俗释下卷第□（三）"，所存皆去声字。斯5731号残卷首为去声字，与斯6208号相衔接，周祖谟以为系同一抄卷断裂为二，极是。斯5731号凡存39行，后25行为入声字，入声字前题"时要字样卷下第四"。周祖谟据此推断全书当为两卷，上卷为平声字和上声字，平声为卷上第一、上声为卷上第二；下卷则为去声字和入声字，去声为卷下第三，入声为卷下第四；所谓"时要字样"和"新商略古今字样撮其时要并行正俗释"实系同书异名。这是一种分别同音异义字的字书。如："逸放佚乐溢满，三。"这是指"逸"是放逸之"逸"，"佚"是佚乐之"佚"，"溢"是满溢之"溢"。被注字与注字连读，便是被注字的意义。最后的"三"是表示该组同音字的字数是3个。日本学者西原一幸有《敦煌出土〈新商略古今字样撮取其时要并引正俗释〉残卷について》（《金城学院大学论集》1985年国文学编第28号），可以参看。

（四）《千字文》

敦煌文献中有《千字文》的抄本很多。周丕显《敦煌本〈千字文〉考》(《敦煌文献研究》，甘肃文化出版社1995年版)对此进行了全面的搜稽考讨。周氏指出，敦煌文献中包括真书、篆书、草书、注本、汉藏对照本和习字本《千字文》达三十四卷之多(周氏的统计仅据《敦煌遗书总目索引》所载，事实上，敦煌文献中的《千字文》写本至少有50余件之多)。周氏在逐卷介绍敦煌本《千字文》及历代著录情况的基础上，对《千字文》的作者和千字来源进行了深入研究，指出《千字文》(包括敦煌抄本)系后梁员外散骑侍郎周兴嗣奉梁武帝之命集王羲之所书千字，按韵编成。

如前所说，敦煌写卷中有大量异体俗字，给敦煌文献的整理带来很大的困难，从而也推动了俗字研究的开展。1949年，唐兰在《中国文字学》(开明书店1949年版)中强调近代文字的研究。他说："别字问题，唐人所厘定的字样，唐以后的简体字，刻板流行以后的印刷体，都属于近代文字学的范围。西陲所出木简残牍，敦煌石室所出古写本经籍文书，也都是极重要的材料。"1959年，蒋礼鸿发表《中国俗文字学研究导言》(《杭州大学学报》1959年第3期)一文，该文以敦煌写本俗字为基本材料，对俗字与正字的关系、俗字研究的现状和俗字研究的意义，以及俗字研究的步骤和方法等都作了独到的分析和阐述。这是汉语俗字研究方面的一篇具有导夫先路意义的重要论文。可惜限于当时的整个学术环境，这方面的研究并没有积极开展起来。1978年，台湾学者潘重规偕弟子王三庆、曾荣汾、郑阿财等10余人编辑出版了《敦煌俗字谱》（台北石门图书公司1978年版）。潘氏在序文中指出："敦煌写本，字体淆乱，正俗纠纷，斯谱之作，所以为敦煌写本导夫先路也……凡欲研究某一时代之作品，必须通晓某一时代之文字；欲通晓某一时代之文字，必须通晓某一时代书写文字之惯例。吾人苟不研究敦煌之俗字，即难望通晓敦煌之作品。此俗字谱之作所以不容或缓也。"该谱取材于台湾"中央图书馆"所藏的敦煌卷子和日本神田喜一郎编的《敦煌秘籍留真新编》，包括敦煌写卷178种。该书收录了大量唐五代时期流行的俗字异体，对古籍整理尤其是敦煌写本的整理具有很大的参考价值。但取材过于狭窄，难以代表敦煌文献俗字的全貌；加上缺乏简择，印刷不清，影响了实际使用效果。稍后金荣华为此书编制了《敦煌俗字索引》（台北石门图书公司1980年版），查检较原书便捷。除《敦煌俗字谱》外，潘氏还发表了《敦煌卷子俗写文字与俗文学之研究》（《孔孟月刊》1980年第7期）、《用敦煌俗写文字校释文心雕龙刊本中残存俗字考》（《第二届敦煌学国际研讨会论文集》，台北汉学研究中心1991年版）、《敦煌卷子俗写文字之研究》（《敦煌学》1991年第17辑）等一系列论文，就敦煌俗字研究的意义、方法等，进行了深入的讨论。

20世纪80年代后期，郭在贻和他的学生张涌泉合作，以敦煌俗字研究为中心，先后发表了《俗字研究与古籍整理》（《古籍整理与研究》第5期，中华书局1990年版）、《俗字研究与俗文学作品的校读》（《近代汉语研究》，商务印书馆1992年版）

等论文。后来张涌泉又发表了《敦煌写卷俗字的类型及其考辨方法》(《九州学刊》1992年第4卷第4期)、《敦煌文书类化字研究》(《敦煌研究》1995年第4期)、《试论汉语俗字研究的意义》(《中国社会科学》1996年第2期)、《大型字典编纂中与俗字相关的若干问题》(《中国社会科学》1997年第4期)、《敦煌文献校读释例》(《文史》1996年总第41辑)等20多篇论文。在深入研究的基础上,张涌泉又先后推出《汉语俗字研究》、《敦煌俗字研究导论》(台北新文丰出版公司1996年版)、《敦煌俗字研究》3部专著。《敦煌俗字研究》的下编《敦煌俗字汇考》把见于敦煌辞书中的俗字和敦煌写本中可以用作偏旁的俗体汇为一编,"每个俗字下酌加考证,其中包括书证、例证、按语等项。按语中既有字形的辨析,又有其他传世古籍的旁证,上串下联,力图勾勒出每个俗字异体的来龙去脉",对古籍整理尤其是敦煌文献的整理具有较大的参考价值。

除了上述论著之外,此时期以来还发表了一些与敦煌俗字研究有关的论文,如施安昌的《敦煌写经断代发凡——兼论递变字群的规律》(《故宫博物院院刊》1985年第4期)、《论汉字演变的分期——兼谈敦煌古韵书的书写时间》(《故宫博物院院刊》1987年第1期)、《敦煌写经的递变字群及其命名》(《故宫博物院院刊》1988年第4期),孙启治的《唐写本俗别字变化类型举例》(《敦煌吐鲁番文献研究论集》第5辑,北京大学出版社1990年版),杜爱英的《敦煌遗书中俗体字的诸种类型》(《敦煌研究》1992年第3期)、郑阿财的《敦煌文献与唐代字样学》(第六届中国文字学全国学术研讨会1995年)，郝茂的《论唐代敦煌写本中的俗字》(《新疆师范大学学报》1996年第1期)等。另外，蒋冀骋的《近代汉语词汇研究》(湖南教育出版社1991年版)、《近代汉语纲要》(湖南教育出版社1997年版)也用一定的篇幅讨论过敦煌俗字问题，可以参看。

四、语法

汉语学界通常把古汉语分成上古、中古、近代三大块，敦煌俗文学作品上承中古，下开近代，其重要性是不言而喻的。所以近些年来，汉语学界以敦煌变文为中心，对近代汉语的语法进行了认真的探讨。这方面的成果主要有赵金铭的《敦煌变文中所见的"了"和"着"》(《中国语文》1979年第1期)、梅祖麟的《敦煌变文里的"熠没"和"乱（举）"字》(《中国语文》1983年第1期)、曹广顺的《敦煌变文的双音节副词》(《语言学论丛》第12辑，商务印书馆1984年版)、江蓝生的《概数词"来"的历史考察》(《中国语文》1984年第2期)、刘子瑜的《敦煌变文中的选择疑问句式》(《古汉语研究》1994年第4期)等。特别是吴福祥的专著《敦煌变文语法研究》(岳麓书社1996年版)以敦煌变文为主要资料，对晚唐五代的语法进行了全面系统的研究，受到了国内外汉学界的好评。此外，吕叔湘等《近代汉语指代词》(学林出版社1985年版)，冯春田《近代汉语语法问题研究》（山东教育出版社1991年版），刘坚、江蓝生等《近代汉语虚词研究》（语文出版社1992年版），曹广顺《近代汉语助词》（语文出版社1995年版），取材举例也多涉及敦煌俗文学作品，宜当参看。

除了以上四个方面以外，敦煌文献中还有若干藏文、西夏文、吐火罗文等民族语文资料，这方面的研究也很有成绩，限于学识，这里只能藏拙了。

（原载《书品》2000年第3期）

更全·更精·更清晰
——迈入新时代的敦煌语言文学研究

敦煌语言文学研究与敦煌文献整理,是敦煌学研究成果最为丰硕的几个领域。特别是改革开放后,我国学术界焚膏继晷,先后相继,在上述领域取得了世人瞩目的巨大成绩,推出了一大批高质量的整理研究著作,推动了我国在敦煌学研究的大多数方面都站在了世界的前列。

自 1900 年 6 月 22 日王道士打开藏经洞,敦煌文献发现已经一百二十周年。站在新的历史起点上,敦煌语言文学研究以及敦煌文献的整理,如何承前启后,超轶前哲,作出新的更大的贡献呢?笔者以为,以下三个方面是我们应须特别努力的。

一、资料更全

学术研究必须充分占有第一手资料,自是题中应有之义。但就敦煌学研究而言，在相当长时间内，这只能是一个奢望。敦煌文献作为文物与文献的双重属性，使之长期被作为特藏珍藏，束之高阁，人们访查不易。较早的时候，敦煌语言文学研究依以为据的，主要是《敦煌掇琐》《敦煌杂录》《敦煌曲子词集》《敦煌资料》《敦煌变文集》等一些二手甚至三手的资料。在此基础上进行的研究，难免先天不足。比如变文文本的整理，是敦煌语言文学界研究的一大热点，先后出现了《敦煌变文集》《敦煌变文集新书》《敦煌变文选注》《敦煌变文校注》等一些汇编之作，成绩巨大。但限于条件，现有的敦煌变文专集所收主要来源于英、法、中三国国家图书馆所藏的部分藏品，未能收入的变文写本仍然很多。现在随着这三大馆藏及俄罗斯科学院东方文献研究所藏品的全部刊布，加上北京大学、中国书店、首都博物馆、上海图书馆、傅斯年图书馆、日本书道博物馆、杏雨书屋等海内外公私藏品的陆续出版，又发现了大批新的变文写本，包括《孟姜女变文》3号、《舜子变》2号、《孔子项讬相问书》5号、《晏子赋》1号、《太子成道经》3号、《须大拏太子本生因缘》7号、《八相变》1号、《破魔变》7号、《降魔变文》1号、《维摩诘经讲经文》2号、《大目乾连冥间救母变文》4号、《故圆鉴大师二十四孝押座文》7号、《佛说阿弥陀经押座文》3号、《解座文》3号、《百鸟名》1号、《搜神记》1号、《佛说八相如来成道经讲经文》1号、《妙法莲华经讲经文》1号等等，变文写本的数量大大充盈起来。据不完全统计，有待增加的变文写本已达近百号之多，卷号已达《敦煌变文集》等书的1/2强。随着这些新的变文写本的发现，编纂一部真正的敦煌变文"全集"的计划自然而然地也就提上了议事日程。

就具体的文本或单个的字词考释而言，资料方面也有进一步拓展的空间。如"博士"一词，《敦煌变文字义通释》释为"有技艺的人"，但书中所举敦煌写本用例仅音声博士、泥工博士二例，其实敦煌文献中还有卜博士、医学博士、国子监博士、经学博士、道学博士和塑匠博士、造床博士、修油梁博士、木博士、造园博士、叠墙博士、写博士、铁博士、点釜博士、错锯博士、团锯博士、擀毡博士、起毡博士、煮盆博士、剪羊博士、团尖子博士等20多类，含括古代学官和有某种技艺的人两层意思。很显然，只有掌握的写本资料更为周遍，字词的训释才能更加完备和准确。

二、研究更精

由于材料的限制，早期的敦煌文献整理，多是挖宝式的，只能就所见一件或几件文书作校录工作，整理是局部的、点式的，整理者对研究对象往往缺少整体把握，只见树木，不见森林，隔阂甚至疏误时有所见。现在随着世界范围内的敦煌文献收藏物的陆续影印出版或在网络上公布，一般学者都已能看到绝大部分的写本原卷（黑白图版甚至彩色照片），资料获取的条件极大改善，从而大大拓展了人们研究的视野，为更系统深入的研究创造了条件。比如敦煌写本《维摩诘经讲经文》是"规模极其宏伟的巨著"，但此前各种专集所收仅7个残卷，所演绎的经文，全在本经前五品，而全经共有十四品，即还有将近2/3的讲经文迄未发现；即使在前五品中，所存讲经文也残缺不全，如《西陲秘籍丛残》本尾题"文殊问疾第一卷"，这是演绎经文《文殊师利问疾品》故事的卷次，整个文殊问疾故事共有几卷，已不可知了。① 让人惊喜的是，随着新材料的公布，我们果然发现了更多的《维摩诘经讲经文》写本。如北敦15245号，卷轴装，前残，存十一纸，末题"文殊弟二终"，正是上述"文殊问疾第一卷"的续篇，且二本字体、行款全同，内容亦先后大致衔接，可以断定乃同一写卷之撕裂。《西陲秘籍丛残》本演绎的是《维摩诘所说经·文殊师利问疾品第五》前面的一部分，谓文殊师利接受释迦牟尼委派，率众前往维摩诘处问疾。该卷则上承《西陲秘籍丛残》本，谓文殊师利率众抵达维摩诘住处，转达释迦牟尼问候之意，并询问维摩诘得疾之由；卷末云"会中有个声闻怪，独自思量暗起猜：为见众人无座位，如何作念唱将来"，则预示其下一卷将演绎《维摩诘所说经·不思议品第六》"尔时舍利弗见此室中无有床座，作是念：斯诸菩萨大弟子众，当于何坐"以下的内容，可见该卷之后必另有续文，只是目前暂未发现，我们期待着新的奇迹的发生。

---

① 参看项楚：《〈维摩碎金〉探索》，《南开学报》1983年第2期。

又如斯8167号，残片17行，《英藏敦煌文献》拟题"押座文""第一世间医偈"，实则这是从《敦煌变文集》等书业已收录的《维摩诘经讲经文》（斯4571号）上掉落下的残片。二号衔接处断痕吻合，其中斯8167号残片第三行"行行烈（列）座前"句后3字、第十六行"眼深岂易剜来减"句前2字均有若干残笔撕裂在斯4571号，缀合后则密合无间。二号缀合以后，原来失散的骨肉得以团聚，《英藏敦煌文献》错拟的标题得以纠正，断裂的文句也就基本完整无缺了。

三、图版更清晰

20世纪80年代以来，随着国学的全面复苏，推动了流散在海外的我国古代文献陆续影印出版。以敦煌文献为例，随着英藏、法藏、俄藏、日藏的先后出版，流散在海外的敦煌文献绝大部分已公之于世。这些大型图书的出版，为各国学人查阅敦煌文献原卷提供了条件。但由于上述出版物都是按各地馆藏流水号影印出版的，没有分类，编排杂乱，读者使用起来很不方便。更糟糕的是，这些影印出版物大多是黑白图版，印刷效果欠佳，文字多有漫漶不清，原卷中比比皆是的朱笔所作的各种符号，在黑白影印的图版中字迹暗淡，甚至踪迹全无，从而给读者深入研究带来了极大的困难。有鉴于此，最近二三十年来，学术界持续呼吁敦煌文献文物的回归，但由于种种原因，目前尚难实现。根据这一现实，我们建议由国家出面，与海外主要收藏单位商谈敦煌写卷彩色照片的回归并授权分类出版。如果此议能够实现，凭借现有的摄影技术和印制条件，完全可以做到仿真彩色印制，实现流散的敦煌文献事实上的"回归"，不但方便读者研阅利用，而且有利于这批珍贵文献的保存并传之久远。

不过，上述想法即便真正付诸实施，也还有很长的路要走。在此之前，应该鼓励一些敦煌文献的整理著作，通过向藏家购买彩色照片的形式，提高录文的质量；并且最好录文后附上彩色照片，图文对照，方便读者比对原文。王重民等编的《敦煌变文集》"叙例"中说：

> 我们整理敦煌变文的计划和步骤，拟从下面三个方面进行：一、校印本。把敦煌所出变文和与变文有关的资料，移录校勘，排印成为一个最完备的汇编本，供研究和阅读古典文学的人使用。二、选注本。从校印本内选出最优秀的作品，加上简明的注解，供一般读者使用。三、影印本。将可能找到的原卷或照片，用珂罗版影印，以保存原形，供专门研究的人使用。

王重民等先生六十多年前提出的这一宏大规划，其实只有第二项因项楚《敦煌变文选注》的高质量出版而完美收官；第一项虽然敦煌学界作出了巨大努力，并出版了一些汇编之作，但由于种种原因,这些书离真正的"最完备的汇编本"都还有距离;至于第三项,迄今大抵仍付阙如。其实,第三项工作的重要性不容低估。由于变文写本整理校勘特殊的复杂性,误录误校的情况是难以避免的。前贤曾对《敦煌变文集》等专集提出过大量的商榷、补校意见,但由于这些专集没有附列图版,提出商榷意见的作者多数也没有去核对敦煌写本原卷,因而所作的考订有如猜谜射覆,猜对的固然有之,猜错的也不在少数。事实上,不少错误是校订者误录造成的,如果复核一下写本原卷,就能找到正确的答案。正如吕叔湘先生所说:"如能核对显微胶卷,可能效果更好。"[①]正是有鉴于此,在项楚先生亲自擘画领导下,本人参与组织编纂的"敦煌变文全集"项目正在加速推进之中。我们试图把《敦煌变文集》编者设想的"校印本"和"影印本"合二而一,在对公私收藏机构所藏敦煌文献进行全面调查的基础上,收入所有变文文本,并汇集前贤的整理校释成果,汇校汇注,同时附列全部彩色图版,推出一部图文对照的真正的敦煌变文"全集"。我们相信,只有在这样高质量的全集基础之上,新时代的敦煌语言文学研究才能进一步走向深入。

(原载《敦煌研究》2020年第6期)

---

① 吕叔湘:《新版〈敦煌变文字义通释〉读后》,《中国语文》1982年第3期。

20世纪的唐代文字研究

在进入正题以前，我们有必要对整个20世纪的唐代语言研究情况作一个简要的介绍。20世纪的唐代语言研究，有一个比较重要的特点，就是20世纪初大量以唐五代文献为主体的敦煌遗书的发现，为唐代语言的研究注入了新的活力。敦煌遗书中的《切韵》系韵书、《字宝》、《俗务要名林》、《正名要录》、《时要字样》等，都是失传已久的唐五代人撰作的小学书，围绕这方面的研究产生了许多重要的成果。同时敦煌文献中所包含的大量唐代的口语和俗字资料、汉藏对音资料、吐火罗文等少数民族语文资料，孕育或推动了近代汉语、近代汉字、唐代民族语言研究等一些新兴学科的诞生和发展。从研究成果上来看，则表现为各个研究阶段发展的不平衡。20世纪初至30年代，侧重语言文献资料的搜集和整理；40年代至70年代前期，受政治形势的影响，和其他学科一样，国内的语言研究处于停滞状态，唐代语言研究自然也不能例外；70年代后期，随着国学的复苏，唐代语言研究也呈现出一派繁荣景象，在文字、训诂、音韵等方面都有许多开拓性的进展和成就。20世纪的唐代文字研究，和这一时期整个语言研究的特点大抵是相一致的。下面我们分四个方面试作评述。

一、概论性著作、工具书

唐兰《中国文字学》（开明书店1949年版）是一部至今仍有影响的早期文字学概论性著作；胡朴安《中国文字学史》（商务印书馆1937年版）是第一部文字学史专著；近些年来，还出版了好几种汉字学史方面的著作，如黄德宽、陈秉新《汉语文字学史》（安徽教育出版社1990年版），孙锡钧《中国汉字学史》（学苑出版社1991年版），姚孝遂主编《中国文字学史》（吉林教育出版社1995年版），以及刘叶秋《中国字典史略》（中华书局1983年版）等；还出版了何九盈等主编的《中国汉字文化大观》（北京大学出版社1995年版）这样一类的从文化史的角度研究汉字的书，这些著作都包括对唐代文字学的介绍和研究。此外，20世纪后期有一些通论性的著作，如王力《汉语史稿》（中华书局1980年版）、《中国语言学史》（山西人民出版社1981年版），钱剑夫《中国古代字典辞典概论》（商务印书馆1986年版），姜聿华《中国传统语言学要籍述论》（书目文献出版社1992年版），胡裕树主编《中国学术名著提要·语言文字卷》（复旦大学出版社1992年版），吉常宏等编《中国古代语言学家评传》（山东教育出版社1992年版),向熹《简明汉语史》(高等教育出版社1993年版),孙钦善《中国古文献学史》(中华书局1994年版),何九盈《中国古代语言学史》(广东教育出版社1995年版)、《中国现代语言学史》(广东教育出版社1995年版)等,这些书也都或多或少对唐代的文字研究进行过介绍。

20世纪中,还编纂了若干种大型的汉字字典,如徐元诰、欧阳溥存等编的《中华大字典》(中华书局1915年版),徐中舒主编的《汉语大字典》(四川辞书出版社、湖北辞书出版社1986—1990年版),冷玉龙主编的《中华字海》(中华书局、中国友谊出版公司1994年版)。另外,还出版了若干种专科性的汉字字典,如张惟骧的《历代讳字谱》(1932年刊本)、王彦坤编的《历代避讳字汇典》(中州古籍出版社1997年版)等等。这些字典也都或多或少涉及唐代的用字问题。

二、专书研究

唐兰在《古文字学导论》(齐鲁书社1981年影印本)"古文字学略史"一节中指出:"唐人重韵书,在形体方面,虽说要'试《说文》《字林》',大概是例行公事了。流俗所通行的是真楷,所谓小学书,只是纠正楷体之错误。"所以唐人的文字学,主要是字样之学。这方面的著作,主要有颜师古的《字样》(今佚)、杜延业的《群书新定字样》(今佚)、颜元孙的《干禄字书》、欧阳融的《经典分毫正字》（今佚）、唐玄宗的《开元文字音义》（今佚）、张参的《五经文字》、唐玄度的《九经字样》，以及敦煌遗书中发现的若干种这方面的著作。所以今人对唐代字书的研究，主要是围绕上述字样书进行的。另外，日本弘法大师空海的《篆隶万象名义》是本顾野王《玉篇》而作的一部重要字书，也附此一并加以介绍。

（一）《干禄字书》

民国初年，罗振玉撰《干禄字书笺证》（《贞松老人遗稿》甲集之一），是为该书的第一个校笺本。罗氏在序中称颜书"祖述许书，折衷至当"，"足以是正古籍之处极多"。罗氏考校各本，疏通证明，误者正之，是者申述之，堪称颜书功臣。如颜书"筛箷：上俗，下正"条，罗氏按云："《汉书·贾山传》：箷土筑阿房之宫。师古注：箷，以箷为之。是以筛、箷为二字，与此不同。案《说文》有箷无筛，则此书是也。《晋书音义》下亦云箷与筛同。其为一字尤信。"又如颜书"隋随：上国名，下追随"条，罗氏按云："《春秋·桓六年》：楚武王侵随。传注：随，姬姓国，今随州。是国名之随与追随字同。"像这样的疏解，对读者理解原书显然是很有帮助的。

1940年，周祖谟撰《干禄字书之湖本与蜀本》（《问学集》下册，中华书局1966年版），指出湖本有二，一为大历九年（774）颜真卿书写刻石，一为开成四年（839）杨汉公重摹刻石；蜀本系宋绍兴十二年（1142）宇文时中刻于潼川者。《四库全书总目提要》以开成四年杨汉公所刻者为"蜀本",实误。

王显(《对〈干禄字书〉的一点认识》,《中国语文》1964年第4期)认为《干禄字书》是照着《切韵》系韵书的体制编排的,其声、韵类别以及整个音韵结构方面都跟王仁昫《刊谬补缺切韵》大致相同;但韵部数目远远少于《切韵》,个别小韵和个别字的归类也与《切韵》不同。

赵超《汉唐间的异体字及〈干禄字书〉》(《出土文献研究续集》,文物出版社1989年版)一文通过对汉唐间的异体字和《干禄字书》所载异体字的比较研究,指出"《干禄字书》所收录的异体字在各种异体中是最常见、使用最多的,可以说是异体字的主要类型"。

1990年紫禁城出版社据故宫博物院藏明拓善本影印了《干禄字书》,书末有施安昌所作的《补〈干禄字书〉表》,施氏把《干禄字书》未收而《五经文字》《新加九经字样》收入的文字编成此表,并附有检字表,极便读者使用和进行比较研究。书末还附载施氏所作《唐人〈干禄字书〉研究》一文,对《干禄字书》的成书背景、版本、内容和作用都作了比较系统的研究。施氏认为《干禄字书》首先把汉字的异体区分为正、通、俗三体,并明确其各自的使用范围,实际上起到了限制异体字的作用;颜氏所举的俗、通二体,大多比正体简省,事实上是肯定了简化字的地位。此前施氏有《关于〈干禄字书〉及其刻本》一文(《故宫博物院院刊》1980年第1期),附有《〈官板干禄字书〉校勘记》。

台湾曾荣汾的《干禄字书研究》是研究《干禄字书》的第一部专著。曾书系他在台湾中国文化大学所作的博士论文，由潘重规、林尹、陈新雄指导，1982年9月发表。全书分为六编，首编为绪论，讨论作者生平、家世及颜书撰作背景、研究价值；第二编为版本编，讨论颜书版本及其异同；第三编为内容编，分析颜书编纂体例；第四编为资料编，介绍其他文献中所存之字样资料；第五编讨论历代字样学之发展、异体字滋生之原因及颜书于今日字样整理之价值；第六编为颜书之斠证。曾书着重从字样学的角度研究颜书，系统全面，对台湾地区的文字整理很有影响。可惜未正式出版，大陆学者见过其书的不多。

（二）《五经文字》

邵荣芬《〈五经文字〉的直音和反切》（《中国语文》1964年第3期）通过《五经文字》所载音切和以《广韵》为代表的《切韵》系统切音比较的方法，指出："《文字》音系是那些距离《切韵》音系并不太远的音系之一。正因为如此，它给我们提供了《切韵》以后音变过程的一些极其宝贵的特征。例如它告诉我们轻重唇分化之后，非、敷两母的确经过了一个对立阶段；仙韵的重纽先向先、元分流，通过先、元的合并，才最终混一；等等。又因为《文字》的时代距离《切韵》比较近，它给我们提供了很多到目前为止我们所知道的《切韵》以后音变的最早纪录。例如轻重唇的彻底分化，皆、佳、夬、麻的合并，清、青的不分，等等。所有这些，对了解《切韵》以后汉语语音的发展都有极其重要的价值。"

韩国学者李景远的《张参五经文字研究》是他在台湾政治大学所作的硕士论文，由简宗梧指导，1989年12月发表（未见正式出版）。全书分六章，第一章为绪论，介绍作者生平、写作背景及主要版本；第二章为张书"体制之分析"，指出该书部属字之编排盖作者依其阅读经典之字而随意安排，故显得杂乱无序；第三章为张书"内容之分析"，通过该书所收之字来源的研析，指出以《五经文字》为代表的"为经的字样"和以《干禄字书》为代表的"为字的字样"两类著作体例和文字观念之不同；第四章为张书所见"重文"之分类，指出《五经文字》所收之重文包括"许慎《说文》之重文"和"隶变过程中所发生的重文"，从性质上言，可分为"形体变易"和"同音通假"两类；第五章为张书所谓"讹体"之分类，包括省形、增形、部首形近而讹、形近而讹用、形近部分偏旁互相同化而讹、草书隶定六类；第六章为结论，通过《五经文字》中所见异体字产生原因之分析，归纳该书呈现的字样学理，以及在文字学上的价值。

魏励《张参的〈五经文字〉》（《辞书研究》1984年第5期）从写作背景、编排体例、释义方式等方面对张书作了介绍，他指出《五经文字》"不仅仔细辨析了经典中文字的形体，使人明了古今写法的差异，纠正讹误，而且保留了大量的古音、古训，可以作为研究经典的参考资料"。魏文还指出了张书的一些不足之处。

另外，余嘉锡《四库提要辨证》卷二对张参书归部隶字有所批评，吉常宏等编的《中国古代语言学家评传》列有专章评析了张参其人其书（孟详鲁撰文，山东教育出版社1992年版），钱剑夫的《中国古代字典辞典概论》（商务印书馆1986年版）、张涌泉的《汉语俗字研究》（岳麓书社1995年版）对该书的介绍也颇为详尽，都可以参看。

（三）《九经字样》

唐玄度的《九经字样》未见专文讨论，但胡朴安《中国文字学史》、姜聿华《中国传统语言学要籍述论》、胡裕树主编《中国学术名著提要·语言文字卷》、孙钦善《中国古文献学史》、张涌泉《汉语俗字研究》、李景远《隋唐字样学研究》（参下）等都对该书进行过评述，其中后二书所述尤为详尽。

（四）敦煌本字书

在敦煌写本中发现的字书主要有《字样》残卷、《正名要录》、《时要字样》，以及童蒙识字读物《千字文》等。周祖谟《敦煌唐本字书叙录》（《敦煌语言文学研究》，北京大学出版社1988年版），朱凤玉《敦煌写本字样书研究之一》（《华冈文科学报》1989年第17期），张金泉《敦煌古字书考略》（《辞书研究》1993年第3期）、《敦煌遗书与字样学》（《文史》1996年总第41辑）、《关于〈时要字样〉等八件敦煌写卷的考辨》（《古典文献与文化论丛》第1辑，中华书局1997年版），以及张涌泉的《汉语俗字研究》、《敦煌俗字研究》（上海教育出版社

1996年版）都对这些字书有过介绍。下面择要略作评述。

1.《字样》残卷

本卷见于斯388号，卷首残缺，无书名和作者名，其后为郎知本的《正名要录》。周祖谟认为本书"是根据颜师古的《字样》进一步有所考定补充的。主要是辨别形近义异和别体俗书，指明何者为正字，何者可以通用，一以《说文》《字林》为定"；其书写的时代"当在唐高宗或武则天之世"。至于其是否为杜延业的《群书新定字样》，周氏认为尚难确定。而朱凤玉、张涌泉则皆认为应即杜书的残卷。

2.《正名要录》

本卷接抄于上揭《字样》残卷之后，字迹相同，当系同一人所抄。书名下题"霍王友兼徐州司马郎知本撰"。郎知本史书无传。《隋书·郎茂传》说"有子知年"，刘燕文认为"郎知本属知字辈，当是郎知年的同辈，是隋末、唐初时人"（《敦煌唐写本字书〈正名要录〉浅介》，《文献》1985年第3期）。朱凤玉据《旧唐书·郎余令传》载郎知年曾任霍王李元轨友的记载，推定郎知本当系郎知年之误。张涌泉则认为原卷"本"字字形分明，而正史所载屡经传抄翻刻，而谓"其名疑当从写卷作郎知本为是"。周祖谟指出《正名要录》"是一本分别古今字形的正俗和辨别音同字异的书"，包括比较隶定字与通行楷体笔画的异同、刊定正体与俗讹、辨正楷体与别体、定字形、定古今异体字、辨音同义异字六部分。张涌泉指出《正名要录》"是现存的第一部完整的字样学著作。书中所提出的'随时消息用'的原则，说明了作者能够用历史发展的观点去看待汉字，能够随时变通，这是难能可贵的。许多后世流行的俗字已在该书中被载录，如怜、床、粮、断等等。尤为可贵的是，一些后人不甚了然的俗字在该书中有明确的记载。如《颜氏家训·杂艺篇》说北朝俗字'言反为变，不用为罢'，但何以'言反'为'变'，'不用'为'罢'，以前人们是不大清楚的。而该书则云：变䛧、罢甮。这才使人恍然大悟：原来'言反为变'是'䛧'字，'不用为罢'是'甮'字，都是会意俗字"。

日本学者大友幸一、西原一幸的《唐代字样两种の研究と索引》（樱枫社1986年版），我国台湾学者蔡忠霖的《敦煌字样书〈正名要录〉研究》（台湾中国文化大学硕士论文，指导教授郑阿财，1994年6月发表，未见正式出版）是研究斯388号字样书的两部专著，蔡书后出转精，所论更为全面系统。蔡书分研究篇与笺证篇，研究篇凡六章，目录如下：第一章绪论，简述字样学著作产生的背景及本书的写作意图；第二章《正名要录》概述；第三章《正名要录》之体例；第四章《正名要录》与其他唐代字样书；第五章《正名要录》之传承与开创；第六章《正名要录》之特色及价值。笺证篇以《正名要录》中之难解字为主要对象，所考尚称允洽。

郑阿财《敦煌写本与中国中古文字学——〈正名要录〉考探》（《中国学术研讨会论文集——纪念高明先生八秩晋六冥诞》，

台北大安出版社1994年版）、李景远《对敦煌写卷S.388的考察》（《中国语文论集》第11集，韩国釜山庆南中国语文学会1996年）也对该书进行了评介。

3.《时要字样》

凡存3个写卷，即斯6208号、斯5731号、斯6117号。斯6208号有两部分，前一部分为分类抄录事物名称的字书残叶，后一部分即本书残片，首行题"新商略古今字样撮其时要并行正俗释下卷第□（三）"，所存皆去声字。斯5731号残卷首为去声字，与斯6208号相衔接，周祖谟以为系同一抄卷断裂为二，极是。斯5731号凡存39行，后25行为入声字，入声字前题"时要字样卷下第四"。周祖谟据此推断全书当为两卷，上卷为平声字和上声字，平声为卷上第一，上声为卷上第二；下卷则为去声字和入声字，去声为卷下第三，入声为卷下第四；所谓"时要字样"和"新商略古今字样撮其时要并行正俗释"实系同书异名。这是一种分别同音异义字的字书。如："逸放佚乐溢满，三。"这是指"逸"是放逸之"逸"，"佚"是佚乐之"佚"，"溢"是满溢之"溢"。被注字与注字连读，便是被注字的意义。最后的"三"是表示该组同音字的字数是3个。日本学者西原一幸有《敦煌出土〈新商略古今字样撮取其时要并引正俗释〉残卷について》（《金城学院大学论集》1985年国文学编第28号），可以参看。

4.《千字文》

敦煌文献中有《千字文》的抄本很多。周丕显《敦煌本〈千字文〉

考》(《敦煌文献研究》，甘肃文化出版社1995年版）对此进行了全面的搜稽考讨。周氏指出，敦煌文献中包括真书、篆书、草书、注本、汉藏对照本和习字本《千字文》达三十四卷之多（周氏的统计仅据《敦煌遗书总目索引》所载，事实上，敦煌文献中的《千字文》写本至少有50余件之多）。周氏在逐卷介绍敦煌本《千字文》及历代著录情况的基础上，对《千字文》的作者和千字来源进行了深入研究，指出《千字文》（包括敦煌抄本）系后梁员外散骑侍郎周兴嗣奉梁武帝之命集王羲之所书千字，按韵编成。

（五）《篆隶万象名义》

《篆隶万象名义》是日本弘法大师空海所撰之字书。空海于唐德宗贞元二十年（804）至宪宗元和元年（806）曾来中国求学，此书即其返国后所作。该书仅有日本山城国高山寺所藏鸟羽永久二年（1114）写本，1927年日本崇文院曾据该本影印收入《崇文丛书》第1辑中。1995年中华书局又据《崇文丛书》本缩印出版，并由刘尚慈按原书部首及字序作了一份《字表》及《校字记》，方便了读者使用。但原写本字多俗写，《校字记》中每斥为"讹作"，则未为通论。

对《篆隶万象名义》的研究，清末杨守敬的《日本访书志》（1897年刊布）肇其端倪。杨氏在《篆隶万象名义》条下说："野王《玉篇》一乱于孙强，再乱于陈彭年，其原本遂不可寻。今得古钞卷子本五卷刻入《古逸丛书》中，可以窥见顾氏真面目。然亦只存十之一二。今以此书与五残卷校，则每部所隶之字一一相合，绝无增损凌乱之弊；且全部无一残阙，余以为其可宝当出《玉篇》五残卷之上。盖广益本虽删顾氏所引经典原文，而经典义训大抵尚存；唯顾氏上承《说文》，其所增入之字皆有根据，而其隶字次第亦多与《说文》相合，其有不合者，正足与今本《说文》互相证验，则此中之原流升降有关于小学者匪浅！况空海所存义训较广益本亦为稍详。盖据此书校刻饷世，非唯出《广益玉篇》上，直当一部顾氏原本《玉篇》可矣。"稍后日本冈井慎吾有《读篆隶万象名义》一文（《艺文杂志》1919年第2号），续有阐发，但皆未及深考。

1936年，周祖谟撰《论篆隶万象名义》长文（《国学季刊》1935年第4期，又载《问学集》下册），对该书与原本《玉篇》之异同、与今本《玉篇》之异同、与许氏《说文》之异同，进行了深入的研究，指出："《名义》之部目次第全与现存《玉篇》残卷相合，即字数亦与唐封演所记之数相若。除注文但采训诂，不引经传，与宋本《玉篇》相近外，其余一依原本《玉篇》，绝少增损凌乱，正可据以考见顾书分部隶字之情形及其与今本之异同。"

三、武周新字研究

唐武则天统治时期，曾颁行过一些特殊的汉字，后来人们习惯称之为"武周新字"。对武周新字的研究，20世纪有如下一些重要的成果：董作宾、王恒余《唐武后改字考》(《"中央研究院"历史语言研究所集刊》1963年第34本下册)、(法)戴仁《敦煌和吐鲁番写本中的武则天时代的新字》(《法兰西远东学院通报》1984年第73卷；耿昇译文载《中国敦煌吐鲁番学会研究通讯》1986年第4期)、王三庆《敦煌写卷中武后新字之调查研究》(台湾《汉学研究》1986年第4卷第2期)、侯绍文《唐武后新制十九字与墨字传抄之讹误》(《逢甲学报》第14期)、张勋燎《武周新字研究》(《古文献论丛》，巴蜀书社1990年版)、施安昌《从院藏拓本探讨武则天造字》(《故宫博物院院刊》1983年第4期)、《关于武则天造字的误识与结构》(《故宫博物院院刊》1984年第4期)、《武周新字"圀"制定的时间》(《故宫博物院院刊》1991年第1期)、《武则天造字之讹变——兼谈含"新字"文物的鉴别》(《故宫博物院院刊》1992年第4期)等。这些论文，着重讨论的是以下四个问题。

（一）武周新字的总数

武周新字的具体数目，过去有8、12、14、16、18、19等说。董作宾等据碑、志相验证，逐一加以考辨，认为武周改字为照、星、年、臣、人、君、载、初、证、圣、授、月、日、天、地、正、国凡17字，其中后4字为武后所借用。张勋燎说略同。施文(《关于武则天造字的误识与结构》)对一些过去以为是武后所改的字提出了驳正意见。

（二）新字的标准字形及其取义

武周新字各书所载字形不一，异体极多。董、张及上举各文都据碑志铭文及敦煌写本核验考辨，初步厘清了正讹演变关系。

（三）新字始用的时间

董文定为永昌元年（689）四月十六日至载初元年（689）之间；施文（《从院藏拓本探讨武则天造字》）则谓改字开始于载初元年，张文进一步认定新字正式开始始用的时间应为载初元年正月八日。张文谓"武周新字是一个整体，是由政府正式颁布的一种写法，其中有个别字形在武周之前，甚至在唐代以前偶尔也可看到……但那是作为一种别体偶然出现，和武周新字作为一种正式的规范化写法的情况不同……武周新字虽然最早是在载初元年开始公布行用，但它不是全部一次公布，而是在不同的年代先后分批颁行的"，其说最为闳通。

（四）武周新字的结构及具体含义

上揭董、施（《关于武则天造字的误识与结构》）、张诸文都对这一问题提出了自己的见解。

四、异体字、俗字研究

唐朝用字，上承汉魏六朝遗意，下开宋元印刷体之先，是汉字发展史上的一个承前启后的关键时期，也是异体俗字最为纷杂繁乱的时期。但由于重正轻俗的传统治学习尚的影响，这方面的研究一直没有得到重视。

五四以后，随着汉字简化呼声的高涨，对异体字、俗字研究开始重视起来；加上地不爱宝，大量唐代墓志碑铭的出土和敦煌文献的发现，给这方面的工作以极大的推动。1935年，唐兰在《古文字学导论》中提出创立"新文字学"的设想，研究对象包括现代楷书、俗字、简字的历史。1949年，唐兰在《中国文字学》中强调近代文字的研究。他说："别字问题，唐人所厘定的字样，唐以后的简体字，刻板流行以后的印刷体，都属于近代文字学的范围。西陲所出木简残牍，敦煌石室所出古写本经籍文书，也都是极重要的材料。"但当时的一些研究俗字、简化字的著作往往把目光注意在宋元以来的通俗文学刻本上面，而很少再向前追溯。1959年，蒋礼鸿发表《中国俗文字学研究导言》（《杭州大学学报》1959年第3期）一文，该文以敦煌写本俗字为基本材料，对俗字与正字的关系、俗字研究的现状和俗字研究的意义，以及俗字研究的步骤和方法等都作了独到的分析和阐述。这是汉语俗字研究方面的一篇具有导夫先路意义的重要论文，可惜限于当时的整个学术环境，这方面的研究并没有积极开展起来。

1978年，台湾学者潘重规偕弟子王三庆、曾荣汾、郑阿财等10余人编辑出版了《敦煌俗字谱》（台北石门图书公司1978年版）。潘氏在序文中指出："敦煌写本，字体淆乱，正俗纠纷，斯谱之作，所以为敦煌写本导夫先路也……凡欲研究某一时代之作品，必须通晓某一时代之文字；欲通晓某一时代之文字，必须通晓某一时代书写文字之惯例。吾人苟不研究敦煌之俗字，即难望通晓敦煌之作品。此俗字谱之作所以不容或缓也。"该谱取材于台湾"中央图书馆"所藏的敦煌卷子和日本神田喜一郎编的《敦煌秘籍留真新编》，包括敦煌写卷178种。该书收录了大量唐五代时期流行的俗字异体，对古籍整理尤其是敦煌写本的整理具有很大的参考价值。但取材过于狭窄，难以代表敦煌文献俗字的全貌；加上缺乏简择，印刷不清，影响了实际使用效果。稍后金荣华为此书编制了《敦煌俗字索引》（台北石门图书公司1980年版），查检较原书便捷。

除《敦煌俗字谱》外，潘氏还发表了《敦煌卷子俗写文字与俗文学之研究》（《孔孟月刊》1980年第7期）、《用敦煌俗写文字校释文心雕龙刊本中残存俗字考》（《第二届敦煌学国际研讨会论文集》，台北汉学研究中心1991年版）、《敦煌卷子俗写文字之研究》（《敦煌学》1991年第17辑）等一系列论文，就敦煌俗字研究的意义、方法等，进行了深入的讨论。

1982年，日本汲古书院出版太田辰夫编的《唐宋俗字谱·祖堂集之部》，该书据写本把《祖堂集》中的异体俗字按部首笔画汇为一编，这一写本的字体仍保存着唐代写本的风格和特点，所以该书对了解唐代的俗字也有一定的参考价值。

1985年，文物出版社出版了秦公编的《碑别字新编》。先于秦书，清末迄民国初年，上虞罗振鋆、罗振玉兄弟先后有《碑别字》《碑别字补》及合二而一的《增订碑别字》五卷问世。秦氏此书，就是在罗氏诸书的基础上改编增订而成的。罗氏原书载碑版别字5000余，秦书则增辑至13000。后来秦氏又续加增订，而作《广碑别字》（国际文化出版公司1995年版），搜采别字更增至21300余。以上各书，都搜集了大量碑版异体俗字，其中所采唐代俗字别体约占各书总字数的1/3以上，如据以与敦煌写本俗字比勘共观，可大致了解唐代俗字的基本面貌。

1988年，曾荣汾推出《字样学研究》一书（台湾学生书局印行）。由于字样学以拟订用字标准为宗旨，势必牵涉到俗文字之辨识。书中所论如字样学发展史略、字样学之重镇——《干禄字书》研究等章，都有不少篇幅涉及唐代的用字问题。

李景远的《隋唐字样学研究》是他在台湾师范大学所作的博士论文，由许锬辉指导，1997年6月发表（未见正式出版）。全书分七章，第一章为绪论，简介隋唐字样学的定义、字样著作的特点及本书研究的范围；第二章为隋唐字样学兴盛的背景；第三章为隋代字样学及其主要著作介绍；第四章为唐代字样学主要著作介绍，涉及的著作有《字样》《正名要录》《群书新定字样》《干禄字书》《五经文字》《九经字样》6种；第五章为隋唐字样著作所分字级的内涵比较，李氏所谓"字级"，是指字样书中对异体字分类的不同；第六章为隋唐字样著作的正字观与文字观；第七章为结论，归纳为隋唐字样著作所呈现的字样学理论，及隋唐字样学的价值。这是继曾荣汾的《字样学研究》以后，对隋唐字样学理论及其主要著作进行系统总结和分析的一部著作。书末所附的《隋唐字样著作正俗字谱》把隋唐字样著作中所有的异体俗字汇为一编，对读者极为有用。

20世纪80年代后期，郭在贻和他的学生张涌泉合作，以敦煌俗字研究为中心，先后发表了《敦煌变文整理校勘中的几个问题》（《古汉语研究》1988创刊号）、《俗字研究与古籍整理》（《古籍整理与研究》第5期，中华书局1990年版）、《俗字研究与俗文学作品的校读》（《近代汉语研究》，商务印书馆1992年版）等论文。后来张涌泉又发表了《敦煌写卷俗字的类型及其考辨方法》（《九州学刊》1992年第4卷第4期）、《敦煌文书类化字研究》（《敦煌研究》1995年第4期）、《试论汉语俗字研究的意义》（《中国社会科学》1996年第2期）、《大型字典编纂中与俗字相关的若干问题》（《中国社会科学》1997年第4期）、《敦煌文献校读释例》（《文史》1996年总第41辑）等20多篇论文。在深入研究的基础上，张涌泉又先后推出《汉语俗字研究》、《敦煌俗字研究导论》（台北新文丰出版公司1996年版）、《敦煌俗字研究》3部专著。这些论文和著作，全面地介绍了俗字学的各种知识，还通过对大量俗文字资料的深入分析，揭示了前人未曾注意到的很多文字现象，指出了语文著作中与俗文字有关的很多疏失，解决了不少疑难问题。《敦煌俗字研究》的下编《敦煌俗字汇考》把见于敦煌辞书中的俗字和敦煌写本中可以用作偏旁的俗体汇为一编，"每个俗字下酌加考证，其中包括书证、例证、按语等项。按语中既有字形的辨析，又有其他传世古籍的旁证，上串下联，力图勾勒出每个俗字异体的来龙去脉"，对古籍整理尤其是敦煌文献的整理具有很大的参考价值。北京大学蒋绍愚教授在《近十年间近代汉语研究的回顾与展望》（《古汉语研究》1998年第4期）一文中指出："张涌泉《汉语俗字研究》《敦煌俗字研究》是两部开创性的著作，得到学术界很高的评价。"

除了上述论著之外，此时期以来还发表了一些与唐代俗字研究有关的论文，如施安昌《唐代正字学考》（《故宫博物院院刊》1982年第3期）、《敦煌写经断代发凡——兼论递变字群的规律》（《故宫博物院院刊》1985年第4期）、《论汉字演变的分期——兼谈敦煌古韵书的书写时间》（《故宫博物院院刊》1987年第1期）、《敦煌写经的递变字群及其命名》（《故宫博物院院刊》1988年第4期），孙启治《唐写本俗别字变化类型举例》（《敦煌吐鲁番文献研究论集》第5辑，北京大学出版社1990年版），杜爱英《敦煌遗书中俗体字的诸种类型》（《敦煌研究》1992年第3期），郑阿财《敦煌文献与唐代字样学》（第六届中国文字学全国学术研讨会1995年），郝茂《论唐代敦煌写本中的俗字》（《新疆师范大学学报》1996年第1期）等。

（原载《中古近代汉语研究》第1辑，上海教育出版社2000年出版）

在希望的田野上

——《2011—2020年国家古籍整理出版规划》出土文献类项目巡礼

20世纪初叶以来,殷墟甲骨文、西北简牍、敦煌文献、吐鲁番文书、黑水城文献等一批又一批文献资料被发掘或发现,古老的中华文明以她的多姿多彩不断地给世人带来震撼和惊喜,也为学术研究提供了大量崭新的材料。有见及此,1926年,王国维在《古史新证》一文中提出了著名的"二重证据法",他说:"吾辈生于今日,幸于纸上之材料外,更得地下之新材料。由此种新材料,我辈固得据以补正纸上之材料,亦得证明古书之某部分全为实录,即百家不雅驯之言亦不无表示一面之事实。此二重证据法,惟在今日始得为之。"不过由于20世纪前大半个世纪我国主要处于战乱和内耗之中,文化遗产的整理研究还提不上议事日程,"地下之新材料"的刊布也零散而不成系统,因而所谓的"二重证据法"也就不能不大打折扣。直到20世纪80年代以后,这种局面才有所改变。1981年，中央下达了关于整理我国古籍的指示，从而极大地推动了古籍整理研究和出版事业。就出土文献而言，先后出版了《甲骨文合集》《殷周金文集成》《马王堆汉墓帛书》《居延汉简甲乙编》《郭店楚简》《上海博物馆藏战国楚竹书》《长沙走马楼三国吴简》《吐鲁番出土文书》《英藏敦煌文献（汉文佛经以外部分）》《俄藏敦煌文献》《法藏敦煌西域文献》《国家图书馆藏敦煌遗书》《北京图书馆藏中国历代石刻拓本汇编》等一大批集大成之作，辉耀世界，从而在很大程度上改变了整个中国学术文化研究的面貌。

但由于种种原因，出土文献的整理出版也存在一些遗憾和不足。一是新材料的刊布跟不上出土发掘的步伐。这些年随着我国基础建设步伐的加快，房地产市场的不断升温，地不爱宝，出土文献资料层出不穷；而相应的整理出版工作却跟不上新资料发现或发掘的步伐。加上一些文保部门有垄断资料的倾向，也从客观上阻滞了新资料的刊布工作。二是新材料的整理出版往往是初步的，粗犷式的，存在的问题不少。出土文献湮埋多历年所，字形的清晰度不高，且又出于众手，书写没有定型，异体俗字纷然杂陈，整理出版的难度往往比传世刻本文献要大得多，而不少整理者并非这方面的行家，缺少专业素养，加上资料获取的困难，因而整理工作往往是局部的、点式的，整理者对研究对象缺少整体把握，只见树木，不见森林，隔阂甚至疏误时有所见，其全面性、准确性、权威性都有待提高。另外由于印制技术的限制，一些早期的影印出版物图版的效果也不够理想。

正是有鉴于此，这些年来国家主管部门加强了对古籍（包括出土文献）整理出版的宏观指导。继此前业已实施的 6 个古籍整理出版规划以后，最近又制订颁布了《2011—2020 年国家古籍整理出版规划》（以下简称《规划》）。这一规划是在广泛组织申报、征求意见、专家审定的基础上，通过几上几下的严格程序制订的。具体项目的入选，既要看项目本身的必要性、可行性，也要看项目承担者的资质和素养，从而在源头上为最终成果的质量打下了坚实的基础。作为一个曾参与这一规划讨论审定的专业工作者，笔者对列入规划的大多数项目都投了赞成票。就笔者较为熟悉的出土文献方面而言，入选的项目主要包括以下三类。

一、新材料的刊布

前面说过，这些年新发现的出土文献资料层出不穷，仅简牍方面就有所谓上博简、清华简、北大简、安大简等等，鱼龙混杂，眩人耳目，以致新材料的刊布跟不上出土发掘的步伐。《规划》明显加强了对这些新材料整理出版的力度，其中与简牍相关的项目就安排了 25 个之多，包括让人充满期待的《清华大学藏战国竹简》《上海博物馆藏战国楚竹书续编》《北京大学藏西汉竹书》《敦煌悬泉简牍》等。另与敦煌文献相关的项目有 10 个，与吐鲁番、黑水城文献相关的项目有 8 个，与碑刻文献相关的项目有 19 个，与甲骨金文相关的项目有11个，等等，其中大多数属于新材料的整理刊布。可以说，随着这些规划项目的完成，20世纪以来新发现的文献资料都已在整理出版之列，它们和传世文献共同组成了中华民族宝贵文化遗产的两翼，互相补充，缺一不可，惟在此时，王国维所期许的历史研究"二重证据法"庶几"始得为之"。

二、集大成的汇编

如上所说，新材料的整理出版开始时往往是粗犷式的，精细度不够。后来随着学术研究的深入，认识的深化，就有可能做得更为细密一些，完善一些。《规划》注意到了出土文献整理出版的这一特点，对一些后出转精的集大成的汇编项目给予了重点支持。如20世纪70年代出土的马王堆帛书，是我国最具震撼力的出土文献之一，但当时出版的《马王堆汉墓帛书》内容不全，所附释文也有不少疏误；近些年，由著名文字学家裘锡圭先生领衔的团队正在重新整理这批珍贵文献，这次列入《规划》重点项目的《马王堆汉墓简帛集成》就是这一整理工作的最终结晶。又如敦煌文献自20世纪初发现以来，为世人所瞩目，整理研究成果可谓汗牛充栋，但却缺乏集大成、总结性的经典之作，这次列入《规划》重点项目的《敦煌文献合集》（史部、子部、集部），是业已出版并荣获中国出版政府奖图书奖的《敦煌经部文献合集》的后续部分，"我国的敦煌学研究随着这部集大成、高质量的敦煌文献总集的陆续出版"，庶几可以"真正昂首自立于世界敦煌学著作之林"[①]。

三、高水平的研究著作

出土文献整理刊布是为后续研究乃至进一步的弘扬服务的，可以说整理刊布是手段，研究弘扬是目的。所以在大力支持新材料整理刊布的同时，作为国家层面的古籍整理出版规划，适度安排一些立足在整理基础之上的高水平的研究著作也是需要的。就出土文献方面而言，列入《规划》的张桂光主编的《商周金文类纂》《金文字词集释》，曾宪通等主编的《战国出土文献字词集释》，陈伟武主编的《战国文字类纂》，陈伟等撰著的《秦简牍整理与研究丛书》等，都是立足于出土文献的研究性著作，由于项目承担者都是这方面的行家，其成果的质量和水平也都是可以期待的。

此外，在信息时代的今天，出土文献的数字化也没有在《规划》中缺席，如"殷商甲骨文知识库""殷周铜器铭文知识库""古代简帛文献知识库""古代碑刻文献知识库"等一些出土文献的数字化工程也都已考虑到了。

总之，地下之新材料的刊布、整理、研究乃至数字化都在《规划》中有了充分而全面的展示，这些项目的全部完成并出版，将构筑起一座巨型的出土文献书库，在出土文献这片希望的土地上，

---

① 《中华读书报》2008年11月12日6版。

展现出一个让人憧憬的整理研究的春天。

（原载《古籍整理出版情况简报》2012年第7、8期，主标题作《地下之新材料耀世界》；又载《光明日报》2012年8月14日13版，收入本书时主标题从后者改）

写本文献整理出版的回顾与前瞻

一

传世的古代文献资料大体可分为铭刻、写本、印本三类。铭刻是指用刀凿或硬笔在甲骨、铜器、陶器、碑石上刻写,传世的文字资料包括甲骨文、金文、陶文及石刻文字等。写本是指用毛笔或硬笔蘸墨或朱砂在竹、木、帛、纸等材料上书写的文献资料,按其载体不同,又可分为简帛和纸本两类。印本又称刻本,是指采用刻版或活字排版方式印制的书籍。写本相对于刻本而言,主要指刻本流行之前的手写本。至于使用时间更早的竹简木牍和缣帛文献,虽然也系手写,但通常称为简牍帛书,一般不称写本。

写本的流行与纸张的发明有关。大约西汉时期发明了造纸术,东汉蔡伦又对造纸术加以改进。由于纸张薄软轻灵的特质,且原料易得、价格低廉,"莫不从用焉"(《后汉书·蔡伦传》)。魏晋时期,纸书渐多。东晋桓玄下令"古无纸,故用简,非主于敬也。今诸用简者，皆以黄纸代之"（《太平御览》卷六〇五）。从此，纸张取代其他文字载体，成为主要书写材料。书籍的流传也从铭刻、简帛时期迈向写本时期。

从东汉至北宋，写本文献流行了一千多年，是这一时期中华文明传承的主要载体。但由于宋代以后刻本流行，写本古书风光不再；随着时间推移，一些早期的古写本日渐湮没无闻。正如池田温先生所说："相对于写本，刊本的优越地位是决定性的。因此进入印刷时代后，写本书籍几乎全被废弃了。"[1] 清末以来，国内外的科学家和探险者先后在甘肃、新疆、陕西一带发现了早期写本文献，包括西汉文景时期古地图、晋代《战国策》《三国志》写本等等，但数量都很有限。1900年，敦煌莫高窟藏经洞被打开，从中发现大批唐代前后的写本文献。民国以后，又有吐鲁番文书、黑水城文献、宋元以来契约文书、明清档案等众多写本文献公之于世，辉耀世界。写本文献的数量一下子充盈起来，才又重新回到世人的视域之中。1925年，王国维在题为《最近二三十年中中国新发见之学问》的演讲中讲到，近二三十年古器物图籍有四大发现：

> 自汉以来，中国学问上之最大发见有三：一为孔子壁中书；二为汲冢书；三则今之殷虚甲骨文字，敦煌塞

---

[1] 池田温：《敦煌文书的世界》，张铭心、郝轶君译，北京：中华书局，2007年，第189页。

上及西域各处之汉晋木简，敦煌千佛洞之六朝及唐人写本书卷，内阁大库之元明以来书籍、档册。此四者之一，已足当孔壁、汲冢所出。①

王国维所讲的后四大发现，写本文献占了半壁江山。从数量上说，写本文献也不遑多让，据粗略统计，吐鲁番文书、敦煌文献、黑水城文献总数分别达5万、7万、2万号左右；宋元以来契约文书的总数尚无法预估，仅徽州契约文书总数就在100万件以上；明清档案更是多达2000万件，数量之丰，方面之广，内容之富，令人惊叹。所以，写本文献已足以与刻本文献比肩而立，共同组成了中华民族宝贵文化遗产的两翼，在中华文明传承中具有重要地位。

二

清末以来发现的写本文献，按主体抄写时间的先后，主要有吐鲁番文书、敦煌文献、黑水城文献、宋元以来契约文书、明清档案等，数量都很庞大。下面我们就以此为主要线索，把写本资料及其整理出版情况作一简要的回顾。

（一）吐鲁番文书

吐鲁番文书指19世纪末以来在新疆吐鲁番地区晋唐古墓葬

---

① 王国维：《最近二三十年中中国新发见之学问》，《学衡》1925年第45期。

群中所发现的写本，分藏于中、德、英、俄、日、美等国的公私藏书机构，总数达5万号左右，但现已刊布的仅1万多号。吐鲁番文书的抄写时代主要为晋、前凉、北凉、高昌及唐西州时期，文书内容包括官府函件、簿籍、契约、案卷、衣物疏、墓志、四部古籍、佛经等，多姿多彩，数量庞大，是魏晋六朝写本文献的主要实物遗存。其中旅顺博物馆藏西晋元康六年（296）《诸佛要集经》残片，是我国现存最早的有明确纪年的写本文献。武汉大学中国三至九世纪研究所牵头编纂的《吐鲁番文书总目》已出版日本收藏卷（陈国灿、刘安志编）、欧美收藏卷（荣新江主编）。相关整理著作有唐长孺主编《吐鲁番出土文书》（图录本）（文物出版社1992—1996年版），陈国灿《斯坦因所获吐鲁番文书研究》（武汉大学出版社1995年版），陈国灿、刘永增编《日本宁乐美术馆藏吐鲁番文书》（文物出版社1997年版），柳洪亮《新出吐鲁番文书及其研究》（新疆人民出版社1997年版），新疆维吾尔自治区吐鲁番学研究院和武汉大学中国三至九世纪研究所编《吐鲁番柏孜克里克石窟出土汉文佛教典籍》（文物出版社2007年版），荣新江等主编《新获吐鲁番出土文献》（中华书局2008年版），小田义久主编《大谷文书集成》（日本法藏馆，1984—2010年版）等。

（二）敦煌文献

敦煌文献主要指敦煌莫高窟藏经洞发现的唐代前后的手写本和少数刻本文献，现主要收藏在英国国家图书馆（总数17000余号)、法国国家图书馆(总数7000余号)、俄罗斯科学院东方文献研究所(总数19870号)、中国国家图书馆(总数16579号)及日本、印度、德国、美国等国家,总数接近7万号(其中7000多号为非汉文文献)。敦煌文献的抄写时代上起魏晋六朝,下迄宋初,前后跨越六百多年,而以唐五代为主体,前承吐鲁番文书,后接宋元以后刻本及写本文献,是唐五代写本文献的主要实物遗存。敦煌文献的内容几乎涉及中国古代的所有学科,是当时社会的百科全书。孟列夫主编《俄藏敦煌汉文写卷叙录》(上海古籍出版社1999年版)、敦煌研究院编《敦煌遗书总目索引新编》(中华书局2000年版)是两种较为重要的索引。已经刊布的图版本主要有:《英藏敦煌文献(汉文佛经以外部分)》(四川人民出版社1990—1995年版),《俄藏敦煌文献》《法藏敦煌西域文献》《上海图书馆藏敦煌吐鲁番文献》《上海博物馆藏敦煌吐鲁番文献》《天津市艺术博物馆藏敦煌文献》(以上上海古籍出版社1992—2005年版),《甘肃藏敦煌文献》(甘肃人民出版社1999年版),《国家图书馆藏敦煌遗书》(北京图书馆出版社2005—2012年版),《英国国家图书馆藏敦煌遗书》(广西师范大学出版社2011年起陆续出版),等等。集成性的录文整理本有唐耕耦、陆宏基编《敦煌社会经济文献真迹释录》(第1辑,书目文献出版社1986年版;第2—5辑,全国图书馆文献缩微复制中心1990年版),郝春文主编《英藏敦煌社会历史文献释录》(第1卷,科学出版社2001年版;第2—13卷,社会科学文献出版社2003—2015年版），张涌泉主编《敦煌经部文献合集》（中华书局2008年版）等。

（三）黑水城文献

黑水城文献是指在内蒙古额济纳旗黑水城遗址发现的纸质写本、刻本文献，总数达2万号左右，主要收藏于俄罗斯科学院东方文献研究所、英国国家图书馆和我国内蒙古自治区文物考古研究所、甘肃省博物馆等单位。黑水城文献前承敦煌文献，其抄写、刻印年代为北宋、辽、金、西夏、元、北元时期，以西夏文和汉文文献为主，内容涉及传统四部书、佛经、道经以及契约文书、官方档案等，是研究中国五代、辽、宋、金、元时期特别是西夏王朝的珍贵资料。现已出版的图版本有《俄藏黑水城文献》（上海古籍出版社1996—2015年版）、《中国藏黑水城汉文文献》（国家图书馆出版社2008年版）、《英藏黑水城文献》（上海古籍出版社2005—2010年版），以及沙知、吴芳思编《斯坦因第三次中亚考古所获汉文文献（非佛经部分）》（上海辞书出版社2005年版）等。

（四）宋元以来契约文书

宋元以来契约文书是指近一个世纪以来陆续发现的宋至民国时期的以手写为主的地方契约文书，包括土地文书、赋役文书、商业文书、社会文书、人身买卖与主仆关系文书、诉讼文书、教育文书及民俗文书等，是了解当时当地赋役、财产、婚姻、家庭、身份等社会经济情况的最可宝贵的第一手资料。这些文书大量散布于民间，仅有一小部分已被各地的图书馆、博物馆与研究机构所征集。其中数量最多的是徽州契约文书，总数在100万件以上。敦煌文献的抄写时代最晚至北宋初年，而宋元以来地方契约文书的抄写时代为宋、元、明、清、民国时期，二者时间先后相承，内容互补，反映了唐五代至民国以来写本的完整序列。近年已影印或整理出版的主要有：王钰欣、周绍泉主编《徽州千年契约文书》（花山文艺出版社1991年版），刘伯山主编《徽州文书》（广西师范大学出版社2005—2011年版），黄山学院编《中国徽州文书（民国编）》（清华大学出版社2010年版），周向华《安徽师范大学馆藏徽州文书》（安徽人民出版社2009年版），田涛等主编《田藏契约文书粹编》（中华书局2001年版），唐立等主编《贵州苗族林业契约文书汇编》（东京外国语大学2001—2003年版），陈金全等编《贵州文斗寨苗族契约法律文书汇编》（人民出版社2008年版），张应强、王宗勋主编《清水江文书》（广西师范大学出版社2007—2011年版），孙兆霞等编《吉昌契约文书汇编》（社会科学文献出版社2010年版），蔡育天主编《上海道契》（上海古籍出版社2005年版），陈支平主编《福建民间文书》（广西师范大学出版社2007年版），厦门国土资源与房产管理局《厦门房地产契约契证》（2008年），曹树基等编《石仓契约》（浙江大学出版社2010—2012年版），等等。

（五）明清档案

明清档案是指明清王宫和各级政府部门的档案，包括内阁大库档案、军机处档案、内务府档案、宗人府档案、国史馆档案、清宫中各处档案、清各部院衙门档案及各地方衙门档案等。宋元以来契约文书主要属于私文书，明清档案则属于官文书，二者在内容上正好可以互补。据调查，现存的明清档案约有2000万件之巨，仅中国第一历史档案馆就有1000万件，包括皇帝的诏令、臣下的奏章、各衙署来往的文移、各衙署的公务记载及汇编存查的档册等，涉及政治、经济、军事、文教、刑名、外交、民族、宗教、农业、商贸、交通、天文气象以及宫廷生活、皇族事务等，不仅是研究明清历史的可靠的原始史料，而且它的形式、文字、装潢等都具有一定的观赏性和收藏价值，具有文献和文物的双重特性。现已影印出版的主要有：张伟仁主编《明清档案》（台湾联经出版事业公司1986年版），《中国明朝档案总汇》《雍正朝内阁六科史书·户科》《雍正朝内阁六科史书·吏科》《雍正朝汉文谕旨汇编》《乾隆朝军机处随手登记档》《乾隆帝起居注》《乾隆朝上谕档》《嘉庆帝起居注》《嘉庆朝上谕档》《道光朝上谕档》《咸丰朝上谕档》《同治朝上谕档》《光绪帝起居注》《光绪朝上谕档》《宣统帝起居注》《宣统朝上谕档》《东北边疆档案选辑》（以上广西师范大学出版社2000—2007年版），包伟民主编《龙泉司法档案选编》第1—2辑（中华书局2012—2014年版），等等，数量浩博。

除了上述大宗的写本文献外，国内外公私藏书机构还收藏有不少宋元以来的通俗小说、戏曲写本。此外宋代以来留存著作的稿本、信札、日记，汉字文化圈内日本、韩国、越南等国保存的唐代以来的汉文写本文献，数量也都十分庞大。这些写本文献学术界已关注较多，此不赘述。

三

写本文献的大发现，为学术研究提供了大量崭新的材料。有见及此，1926年，王国维在《古史新证》一文中提出了著名的"二重证据法"，他说："吾辈生于今日，幸于纸上之材料外，更得地下之新材料。由此种新材料，我辈固得据以补正纸上之材料，亦得证明古书之某部分全为实录，即百家不雅驯之言亦不无表示一面之事实。此二重证据法，惟在今日始得为之。"不过由于20世纪前大半个世纪我国主要处于战乱和内耗之中，文化遗产的整理研究还提不上议事日程，"地下之新材料"的刊布也零散而不成系统，因而所谓的"二重证据法"也就不能不大打折扣。直到20世纪80年代以后，这种局面才有所改变。1981年，中央下达了关于整理我国古籍的指示，从而极大地推动了古籍整理研究和出版事业。正是在中央的重视和国家古籍整理出版规划领导小组的直接指导下，20世纪80年代以来，写本文献的整理出版步入了快车道，一大批集大成之作先后面世，辉耀世界，从而在很大程度上改变了整个中国学术文化研究的面貌。惟在此时，王国维所期许的历史研究"二重证据法"庶几"始得为之"。

但由于种种原因，出土文献的整理出版也存在一些遗憾和不足。

一是写本文献的刊布跟不上出土发掘或民间收集的步伐。这些年随着我国基础建设步伐的加快，房地产市场的不断升温，地不爱宝，民间收藏或出土文献资料层出不穷；而相应的整理出版工作却跟不上新资料发现或发掘的步伐。加上一些文保部门有垄断资料的倾向，也从客观上阻滞了新资料的刊布工作。最近国家有关部门表示要推动出版界与考古文博学界的密切合作，努力缩短文献出土或入藏到成果出版的周期[1]，衷心期盼这一措施能得到落实。

二是写本文献的整理出版往往是初步的，粗犷式的，存在的问题不少。大多数写本文献的整理出版物是按流水号影印的，没有分类，读者查找利用不便。虽然有一些专题性的索引或研究著作，但往往挂一漏万，不够全面。同时由于印制技术和经费的限制，多数写本文献都是用黑白照片影印出版，图版的效果不够理想，特别是原件的朱笔文字和符号在黑白照片上几乎全不可见，从而给进一步的整理研究带来了严重的负面影响。

三是写本文献整理的质量有待提高。出土文献湮埋多历年所，字形的清晰度不高，且又出于众手，书写没有定型，异体俗字纷然杂陈，整理出版的难度往往比传世刻本文献要大得多，而不少整理者并非这方面的行家，缺少专业素养，加上资料获取的困难，

---

[1] 参见《"十三五"古籍整理出版工作确立五大重点》，《光明日报》2016年3月24日9版。

因而整理工作往往是局部的、点式的，整理者对研究对象缺少整体把握，只见树木，不见森林，隔阂甚至疏误时有所见，其全面性、准确性、权威性都有待提高。

四是写本文献的数字化还有待加速跟进。在信息时代的今天，数字化对写本文献的整理研究同样具有重要意义。在这方面，英国国家图书馆发起，中国国家图书馆、俄罗斯科学院东方文献研究所、法国国家图书馆等合作建设的国际敦煌项目（International Dunhuang Programme），内容涵盖敦煌文献、吐鲁番文书以及部分黑水城文献，已先行一步。反观我国国内，在这方面却步履蹒跚，整体规划不够，又缺乏大型的数字化工程的支撑，不免令人汗颜。

令人高兴的是，这些年来国家主管部门加强了对写本文献整理出版的宏观指导和支持力度。继此前业已实施的六个古籍整理出版规划以后，最近又在《2011—2020年国家古籍整理出版规划》的基础上，确定了"十三五"古籍整理出版工作的五大重点，其中包括抓好出土文献、散失海外古籍、社会档案整理出版和古籍数字化等工作，都和写本文献有关。相信在国家的重视和支持下，在计算机和扫描摄影技术高度发达的今天，我们完全可以运用先进的印制出版技术，对写本文献作更精细化的加工和整理，努力推出一批高质量的集大成之作。特别是一些流散在海外的写本文献，如敦煌文献、吐鲁番文献，我们可以在国家的支持下，高清摄影，然后在分类的基础上按原件大小彩印出版，在某种程度上实现这些国宝影印真迹的"回归",以造福于海内外学术界,为进一步的高水平研究打下坚实的基础。

(原载《古籍整理出版情况简报》2016年第6期)

系统梳理古籍遗产，推动中华传统文化创新性发展

最近，中办国办印发了《关于推进新时代古籍工作的意见》，作为一个伴随着古籍整理成长的学人，感到很振奋。

1981年3月，我大学毕业后从事的第一份工作，就是在义乌文化馆从事馆藏4万多册古籍的整理编目，孤身一人，面对扑满灰尘的几万册古书，孤单寂寞，开始不免感到有些迷茫。当年9月，中央发出《关于整理我国古籍的指示》，给了我很大鼓舞，让我明白了传承弘扬中华优秀传统文化的重要性，坚定了我一辈子从事古籍工作的决心。通过近三年的辛劳，4万多册古籍的编目工作完成了，我的古籍方面的知识也随之大大提高。1984年9月，我考上了杭州大学古籍研究所的研究生，后来又读了四川大学的古典文献学博士，做了北京大学的我国第一个古典文献学博士后。1997年1月，我博士后出站后，继续回到杭州大学古籍研究所工作，先后任副所长、所长，一直在从事古籍的整理与研究工作。

相关古籍整理著作曾获中国出版政府奖图书奖、国家图书奖提名奖、宋云彬古籍整理图书奖,并有两种著作被评选进入国家新闻出版广电总局、全国古籍整理出版规划领导小组首届向全国推荐的91种优秀古籍整理图书之列。确实可以说,我从古籍中找到了精神的涵养,古籍整理伴着我成长。

四十一年后的今天,中央再次出台古籍工作的文件,对新时代古籍保护、整理、研究、出版工作作出了全面部署,站位更高,措施更有力,也对我们古籍工作者提出了新的更高的要求。作为一个从事文化遗产整理研究的学人,我想谈一点自己的体会和想法。

一、系统梳理先贤留存的古籍遗产,打造中国古代典籍大型书库

中华文明,源远流长;文献典籍,浩如烟海。自先秦至民国,历代先贤撰作了浩繁的图书典籍,孕育了多元灿烂的中华文化。这是一笔无比珍贵的精神财富,确实值得我们努力传承和弘扬。然而面对如此巨量的文化遗产,如何找书、读书其实并不是一件容易的事。清代编《四库全书》,收书3462种,这是我国历史上最大规模的一次图书结集。20世纪末,国家组织编纂《续修四库全书》,收书5213种,规模达《四库全书》的1.5倍。但即便如此,被这两种大型总集所收载的古籍仍不足传世古籍的1/20(前

几年编纂的《中国古籍总目》著录古籍书目约20万种），由此可见，有待搜集的文献数量仍然十分庞大。试以浙江省为例，据统计，浙江古代著述就达近2万种之多（包括1912年前浙籍人士著作与浙江地方文献），数量比《四库全书》《续修四库全书》的总和还多1倍多。历代有识之士，在浙江文献的搜集整理上，作出过不少贡献，如清代胡凤丹、胡宗懋父子编的《金华丛书》《续金华丛书》，民国张寿镛编的《四明丛书》、刘承干编的《吴兴丛书》，等等，但都局限于一郡一邑，且有较多的遗漏。21世纪初，作为浙江文化研究工程的重要组成部分，浙江大学浙江文献集成编纂中心为主组织编纂了"浙江文献集成"，目前已出版《沈括全集》《黄震全集》《杨简全集》《卢文弨全集》《朱彝尊全集》《夏丏尊全集》《郁达夫全集》《徐志摩全集》《陈望道全集》等大家全集10多种，但由于涉及新编、标点、校勘等整理工作，进度较慢；浙江古籍出版社则编纂出版了"浙江文丛"183种800册，速度较快，但系统性有所欠缺。另外浙江文献集成编纂中心组织编纂了整理点校的《义乌丛书》。此外还有影印的《重修金华丛书》《衢州文献集成》《宁海丛书》《浙学未刊稿丛刊》等。这些丛书的编纂，为浙江地方文献的编纂提供了范例。其他各省市古代著述整理的情况大抵相仿，也都或多或少推出过若干汇编性的中小型丛书。但对留存的巨大的文献总量来说，这些汇编整理工作都还仅仅是局部的、少量的，文献利用不便的问题依然存在。另外，纸寿千年，纸本文献可保存的时间总是有限的，亟须采取更彻底的可传之久远的解决办法。

《意见》提出要"加强传世文献系统性整理出版，推进基础古籍深度整理出版""推进古籍文献通代断代集成性整理出版"，为古籍文献的系统性、集成性整理出版指明了方向。我们应抓住这一有利时机，乘势而上，乘势而为，在摸清家底、系统梳理的基础上，各省市分工合作，通过影印、建设数据库等形式，编纂超越《四库全书》《续修四库全书》的更大规模的古代文献丛书，打造中国古代典籍大型书库，并上网向全世界公布，使珍稀图书化身百千，从图书馆走进普通百姓的家里，促进优秀文化的普及和弘扬，使中华优秀传统文化的精粹代代相传。

二、实施文化遗产真迹回归工程，促使流散海外的珍稀文献重返故里

1840年鸦片战争开始，西方列强的坚船利炮轰开了中国沿海的大门，使中国开始沦为半殖民地半封建社会，一步一步丧失了独立自主的地位，中国的历史进入了最黑暗的一章。与此同时，西方各国的探险队也纷至沓来，在搜集军事情报的同时，肆无忌惮地掠取我国古代的文化遗产，特别是在陕西、新疆、甘肃、内蒙古等丝路沿线一带，盗取了大量珍贵的古代文物文献。比如20世纪初在莫高窟藏经洞发现的以唐五代写本为主体的敦煌文献，总数近7万号，但其中的绝大部分（4万多号）却被英、法、俄

及日本等国的探险家劫掠而去。又如19世纪末以来在新疆吐鲁番地区晋唐古墓葬群中所发现的写本文献，总数达5万号左右，20世纪初在内蒙古额济纳旗黑水城遗址发现的北宋至北元时期写本、刻本文献，总数达2万号左右，多数也被英、德、俄、日等国的探险家所攫取。如此等等，大批我国珍贵的古代文献被国外的公私藏书机构所收藏，而留在国内的，乃劫余之物，多为残卷断片，诚如陈寅恪所说，"其发见之佳品，不流入于异国，即秘藏于私家"，乃"吾国学术之伤心史也"（《敦煌劫余录》序）。

20世纪80年代以来，随着国学的全面复苏，推动了流散在海外的古代文献陆续影印出版。以敦煌写本为例，随着《英藏敦煌文献（汉文佛经以外部分）》《法藏敦煌西域文献》《俄藏敦煌文献》《英国国家图书馆藏敦煌遗书》《台东区立书道博物馆所藏中村不折旧藏禹域墨书集成》《大谷大学所藏敦煌古写经》《敦煌秘笈》（日本杏雨书屋藏敦煌文献）等大型出版物先后出版，流散在海外的敦煌文献绝大部分已公之于世。这些大型图书的出版，为各国学人查阅敦煌文献提供了条件。但由于上述出版物都是按各地馆藏流水号影印出版的，没有分类，编排杂乱，读者使用起来很不方便。更糟糕的是，这些影印出版物大多是黑白图版，印刷效果欠佳，文字多有漫漶不清，原卷中比比皆是的朱笔所作的各种符号，在黑白影印的图版中字迹暗淡，甚至踪迹全无，从而给读者深入研究带来了极大的困难。有鉴于此，最近二三十年来，学术界持续呼吁敦煌文献文物的回归，但由于种种原因，目前尚难实现。其他流散在海外的古代文献也面临同样的情况。

《意见》提出要"加强古籍抢救保护、整理研究和出版利用""加快出土文献整理研究成果出版利用""推进古籍重大项目"。建议国家古籍办会同有关部门，分门别类，在做好调研和前期准备工作的基础上，分批争取流散在海外的珍稀古代文献彩色照片的回归并授权分类出版，促成其事实上的"回归"。

三、发掘古代文献中最优秀的文化基因，推动中华传统文化创新性发展

中国人遍及全球，中华学子誉满天下，但在经济全球化的大背景下，也会有迷失的时候。如何在全面建设小康社会的征途中"不忘初心，继续前进"？如何"实现精神富有"？如何在西方文化的侵蚀中保持自己的特色？如何解决"我是谁？我来自何地？要去何方？"的文化迷思？所有这些都需要在先贤著作中去寻找答案，都需要文化的自信，都离不开精神的支撑。然而中华传统典籍浩如烟海，各类经典汗牛充栋，这里有一个读什么、怎么读的问题。《意见》提出要注重"古籍保护传承和转化利用""做好古籍普及传播"，都非常重要。我们有必要编纂一系列的中华传统文化经典普及读物（比如浙江有关部门正谋划编纂每个县的人文读本，把每个县各自历代先贤著作中最优秀的作品汇为一编；然后在此基础上汇编每个地区的人文读本，最后编纂多卷本

的《浙江人文读本》），发掘提炼中华优秀历史文化中最精华、最经典的部分，让它们从历史文化经典、史乘、文集、笔记、家训中走到最广大的人民群众中间，接地气，扬正气，激发每一个炎黄子孙，尤其是青少年爱家、爱家乡、爱祖国的热情，从而真正实现《意见》提出的"把马克思主义基本原理同中国具体实际相结合、同中华优秀传统文化相结合，深入推进中华优秀传统文化创造性转化、创新性发展"。

总之，我们应该认真梳理先贤留存的文化遗产，深入发掘古代历史文化中蕴含的精髓，消化吸收，推陈出新，推进我国哲学社会科学的发展，为中华民族的伟大复兴提供强大的"精神动力"与"思想能源"。

四、健全古籍工作的体制机制，加强古籍学科专业的建设

现在国家层面有全国古籍整理出版规划领导小组，但很多省市却没有相应的机构，从而在一定程度上制约了这方面的组织协调工作。《意见》提出要"加强古籍工作体制建设""各地要结合实际完善古籍工作体制机制，加强省级古籍工作的统一领导和组织协调"。这项工作非常重要。只有健全省级古籍工作的体制机制，加强省级古籍工作的统一领导和组织协调，国家对古籍工作的重视才能落地生根，才能真正落到实处。

另外，古典文献学学科是古籍整理工作主要依托专业，但国

家的学科目录中却把古典文献学依附于图书情报学之下,后者以图书情报学为主导,跟古籍整理工作性质不同,研究内容差别很大。各级政府部门项目评审、评奖也都没有专门的文献学门类,申报或评审时只能附属于图书情报学或历史、文学、语言专业,似乎有一种到处不着边的感觉,严重挫伤了古籍整理研究人员的积极性。《意见》提出要"推进古籍学科专业建设",极其重要。希望能推动有关部门设立独立的古籍整理一级学科,或者把古典文献学从图书情报学独立出来,这样对人才培养和提升古籍学科专业的地位都很重要。

(原载《光明日报》2022年4月25日13版)

提升文献学的学科地位，把对中华优秀传统文化的重视落到实处

2022年4月，中办国办印发了《关于推进新时代古籍工作的意见》，指出要"把马克思主义基本原理同中国具体实际相结合、同中华优秀传统文化相结合，深入推进中华优秀传统文化创造性转化、创新性发展"。2023年6月2日，习近平总书记《在文化传承发展座谈会上的讲话》对"两个结合"作了更深刻的阐述，指出要"充分运用中华优秀传统文化的宝贵资源，探索面向未来的理论和制度创新"，把中华优秀传统文化的重要性提到了前所未有的高度。这里我想结合《意见》和《讲话》的学习，谈一下文献学的学科建设问题。

一、文献学是传承弘扬中华优秀传统文化的根基之学

中华文明，源远流长；文献典籍，浩如烟海。自先秦至民国，

历代先贤撰作了浩繁的图书典籍，孕育了多元灿烂的中华文化。这是一笔无比珍贵的精神财富，值得我们努力传承和弘扬。清代编《四库全书》，收书3462种，这是我国历史上最大规模的一次图书结集。20世纪末，国家组织编纂《续修四库全书》，收书5213种，规模达《四库全书》的1.5倍。但即便如此，被这两种大型总集所收载的古籍仍不足传世古籍的1/20（前几年编纂的《中国古籍总目》著录古籍书目约20万种）。面对如此巨量的传世文献，普通读者如何找书、读书？如何去其糟粕、取其精华？如何传承弘扬、推陈出新？加强文献学的学科建设，培养古籍整理方面的人才，厚植国人古文献方面的学养，推动和促进传统文化的普及和弘扬，无疑是其中一个非常重要的抓手。

由于种种原因，以前曾有很长一段时间我们对传世典籍有一些不太正确的认识，甚至一概视为封建糟粕，拉杂摧烧之。就我自己而言，整个小学、中学阶段都处在不学无术的阶段，所以国学的基础知识极为薄弱。后来恢复了高考，上了大学，才有机会接触到一些古代的典籍和文化。特别值得庆幸的是，我研究生期间对古代文化典籍的系统学习，补上了文献学这一课。1984年，大学毕业在义乌图书馆做了两年半古籍图书编目工作之后，我考入杭州大学古籍所古典文献学专业读研究生，所长姜亮夫先生亲自制订了培养方案，规定每个研究生都要读12种中国传统经典，并且在全国延揽名师给研究生授课，除了本校的蒋礼鸿、陈桥驿、郭在贻、沈康身、龚延明、张金泉、倪士毅等名师外，还包括上海文史馆研究制度史的钱剑夫先生,北京文物局研究版本学的魏隐儒先生,中国美院研究艺术史和《周易》的王伯敏、章祖安先生,等等,从而得以系统学习了目录学、版本学、训诂学、音韵学等课程,打下了良好的文献学基础,也为我后来从事敦煌学研究和古籍整理工作创造了条件。积四十年古籍整理研究之经验,我深深感到,文献学是传承弘扬中华优秀传统文化的根基之学,甚至也是做一切学问的基础。很难想象一个没有文献学基础的人能够正确阅读古代文献典籍,能够从事古籍整理研究工作,更遑论传承弘扬、发展转化了。

二、文献学目前的学科地位

按高校现行的学科体系,中国语言文学一级学科下有中国古典文献学二级学科,这是古籍整理工作的主要依托学科。但国家的学科目录中却把文献学依附于图书情报学之后,后者以图书情报学为主导,涵盖图书馆学、情报学、档案学、博物馆学等,跟古籍整理工作性质不同,研究内容差别很大。另外,中国史一级学科下有历史文献学,与古典文献学的关系不明不白,互相纠缠不清。也就是说,文献学现在分隶于中国语言文学、图书情报学、中国史三个一级学科,各吹各的号,各唱各的调,三者之间类属不明,边界不清,让人无所适从。各级政府部门项目评审、评奖也都没有专门的文献学门类,申报或评审时只能附属于图书情报学或历史、文学、语言专业,似乎有一种到处不着边的感觉,严重挫伤了古籍整理研究人员的积极性,也不利于古籍人才的培养。

三、建议设立文献学一级学科

《意见》提出要"推进古籍学科专业建设",极其重要。希望能推动有关部门加快古籍整理相关学科的调整和建设。本人在《传承与弘扬:推进新时代的古籍整理事业》一文中建议把文献学从图书情报学、历史文献学从中国史分别独立出来,在中国语言文学门类下,设置文学、语言学、文献学三个平行的一级学科,文献学一级学科下设经学、语言文献学(含古文字学)、文学文献学、历史文献学(含敦煌学、写本学)、哲学文献学、艺术文献学等二级学科,庶几纲目清晰,界限分明。中国社科院学部委员、文哲学部副主任、文学所原所长刘跃进多年前著有《中古文学文献学》(江苏古籍出版社1997年版),就是文学文献学领域的一部非常有影响的著作。北京语言大学华学诚教授近年来一直倡导"文献语言学"(主编有《文献语言学》学术集刊),在"文献语言学"的微信群里聚集了四百多位学者,阵容壮观。同样,文献学门类下也可以有"语言文献学"。这样调整后的学科分类,对古籍整理人才培养和提升古籍学科专业的地位都很重要。[①]

[①] 参见张涌泉:《传承与弘扬:推进新时代的古籍整理事业——学习〈关于推进新时代古籍工作的意见〉的体会》,《中国社会科学报》2022年7月8日A5版。

最近，读到全国政协委员、中国社会科学院文学研究所古典文献研究室主任刘宁研究员《设立古典文献学一级学科　更好传承弘扬中华优秀传统文化》一文，建议以中国古典文献学为基础，整合历史文献学和图书情报学下的相关学科，在交叉学科门类中设立"古典文献学"一级学科，将古籍整理研究、古籍保护修复、古籍编辑出版、古籍数字化、古籍普及传播等各环节的学科建设和人才培养工作统合起来，进行古籍人才的全过程综合培养，建立并完善涵盖古籍普查、登记、保管、修复、整理、出版、研究、阐释、宣传、推广、普及、传播、数字化、智能化等领域的专业学科体系。[①] 看来，提升文献学的学科地位确实是大势所趋，已然成为学术界共同的呼声。至于如何调整，其下的二级学科如何分设，则可征求各方意见，进一步凝聚共识。希望有关部门顺应民意，积极作为，早作决断，把国家对中华优秀传统文化的重视落到实处，建立更加科学完备的古籍整理人才培养和学科专业体系，为推动马克思主义基本原理同中华优秀传统文化相结合，推进中华优秀传统文化创造性转化、创新性发展，作出无愧于我们这个时代的新贡献。

（原载《文献》2023 年第 6 期）

---

① 参见刘宁：《设立古典文献学一级学科　更好传承弘扬中华优秀传统文化》，《人民政协报》2023年8月8日7版。

感 思

做博士生和带博士生
——在首都师范大学主办的"方法、资料与规范——全国百篇优博导师、博士论坛"上的演讲

各位老师、各位同学:

下午好!

这次论坛的组织者要我们谈谈"指导研究生论文选题、写作方面"的经验,作为一个曾经的博士生、博士后,我想如果结合自己的求学经历来谈,也许对大家会更有启发。所以下面就从自己做博士生谈起。

一、做博士生

(一)无奈的选择

我的中小学是属于被耽误的一代。1977年上大学前,我曾下过乡,做过砖瓦匠,当过搬运工,当过代课教师。这段时间艰苦

生活的磨炼，使我懂得珍惜，培养了我坚韧耐劳的品格。

幸运的是，我赶上了1977年的高考，成了被耽误的一代中的"幸运儿"。

更幸运的是，上大学以后，我碰到了许许多多的好老师。大学时我们古代汉语课的任课老师是郭在贻先生，他激起了我对古代语言文字的浓厚兴趣；我大学毕业论文的指导老师是蒋礼鸿先生，他使我知道了什么叫敦煌变文和俗语词；1984年，已届而立之年的我又考上了杭州大学硕士研究生，导师是郭在贻先生，他引领我真正走上了敦煌学和近代汉语的研究道路。

1986年硕士研究生毕业以后，我留校任教。当时郭老师提出了"敦煌学三书"（《敦煌变文集校议》《敦煌变文校注》《敦煌吐鲁番俗字典》）的研究计划，并决定让我和我的师弟黄征合作来进行。当年在郭老师的指导下，我们一头扎进敦煌文献的汪洋大海，合作撰写了数十万字的学术论文，研究计划进展顺利。

1988年5月20日，郭老师在写给西北师大赵逵夫教授的信中说："弟与张、黄两位青年朋友合作撰写的'敦煌学三书'，其中《敦煌变文集校议》一稿将于年底蒇工，全稿约30万字。此稿专谈我们自己的看法，自信不无发明，其中俗字和俗语词的考释方面，尤多独得之秘。"

郭老师是当时全国最年轻的博导之一，影响如日中天；而名不见经传的我和黄征的名字列在郭老师之后，频频出现在各种学术刊物之上，在旁人看来，我们的前途一片光明。然而天有不测风云。1989年初，郭老师不幸病逝。

郭老师去世以后，我们的境遇发生了逆转。不但我们的研究工作遇到了许多困难，失去老师的庇荫，我连续两年申报副教授都无功而返。加上当时人们对学位越来越看重，尤其是作为一个高校老师，没有博士学位，往往是致命的。所以我当时的处境很不妙。

就是这时，项楚老师伸出了救援之手，他鼓励我报考他的博士生，我也幸运地被录取了。1993年初，在一个阴冷的春日，年近不惑的我告别妻女，踏上了"难于上青天"的巴蜀之路。我当时的心境，套用一句古话，真有几分"风萧萧兮易水寒，壮士一去兮不复还"的悲壮色彩。

（二）"自乐斋"里的"老"学生

成都的天总是阴沉沉的，但我在川大感受到的到处都是灿烂的阳光。项老师和学校上上下下都对我这个"老"学生给了特殊的照顾，房产部门给我安排了一个约10平方米的单间，我把它戏称为"自乐斋"。

我当时已届不惑之年，是个名副其实的"老"学生。

此后近两年中，我在"自乐斋"和书为伴，度过了几百个"快乐"的日日夜夜，并取得了不俗的成绩。在川大不到两年的读书时间里，除撰写一些单篇论文外，我还完成了30多万字的《汉语俗字研究》以及博士论文《敦煌俗字研究》的上编。

《汉语俗字研究》，35万字，入选国家古籍整理出版规划小组主编的《中国传统文化研究丛书》第1辑，1995年4月由岳麓书社出版，"其成果达到了当今这方面研究的最高水平"[①]。1995年，该书评获北京大学第六届王力语言学奖。

《敦煌俗字研究》，博士论文，近70万字，分上下编。1994年10月，论文提前完成进行答辩。论文评阅人包括周有光、季羡林、周一良、李荣、裘锡圭、许嘉璐等。答辩委员会委员为蒋绍愚、江蓝生、杨明照、张永言、赵振铎、项楚。阵容堪称豪华。论文评议人和答辩委员会都对论文给了较高的评价，如裘锡圭教授认为该文是"俗字方面的拓荒性著作"；季羡林教授认为该文是作者把四川大学和杭州大学这两个敦煌学研究中心联系起来"所产生的优异的成果"；中国社科院李荣研究员认为该文"为同类作品中之上等"；国家语委周有光研究员认为该文"把敦煌俗字的研究，提高到比较全面和比较客观的学术水平，这是敦煌学的可喜进展"，该文"是进入敦煌文献宝库的一把钥匙"。

1996年12月，《敦煌俗字研究》由上海教育出版社出版。1998年评获教育部第二届普通高校人文社会科学研究成果奖一等奖。

---

① 美国《芝加哥日报》1996年10月25日。

二、做博士后

博士毕业以后，何去何从，是摆在我面前的一个新的"课题"。命运之神再一次显示了她的慷慨和无私，使我有机会到我国的最高学府——北京大学做博士后研究，合作导师是我心仪已久的著名学者裘锡圭先生。

博士后期间，我最重要的工作便是完成作为博士后课题的《汉语俗字丛考》的写作。如果说，我博士期间撰写的《汉语俗字研究》《敦煌俗字研究》属于俗字理论的系统阐述，那么《汉语俗字丛考》便是在俗字理论指导下的疑难俗字的具体考释。由于以往对俗字研究的不重视，导致现有的一些大型字典如《康熙字典》《汉语大字典》《中华字海》等在俗字的收录、辨析等方面都还存在着严重的缺陷。20世纪90年代初，笔者便曾写过《俗字研究与大型字典的编纂》的长文，就此提出自己的看法，谬承裘师赞誉，把它推荐到《中国典籍与文化论丛》第1辑（中华书局1993年版）上发表（该文与笔者的另一篇文章一起评获1994年中国社科院青年语言学家奖二等奖）。到北大后，在裘师的鼓励下，我便把《汉语俗字丛考》作为自己博士后期间的研究课题，试图对《康熙字典》等大型字典在俗字方面的缺失进行一次总的清算。

1996年岁末，我如期完成了《汉语俗字丛考》的写作，并举行了出站报告会。该书对历史上的疑难汉字进行了最为系统全面的清理，考辨的疑难俗字达3274个。报告会上，与会专家对《汉语俗字丛考》给予了积极的评价。郭锡良先生说，"这一课题完成得相当出色"，"这部书稿不仅很有实用价值，而且也是很有学术价值的"。何九盈先生称本书"规模之大，创获之多，可谓前所未有"。裘锡圭师也说作者"立论审慎，创获极多"，"其成绩大大超过了前人"。该书2000年由中华书局出版，并先后评获中国社科院青年语言学家奖一等奖、教育部普通高校人文社会科学研究优秀成果奖二等奖。

三、带博士生

1997年初，我回到杭州大学任教。1998年被评为博士生导师。从那以后，我已先后指导了近二十名博士研究生，其中张小艳的学位论文《敦煌书仪语言研究》、韩小荆的学位论文《可洪音义研究》先后被评为全国百篇优秀博士论文。

对博士生，在学业必须从严要求，这是不用置疑的。对此我们下文再作讨论。但与此同时，我们也要从各方面关心他们、爱护他们。用古人的话来说，就是恩威并重。师道尊严是需要的，关心爱护也是必不可少的。这种关心、爱护我想可从三个方面入手。

一是要关心学生的学习情况，要培养学生对学术研究的兴趣。作为博士研究生的指导教师，我们除了传授知识以外，还要培养学生对学术研究的兴趣和乐趣，使他们感到做学问是一种快乐的事情。平时要注意加强师生之间的联系和交流，如尽可能挤出时间来带学生去爬爬山，划划船，既可以借机放松一下自己，又可以通过这种形式拉近与学生之间的距离，增强师生之间的感情，了解学生的一些真实的想法。对学生的一些好的想法，鼓励他们写出来，并积极推荐发表，以增强他们的自信心。

二是要关心学生的生活情况。对一些生活有困难的同学，我们作为老师有责任尽力去帮助他们，想法为他们提供一些助管、助研的机会，帮助学生解决生活、购书等方面的困难。这些年图书价格飞涨，学生往往很难将太多的钱用于书刊购置，特别像我所从事的敦煌学研究，我把它称作"富贵学问"，很多图书价格昂贵，学生根本无法承受，加上许多专业书刊有一个长期积累的过程，一时很难备齐。所以除了尽可能请校、所购置以外，我把我自己的有关的图书资料全部放在资料室，让学生自由取用，从而既节省了学生的不少购书经费，也大大节省了大家花在收集资料方面的时间，给学生们带来了很多便利。"百万册"图书中有很多有我的批注，其实都是我私人的藏书。

三是对犯错误的同学，不能一棍子打死，在严肃处理的同时，要给他们出路，必要时还要"包庇"他们一下，让他们感到导师是真正关心他们、希望他们好的。

在这里，我想谈一下对师生之间存在的一种我个人认为不太正常的关系的看法。如同大家都知道的，现在一种流行的称呼是把导师称作老板，把师生看作老板和打工者的关系。理工科的情况我不太了解，也不敢妄加评论，但对文科尤其是对人文学科来说，这种称呼并非实情，也是有害的。这是把纯洁的师生关系庸俗化了。其实对人文学科来说，这种关系差不多要倒过来。人文学科的研究更多的是个体的研究。博士生在短短的三年时间里，除了独立完成一篇有分量的博士论文外，还得发表若干篇学术论文，时间本身就是够紧张的，所以他们能按时毕业就算谢天谢地了，几乎不可能有太多的时间协助老师做很多具体的科研工作。而对导师来说，一个博士生从进校到毕业，给他们上课不说，往往还要从他们平时提交的作业改起，博士论文更是需要一改再改，真不知要花多少时间。为了他们能按时毕业，有时老师写的文章，还得给研究生署上名。所以我常说是我们给研究生打工，而不是研究生给我们打工。所以我们人文学科的导师千万不要把学生真的当作打工者来使用。当然，结合研究生的研究方向，适当让他们参加一些相关的课题，既可获得若干补助，以弥补生活经费的不足，又可增强实际的研究能力，确实也是有一定好处的。但这种工作必须适可而止。

四、几点体会

作为一个博士生导师，以及曾经的博士生、博士后，可以给我们年轻的朋友说点什么，或者提点什么忠告呢？我想以下四点是可供大家参考的。

（一）海纳百川，夯实基础

这其实是个老话题，不能展开讨论。这里我只是想结合自己的学习过程谈一点体会。

我在硕士生学习阶段，接受较多的是训诂学方面的训练。硕士毕业以后，郭老师带领我们做"敦煌学三书"，主要是从事敦煌学研究，但说实在的，自己对敦煌学的基础知识了解得并不充分。而项楚老师在敦煌俗文学作品的研究中居于世界领先水平，他的《敦煌变文选注》《王梵志诗校注》《敦煌文学丛考》等著作蜚声海内外学术界。郭师生前就曾不止一次地对我们说过，在敦煌变文和王梵志诗的研究方面，当推项楚为第一人。所以后来有机会师从项先生攻读博士学位，接受了敦煌学方面的系统训练，这对完善自己的知识结构是非常有必要的。

但这时我的兴趣主要是在近代汉字研究方面，博士论文写的是《敦煌俗字研究》。而在文字学方面，实在是半路出家，缺乏扎实的基础，因而研究工作中经常遇到许多无法解决的困难。而裘锡圭先生是我国最著名的文字学家之一，他不但在古文字的考释方面取得了举世瞩目的卓越成就，而且在汉字学的理论建设方面也有许多重要的建树，他的《文字学概要》对汉字的性质、形成、发展、演变，汉字的结构类型以及俗体字在汉字演变中的作用等一系列问题都作出了独到而深刻的阐述，因而被誉为"最为完善最有价值"的汉字学通论性著作，蜚声海内外。所以博士毕业以后，有机会在裘老师那儿做博士后，补上了文字学这一课，弥补了自己以往这方面知识的欠缺，也大大拓宽了自己的知识结构和研究领域，从而为更深入的研究打下了比较坚实的基础。

敦煌学是一门综合性的科学，包罗万象，需要研究者有比较广博的知识储备。但新手上路，掌握的技能往往是有限的，这就有一个不断学习、拓宽知识面的问题。我自己一开始从事敦煌语言文字研究的时候，对敦煌学、对文字学其实都还是外行。后来随着研究的深入，发现了自己知识储备的不足和欠缺，于是南征北战，四处寻访名师，不断给自己补课。现在看来，这些都是必需的。我前面说我去读博士是"无奈"之举，其实这个"无奈"也包括为弥补自己知识储备的不足而不得不迈出的一步。

更进一步说，当今的世界是一个开放的世界，学术研究也必须与外部交流，与世界接轨。研究者要有海纳百川的胸怀和气度，要善于吸收不同国家、不同民族、不同流派的学术精华，然后扬己所长，在自己感兴趣的领域里开拓深入，这样才能形成自己的学术思想，形成自己的特色，形成自己的优势。那种自我封闭、"近亲繁殖"的学习教育方法，不利于学术的创新和发展，不利于优秀人才的培养。所以我希望我们在座的硕士、博士敢于走出去，向不同的师傅学习，在流动中感受不同师门学术思想观点、工作方法和科研作风的碰撞和洗礼，吸收不同的学术营养。我想，这也是造就新一代学术带头人的必要步骤之一。

（二）严格规范，端正学风

博士研究生来自五湖四海，来自不同专业，背景不同，目的各异，水平也参差不齐。其中不少人来自一些层次比较低的学校，缺少规范的学术训练。有的学生是抱着"混"甚至"骗"文凭的心态来学校的。我所在的浙江大学古籍研究所，近十年来就发现了多起弄虚作假的事件。有剽窃他人论文的，有一稿多投的，有直接引用各种电子图书而不核实原书的，等等。论文中的常识性错误更是比比皆是，甚至出现了《墨子闲诂》之类的低级错误①。所以新生到校以后，如何端正他们的学风，让他们讲规范、走正路，是一个重要工作。正是有鉴于此，我们所在 2003 年就出台了《关于加强学术道德自律严格学术规范的决定》，规定了学位论文写作的详细格式，要求所有引文都必须注明原始出处页码，并规定论文答辩前要经过两次匿名评审，即所里请专家预审和学校规定的专家通讯评审。其中所里请专家预审除对论文的总体评价外，着重检查学生的学术规范，规定论文的差错率（包括标点符号）不能超过万分之五。不符合学术规范的一票否决，半年以后才能重新提请专家预审。正是由于我们抓了学风问题，在学风问题上严格要求，对越过这条红线的严肃处理，决不姑息迁就，引导研究生在平时就养成遵守学术规范的良好习惯，从而形成了讲学风道德、讲学术规范的良好氛围，极大促进了学位论文

---

① 清孙诒让的《墨子閒诂》，"閒诂"犹夹注，"閒"简化当作"间"。汉许慎注《淮南子》，题曰《鸿烈閒诂》。清叶德炯跋云："閒诂犹言夹注，与笺同实而异名……盖其书为许君未卒业之书，仅约略笺识其旁，若夹注然，故谓之閒诂。"清孙诒让《〈墨子閒诂〉自序》："昔许叔重注《淮南王书》，题曰《鸿烈閒诂》，閒者发其疑悟，诂者正其训释。""得间"亦作"得閒"，有隙可乘，得到机会，可参。

质量的提升。正是这种强调学术规范的学风的引导和要求，张小艳、韩小荆的博士论文在学术规范方面可以说是无懈可击，得到了同行评审专家和答辩委员会成员的一致好评。

（三）精心选题，力求创新

题目的优劣在很大程度上可以决定论文本身的水准。一篇优秀的博士论文，必定是那些有开拓性的有创见的或者是具有填补空白的学术意义的选题。我的博士学位论文是《敦煌俗字研究》，这部书后来得了教育部的人文社科优秀成果奖一等奖。我当初为什么会选择这样一个题目呢？这与我的学术经历有关。

我们知道，敦煌文献校读有三大障碍：一是敦煌写本多俗字，辨认不易；二是敦煌文书多俗语词，理解不易；三是敦煌写本有许多殊异于后世刻本的书写特点，把握不易。其中敦煌文献俗语词的研究，蒋礼鸿先生的《敦煌变文字义通释》业已导夫先路，后来又有《敦煌文献语言词典》《敦煌文学丛考》等著作，成绩斐然。但敦煌俗字的研究，敦煌写本书写特点的归纳，当时都还近于空白。20世纪80年代中，我在写硕士论文《敦煌变文校读释例》的时候，就注意到了敦煌俗字的问题，后来郭在贻师带领我们写《敦煌变文集校议》，对此就有了更深刻的体会。通过核对缩微胶卷，我们发现《敦煌变文集》的失误，很大一部分都与不明俗字有关。所以当时我就有系统搜集、研究敦煌俗字的设想。1989年，台湾新文丰出版公司组织国内外学者编写"敦煌学导论丛书"，项楚师推荐让我来写"敦煌俗字研究导论"，正与我的研究计划不谋而合。但由于种种原因，这个写作计划一直未能付诸实施。只是到了川大以后，在项老师的鼓励下，我才正式把它当作博士学位论文着手进行写作。正因为这个题目是我们在敦煌文献整理的实践中发现并迫切需要解决的，具有开拓性和填补空白的学术意义，所以论文完成后得到了学术界积极的评价。周一良先生在评议中认为该文"是今后读敦煌写本的重要参考，功德无量，与蒋礼鸿先生的《敦煌变文字义通释》堪称双璧"，正是从这个角度着眼的。

但对比较年轻的研究生来说，由于他们阅历较短，知识储备还不够丰富，所以往往很难在较短时间内把握学术界的动向，走到学术研究的前沿，更何况有的博士生刚进校时在专业研究方面几乎还是一片空白。所以在这种情况下，作为博士生导师来说，一个重要的责任就是帮助指导研究生确定自己的主攻方向，并最终形成一个有较大开拓空间的博士论文的选题。这里我想以张小艳的博士论文来举例说明。

刚才我们说过俗语词的理解也是敦煌文献校读的障碍之一，蒋礼鸿先生、郭在贻先生、项楚先生等在这方面都有许多重要的成果。但真正为学界关注的只是其中口语性较强的变文、王梵志诗等，而书仪等许多文献都未得到应有的重视。书仪是关于典礼仪注和书札体式的范本，史籍记录的五代以前的书仪已基本失传。1900年发现的敦煌藏经洞文献中保存了100余件书仪写本，许多未见于传世文献，其中的语言既承袭了魏晋书帖的遗风，又创立了宋元尺牍的新范,在书札用语的研究上具有非常宝贵的价值。2000年,我承担了教育部的重大课题"敦煌文献语言大词典",便有意识地安排张小艳搜集书仪方面的词条。正是在这样一个对书仪语言的接触和熟悉的过程中,论文作者和指导教师进一步了解到了书仪语言的研究价值,并最终把它确定为博士论文题目。此前学术界对敦煌书仪虽不乏研究,但主要集中在历史和礼俗方面,对它的语言进行整体考察和系统研究的,《敦煌书仪语言研究》是第一次,确实具有填补空白的学术意义。

(四)优秀苗子,重点培养

对那些好的苗子、博士论文初稿有较多创见的研究生,导师要注意重点培养,要千方百计为他们的脱颖而出创造条件。其中特别要注意抓好以下四个环节。

一是认真修改好论文,精益求精,做到万无一失。除了内容本身以外,要严格学术规范,参考文献、字句甚至标点符号,都要力争没有错误或者基本没有错误。我的博士生的学位论文,我除对每章的初稿审读过若干遍以外,通常还与博士生一起,对论文全稿逐字逐句通读一遍,既从宏观的角度对论文提出指导性的修改意见,还对许多枝节问题甚至字句作大量具体的修订。与此同时,我还让作者把论文分发给师兄弟们征求意见,请大家一起为论文把关。特别是一些低年级的博士生,通过通读论文,不但从不同的角度为论文的完善提出了建设性的意见,而且从中学到了许多知识,为以后自己的论文写作获得了不少有益的启示。记得当年张小艳的论文还请她以前的硕士生导师王锳先生、袁本良先生审阅指正。正是在作者、指导教师以及其他老师、同学的精心打造下，张小艳提交的博士论文不但质量上乘，而且体例、文字上面也可以说是无懈可击，真正做到了内容和形式的完美统一。

二是对论文中一些比较成熟的篇章，及时推荐发表，并且要注意发表刊物本身的学术档次。在毕业前后，张小艳先后在《古汉语研究》《文献》《文史》《敦煌吐鲁番研究》等重要刊物上发表了一系列跟毕业论文相关的学术论文，引起了学术界的关注。

三是论文的评审和答辩委员会专家要尽可能请相关领域的知名专家来担任，提高论文评审的档次和评语本身的可信度。专家的评语对博士生来说，是他们终生的财富，会对他们以后的研究方向起到重要的指导作用，所以如果可能的话，应尽可能请一些高层次的专家来担任评审专家或答辩委员。张小艳的博士论文答辩，答辩委员会成员包括来自北京大学、中国社科院、南京大学的顶级专家，答辩委员会主席是著名学者北京大学蒋绍愚教授。正是得到这些知名专家的肯定和鼓励，给了作者自信，为申报优秀博士论文带来了强大的动力。

四是根据各方面专家的意见在对论文进行修改完善的基础上，推荐到一些信誉较好的权威出版社正式出版。张小艳的博士论文在答辩后，经过进一步的修改完善，在蒋绍愚等先生的推荐下，申报商务印书馆的"语言学出版基金"。经过专家匿名评审、评审委员会无记名投票等严格的评审程序，最终入围，被列入商务印书馆的"语言学文库"。这是一个很高的荣誉,从而极大提高了论文的学术影响。

2011 年 8 月 22 日

2006年全国百篇优秀博士学位论文纪念奖章

"全国优秀博士学位论文指导教师"荣誉证书

燕园问学记

1995年初至1996年底，我曾有幸到我国的最高学府——北京大学中文系博士后流动站做了两年的博士后研究。出站后，曾在2001年、2005年先后获得中华人民共和国人事部、全国博士后管理委员会颁发的"中国优秀博士后奖""全国优秀博士后称号"。不久前，一位外地的朋友来信，要我谈谈做博士后的感受，这当然是不容推却的。

在进入正题之前，有必要对我进站前的求学生涯作一个简要的回顾。我出生于1956年，小学和中学时代几乎乏善可陈。1978年春天，作为恢复高考制度后的首届大学生，我告别了战天斗地炼红心的广阔天地，幸运地跨进了杭州大学的校门，从此才开始了真正的读书生活。本科毕业后，我又先后在杭州大学和四川大学攻读硕士和博士学位（其间还曾在义乌文化馆和杭州大学古籍研究所工作过若干年），导师分别是著名的训诂学家郭在贻教授和敦煌学家项楚教授。在他们的引导下，我走上了敦煌学的研究之路。在阅读敦煌文献的过程中，我发现敦煌写本中有许多殊异于后世刻本的特点，其中最重要的就是俗体字多。但由于种种原因，俗字的研究是我国文字研究中最为薄弱的环节，而敦煌俗字的研究更是几乎等于零。事实上，俗字的研究对于古籍（尤其是写本古籍）的整理和校勘，对于大型字典的编纂，对于汉字的整理和规范，对于建立完整的汉语文字学体系，都具有十分重要的意义。所以从20世纪80年代初开始，我就对俗文字学产生了浓厚的兴趣，后来又写了《汉语俗字研究》《敦煌俗字研究》等几本小书和几十篇这方面的论文。但我以前接受较多的是训诂学和敦煌学、文献学方面的教育，而缺乏文字学方面的比较扎实的基础，因而研究工作中经常遇到许多无法解决的困难。正在这时，国家试行社会科学领域的博士后制度，我作为屈指可数的几个幸运儿之一有机会到北京大学做博士后研究，合作导师是我心仪已久的著名文字学家裘锡圭教授。裘先生是科学的汉字学的奠基者之一，他不但在古文字的考释方面取得了举世瞩目的卓越成就，而且在汉字学的理论建设方面也有许多重要的建树，他的《文字学概要》对汉字的性质、形成、发展、演变，汉字的结构类型以及俗体字在汉字演变中的作用等一系列问题都作出了独到而深刻的阐述，因而被誉为"最为完善最有价值"的汉字学通论性著作，蜚声海内外。作为一个汉字学的爱好者，特别是当他的研究工作碰到困难的时候，能到裘先生这样的大师身边学习，那是一件多么幸运的事啊！

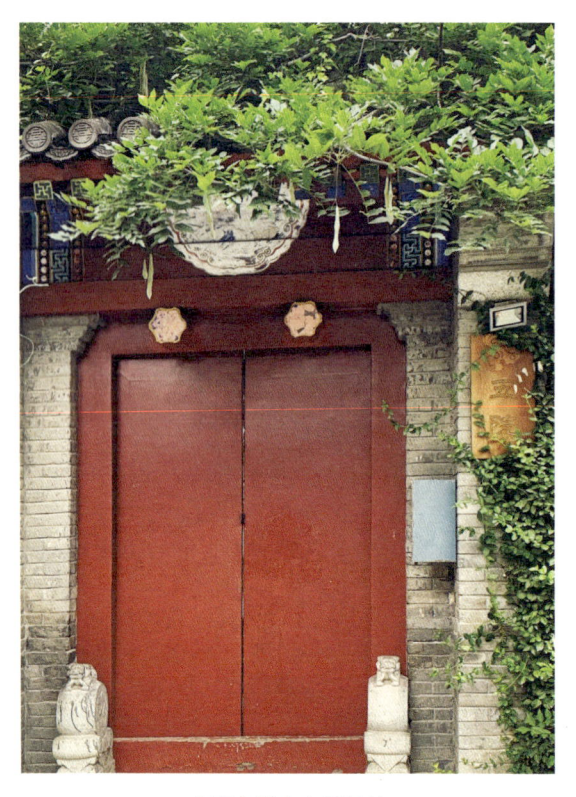

北京大学中文系旧址

到北大后，在裘先生的指导下，我进修了"古文字学""考古资料与传世先秦秦汉古籍的整理"等课程，弥补了自己以往这方面知识的欠缺，也大大拓宽了自己的知识结构和研究领域，从而为更深入的研究准备了条件。

根据进站时签订的协议，我在北大博士后流动站期间的主要研究课题是《汉语俗字丛考》。如前所说，俗字研究是我国文字研究中的最为薄弱的环节，这种落后状况造成的最直接的恶果之一就是现有的一些大型字典如《康熙字典》《汉语大字典》《中华字海》等在俗字的收录、辨析等方面都还存在着严重的缺陷。20世纪90年代初，笔者便曾写过《俗字研究与大型字典的编纂》的长文，就此提出自己的看法，谬承裘先生赞赏，把它推荐给《中国典籍与文化论丛》第1辑（中华书局1993年版）发表。到北大后，在裘先生的鼓励和直接指导下，我便把《汉语俗字丛考》作为自己的博士后课题，试图对《康熙字典》等大型字典在俗字方面的缺失进行一次总的清算。燕园丰富的图书资料、浓郁的学术气息、名家云集的师资队伍，为莘莘学子的成长提供了不可多得的良好氛围，我的研究工作也如鱼得水，进行得相当顺利。在短短的两年时间里，我先后出版了3部学术专著，并在《文史》《中国社会科学》《中国语文》等刊物上发表学术论文19篇，其中多篇为人大报刊复印资料全文转载。那真是我的学术生涯中的一段最具活力和创造激情的而令人无法忘怀的美好时光。1996年岁末，我如期完成了总字数100多万的《汉语俗字丛考》书稿的写作，并举行了论文报告会。与会专家对我的报告给予了积极的评价。郭锡良先生说,"这一课题完成得相当出色","这部书稿不仅很有实用价值,而且也是很有学术价值的"。何九盈先生称本书"规模之大,创获之多,可谓前所未有"。裘锡圭先生也说作者"立论审慎,创获极多","其成绩大大超过了前人"。[①]当然,我深知这些评价只是老师对自己学生的提携和鼓励,未必真实地反映了书稿所达到的水平,我没有理由也不应该因此而沾沾自喜。如果说我在这两年中确实取得了一些成绩的话,那也只能归功于杭大、川大、北大三所母校的老师们的培养和教诲,归功于我国的博士后制度为我们创造的优越的学习和生活条件。

两年的博士后经历是我人生道路上的一个最靓丽的闪光点,也是我学术研究的一个新的起点。如果要谈感受,我感触最深的一点就是博士后制度所培植的学术交流和人才流动的意识。当今的世界是一个开放的世界,学术研究也必须与外部交流,与世界接轨。研究者要有海纳百川的胸怀和气度,要善于吸收不同国家、不同民族、不同流派的学术精华,然后扬己所长,在自己感兴趣的领域里开拓深入,这样才能形成自己的学术思想,形成自己的特色,形成自己的优势。那种自我封闭、"近亲繁殖"的学习教育方法,不利于学术的创新和发展,不利于优秀人才的培养。博士后制度关于博士不得在原培养单位做博士后的规定,促进了国内外的学术交流和人才流动。博士后和博士后设站单位都可以在

---

① 以上评论均见北京师范大学编《汉字所快讯》1996年第3期。

这种流动中感受到不同的学术思想观点、工作方法和科研作风的碰撞和洗礼，有利于活跃学术气氛，有利于研究者吸收不同的学术营养，培养新一代的学术带头人。正是从这个意义上，作为一个受益者，我从心底里为我们国家新生的博士后制度欢呼叫好！我也愿意以我自己的努力和奋斗，为这一制度继续存在和发展的理由提供一份小小的佐证。

2005 年 12 月

"中国优秀博士后奖"获奖证书

"全国优秀博士后称号"证书

海纳　典学　和同
——在浙江大学古籍研究所成立四十周年庆典上的发言

时间过得真快,浙江大学古籍研究所的前身杭州大学古籍研究所成立已经四十周年,我和我那一届的研究生也即将迎来入校四十周年。四十年过去,弹指一挥间,值得回忆的事情很多很多,限于时间,我这里借用浙江大学校歌,只谈3个关键词6个字:海纳、典学、和同。

一、海纳

浙江大学校歌的第一句就是"大不自多,海纳江河"。海纳百川,有容乃大。古籍研究所发展到今天,不断发展壮大,其中很重要的一点就是不拘一格育人才,不拘一格用人才。这里我想举我自己为例。1982年春天,作为1977级的一员,我在杭州大学中文系本科毕业后被分配到义乌文化馆工作。1984年初,义乌图书馆分立,县里任命我担任图书馆的第一任馆长,工作也还算顺风顺水。1983年秋天,我去宁波天一阁学习取经,顺道来杭州,看望了郭在贻老师、张金泉老师等几位大学老师,他们告诉我,古籍研究所每年招研究生班,希望我去报考。正是在母校老师们的鼓励下,我参加了第二年的研究生考试,虽然专业课成绩名列前茅,但英语考得很差(具体分数不好意思说)。分数线是多少呢?40分。我没有上线。正是所领导和老师们的关爱,得以被破格录取,这个成绩,也许是创造了古籍研究所研究生外语录取分数线的最低纪录。假如不破这个格,我也许还在义乌图书馆当一个小小的图书管理员,当然也不排除当个更大一点的官或者下海去赚大钱。

1992年,我考入四川大学读博士,沈善洪校长说,读书支持,但是档案不能放,要我在职读博士。1995年,我到北大做博士后,当时人事关系转到了北大,裘老师和郭锡良老师、蒋绍愚老师都希望我出站后留在中文系工作。博士后出站前夕,沈善洪校长预先指示学校人事处安排我破格申报当年的正教授。这是很特殊的,我的人事关系在北大,但却在杭州大学申报教授职称,实际上是违规的。我1997年初回到杭州大学工作,人还没回来,但1996年12月已被破格晋升为教授。这也是不拘一格。

类似的事情,不少其他学生、老师大概也都碰到过。只要对学校发展有利的,有利于人才培育发展的,就敢于打破条条框框,不拘一格育人才，不拘一格用人才，这是当年杭州大学在省属高校中脱颖而出的重要原因，也是浙江大学古籍研究所发展壮大的宝贵经验。

二、典学

校歌说："念哉典学，思睿观通。"前一句出于《尚书·说命下》"念终始典于学"，什么意思呢？孔颖达疏："念终念始，常在于学。"《尔雅·释诂》："典，常也。""典"就是持久不断。所以通俗地说，"念哉典学"就是一心向学，念念不忘学习；"思睿观通"是指思考观察深刻全面。我想用"念哉典学，思睿观通"两句来归纳我们古籍研究所的学风是非常贴切的。

踏实勤奋、一心向学是古籍研究所研究生的鲜明特色。古籍研究所创办之初，姜老就为研究生培养制订了严密的培养方案和教学计划，又请大批校内外的名家给我们上课，这些，很多同学的回忆文章中都讲到了，这里就不多说了。同时，读万卷书，行万里路，所里又安排我们走出去，拜访名师，参观各地的博物馆。比如我们这一级，就去参访了六大故都，在西安，又专门请黄永年先生给我们讲学。正是这种广博与专精结合、读书与游学结合的人才培养模式，为我们进一步的发展打下了深厚的基础，这也是古籍研究所的学生成材率高的重要原因。我读书时，住在西溪校区8幢215室，和刘跃进、卢敦基、杨自强共处一室。读书时，阿强就喜欢写武侠小说,后来,阿强一不小心就成了嘉兴市作协主席。敦基是我大学同学,又是研究生同学,研究生毕业后当过浙江省宣传部、社科院的官员,退休前是《浙江学刊》的主编。敦基同学读书杂而多,文章写得很漂亮,对武侠小说和浙江历史文化均有非常深入的研究。跃进同学是我们古籍所的骄傲,曾任社科院文学所所长,是古代文学界的领军人物。我本人后来在近代汉字方面有些研究,现在还有个头衔是"中国文字学会近代汉字研究会会长",这个头衔我以前从来没有自我介绍过,不好意思,今天是第一次拿出来嘚瑟一下。我说这番话什么意思呢?曾经的文学所所长、近代汉字研究会会长竟然不是文学专业和语言文字

1985年,张涌泉(右二)与同学杨自强(左一)、卢敦基(左二)、刘跃进(右一)在宿舍里

专业毕业的,却是杭州大学古籍研究所古典文献学专业研究生毕业的。是不是有点奇怪啊?这个原因恐怕值得研究。我这里先出这样一个题目,有兴趣的同学不妨去探讨一下。

就我自己的学生来说,踏实勤奋、一心向学也是他们共同的底色。我历年带的硕士、博士及博士后的总数没有去统计过,但成材率也很高,其中有两位的学位论文获得了全国百篇优秀博士论文,四位被评为教育部长江学者特聘教授或青年长江学者。他们后来在学业上取得很好的成绩,我想是跟古籍所读书时打下的基础分不开的,是跟古籍研究所学风的熏染分不开的。

三、和同

校歌说:"礼主别异兮,乐主和同。"前一句讲的是秩序,后一句讲的是和谐。一个单位能不能发展,"和同"很重要。这个"和同"既指单位内部的和同,也包括本学科与其他学科以及学院、学校的和同。我们古籍研究所能取得一些成绩,首先是靠全所师生的共同打拼,同时跟各级领导的关心支持也是分不开的。2007年,我们所入围国家重点学科建设名单,这是我所历史上的一件大事。申报之前,我在复旦大学兼任出土文献与古文字研究中心主任、教育部长江学者特聘教授。这边我又作为国家重点学科申报的第一带头人,身份容易引起质疑。学院、学校领导希望我辞去复旦那边的兼职。为此,我跟裘老师商量,在安排好接任人选后，全职回到浙大古籍研究所作为第一带头人组织申报工作。为了确保申报成功，让学术界同行对我们所的特色、优势有进一步了解，廖可斌院长亲自带我们外出"宣讲"。记得廖可斌院长和我专门上北京向高校古委会主任安平秋老师作了汇报，后来又南下广州，向中山大学等高校的同行介绍本所的情况。中文系吴秀明主任和颜洽茂教授、楼含松教授等其他中文系教授也为此奔波，做了大量工作。正是在学校、学院、中文系的共同努力下，我们所顺利进入了国家重点学科建设序列，为本所及整个中文学科的后续发展打下了很好的基础。所以，我们所取得的成绩，跟整个中文学科的共同努力，与学院、学校、高校古委会的领导，兄弟院校的支持是分不开的，我们不是在单打独斗，而是承载了无数人的关心和关爱。饮水思源，我们应该感谢大家。

2023 年 4 月 22 日

如沐春风三十载
——与全国古籍办交往二三事

从 1989 年初我的老师郭在贻先生辞世到今天，我跟全国古籍整理出版规划领导小组（以下简称"古籍办"）的联系交往已逾三十载。古籍办是一个非常接地气的单位，跟历任古籍办的领导、工作人员接触交往，时时让人有"如沐春风"之感。

一

1984 年 9 月，我大学毕业到基层工作两年半后考回母校杭州大学读研究生，老师郭在贻先生在跟我们聊天时，经常提到国务院古籍整理出版规划小组（即古籍办的前身）。这当然是一个高大上的机构，当时我也没想到自己以后会跟它发生什么关联。1987 年初，我毕业留校任教不久，郭老师让我和黄征跟他合作，制订了"敦煌学三书"（《敦煌变文集校议》《敦煌变文校注》《敦煌吐鲁番俗字典》)的科研计划。然而让人痛心的是，1989年1月，"三书"的第一种《敦煌变文集校议》才完成初稿，郭老师便英年早逝了。郭师在留给我们的遗书中说："你们要努力完成我们的科研规划，争取把三本书出齐，以慰我在天之灵。"在我们困难的时刻，各级领导和前辈给了我们许多的鼓励和支持，这其中便包括古籍办的关心和支持。郭老师去世时，时任国务院古籍整理出版规划小组组长李一氓老发来唁电："在贻教授英年早逝，是我国学术界的巨大损失，至为哀悼。请代送花圈，并向亲属表示亲切慰问。"以古籍办名义发来的唁电还特别提到郭老师未完成的科研项目："在贻同志是我国著名的中年学者，英年早逝，至为哀悼……对其遗著，请妥为保存整理出版；对其未完成集体科研项目，望能稳定班子，俾继续完成。"后来，时任古籍办办公室主任沈锡麟老师到杭州出差时，或者我们去北京时，多次约见我和黄征，了解郭老师遗著和"三书"的进展情况，鼓励我们不负郭老师的期望，努力完成原定的研究计划。正是在古籍办和其他师长的关心帮助下，我们整理出版了四卷本的《郭在贻文集》（中华书局2002年版），出版了《敦煌变文集校议》（岳麓书社1990年版）。特别是"三书"之一的《敦煌变文校注》完成后，沈老师又亲自帮我们落实出版单位。1997年5月，克服排版方面的种种困难（这部书有大量造字），我们两个小人物撰写的这部近170万字的大书终于由中华书局正式出版了。这部书后来评获第二届全国优秀古籍整理图书奖一等奖、第四届国家图书奖提名奖、中国社科院青年语言学家奖一等奖、国家社科基金项目优秀成果奖三等奖等荣誉,其间既蕴含着郭老师对我们的期盼,也包含着古籍办和其他师长的无限关怀。

二

因为上面的机缘,原来"高高在上"的古籍办在我眼中就变得具体而亲切了,我的学术研究也得到了古籍办更多的关心和支持。1994年,古籍办开始组织编辑《中国传统文化研究丛书》,计划每年编1辑,每辑10种。我个人的第一部专著《汉语俗字研究》有幸入选该丛书的第1辑,作为入选著作中最年轻的作者之一(当时我还是四川大学的在读博士),我的处女作有幸与程千帆、佟柱臣、游修龄等前辈大家的著作一起登台亮相,体现了古籍办和评审专家不拘一格提携年轻人的眼光和胸怀。2013年,经过知名专家推荐、五位权威专家审阅、百名同行专家问卷调查及最终的会议评审等诸多环节,这部书荣获第二届思勉原创奖,再次得到了专家们的肯定。

三

20世纪90年代中,在时任杭州大学校长沈善洪教授的支持下,我开始策划《敦煌文献合集》的编纂。该书按传统的四部分类法整理编排,目的是为学术界提供一部校录精确、查阅方便的敦煌文献的排印本。该项目的第一步将把除翻译佛经以外的所有汉文敦煌文献汇为一编。这是一个集大成的巨型工程,为世人所瞩目。其实,我当时还在北京大学做博士后,尚属"待业青年",竟敢提出如此浩大的科研项目,真是初生牛犊不怕虎,事后想想,我自己都感到有些后怕。然而幸运的是,我的设想得到了古籍办和很多前辈的充分肯定和大力支持。1996年4月12日,时任国家古籍整理出版规划小组组长傅璇琮先生亲自主持召开了《敦煌文献合集》编纂工作座谈会,出席会议的有中国佛教协会副会长、中国敦煌吐鲁番学会语言文学委员会会长周绍良先生,中国敦煌吐鲁番学会秘书长、中华书局柴剑虹编审,中华书局文学编辑室主任徐俊副编审,中国文物研究所邓文宽研究员,北京理工大学赵和平教授,首都师范大学郝春文教授,北京大学荣新江教授,等等,与会者都对这一项目给予积极的支持。如周绍良先生说:"这个项目意义很大,我们应该大力支持。"荣新江教授说:"杭州大学有敦煌语言文字和文献校录方面的传统优势,这个项目由杭大出面来做比较合适。"[①]正是在傅先生的直接关心和支持下,这个项目被列为国家"十五"出版规划和国家"十五"古籍整理出版规划项目,获得了古籍办的出版资助(此前已被全国高校古委会评为重大项目)。2008年,《敦煌文献合集》

---

① 《〈敦煌文献合集〉编纂工作座谈会在京举行》,《古籍整理出版情况简报》1996年第5期。

的第一部《敦煌经部文献合集》共11册600万字由中华书局精装推出。该书后来评获中国出版政府奖图书奖、教育部第六届高等学校科学研究优秀成果奖二等奖等荣誉，并与《敦煌变文校注》联袂入选古籍办首届向全国推荐的优秀古籍整理图书。

四

本文一开头就说古籍办是一个非常接地气的单位，这种接地气不仅仅表现在古籍办领导和工作人员的平易近人，贴近一线的古籍整理出版工作者（比如几乎每年举办古籍编辑培训班），还体现在主办《古籍整理出版情况简报》（以下简称《简报》），并亲自汇编《古籍点校疑误汇录》，刊载了大量古籍整理出版方面的第一手资料，受到学术出版界的追捧和重视，大家都以能在上面发文章或被转载感到莫大的荣幸。我的老师郭在贻先生的多篇文章就曾先后被这两种出版物收载，这让我们很羡慕。1989年初，郭老师英年早逝，时任《简报》主编沈锡麟老师亲自向我们约稿，在《简报》第208期（1989年5月出版）刊载了郭老师和我及黄征师弟合写的《〈敦煌变文集〉底本选择不当之一例——附两种〈维摩诘经讲经文〉校议》一文作为纪念，同时也是有意地把郭老师未能完成的项目和我们两个小人物推介给学术界，让我们很感动。后来，我的一些很专门的文章，如《〈敦煌歌辞总编〉误校二十例》《〈汉语大字典〉读后》等，也都是在《简报》上首发（总218、263、264期）。同时，我还受古籍办之约，撰写并在《简报》上发表了《地下之新材料耀世界——〈2011—2020年国家古籍整理出版规划〉出土文献类项目巡礼》（总497、498期）、《做好古籍整理出版工作的体会》（总512、513期）、《〈敦煌变文校注〉撰作忆往》（总524期）、《写本文献整理出版的回顾与前瞻》（总544期）等总览性或回忆性的文章。专门研究与宏观指导并重，大约正是《简报》发文的特色，也是《简报》成为学术界、出版界良师益友的重要原因。

五

敦煌经部文献整理完成之后，敦煌史部、子部、集部文献合集的编纂即被提上日程。但由于其他教学科研任务的干扰，加上每部体量都很大，而整理出版经费不足，亟需得到进一步的推动和支持。2020年5月，我向古籍办提交"实施敦煌文献回归工程刍议"；同年8月，我又和郝春文、荣新江、赵声良等一起向古籍办提交了"关于实施敦煌资料整理和研究工程的建议"。上述建议得到了古籍办的高度重视，他们在充分调研和多方征求意见的基础上，起草了实施敦煌文献整理研究工程的方案，并得到了上级领导的批复。可以预期，在古籍办的直接领导和组织下，包括《敦煌文献合集》在内的一大批巨型项目即将开始实施或加速向前推进,我国的敦煌文献整理研究事业将迎来一个新的春天。

(原载《古籍整理出版情况简报》2021年第2期)

我和中华书局一起获奖

前些日子,中华书局的同志给我来电来信,说2002年是中华书局九十周年诞辰,拟出一本《我与中华书局》的纪念文集,要我为这个文集写点东西,并且说已经给我要写的内容拟好了题目,叫做"我和中华书局一起获奖"。当时听到这个消息,如果用受宠若惊来形容,那真是一点也不夸张。说真的,在我和许许多多读者作者的心中,中华书局具有非常崇高的地位,像我这样的小人物,实在只有钦仰的份儿。而现在却要我为她九十周年诞辰的庆典写点什么,诚可谓"求人甚切,忽及鲰生",令我辈既惊且喜矣。

中华书局在我心中树立起崇高的地位,在很大程度上是受了我的老师郭在贻教授的影响。1978年初,作为恢复高考制度后的首届大学生,我跨进了杭州大学的校门。入学不久,郭老师和祝鸿熹老师为我们开设古代汉语课,所用教材便是由中华书局出版的王力先生主编的《古代汉语》4大册。在后来这门课的结业考试中，我竟然得了个全年级最高分，这大大激发了我对古汉语的兴趣，也促使我走上了古代语言文字的研究之路。如果说我今天在古代语言文字的研究方面作出了什么成绩的话，那首先要感谢引导我走上这条道路的我的两位老师以及中华书局出版的《古代汉语》教材。那几年，郭老师在中华书局主编的《文史》上连续发表了《楚辞解诂》《楚辞解诂续》《唐诗与俗语词》《唐诗异文释例》等一系列的重要论文，更加深了我对中华书局的印象。郭老师常对我们说，中华书局是国内最权威的出版社，而《文史》是国内最权威的学术杂志。郭老师把能在中华书局出书看作他最高的荣誉和最高的理想。[①] 他也经常鼓励我们要争取在《文史》上发文章。1988年12月，郭老师因肝癌晚期，连续动了两次大手术，身体极为虚弱。一次我在医院护理，郭老师让我把李一氓同志在《文史》出版30辑座谈会上的讲话念给他听。李老谈到在"文化大革命"后复刊和创刊的好几千种杂志中，《文史》在文史方面的学术性是最高的。郭老师听后很动情地对我说：涌泉，要争取单独在《文史》上发几篇文章。听着弥留于病榻之上的老师的谆谆嘱咐，我暗暗下定决心，一定要刻苦学习，决不能让老师失望。

1987年初，郭老师领导我和黄征合作撰著"敦煌学三书"（即《敦煌变文集校议》《敦煌变文校注》《敦煌吐鲁番俗字典》）。1989年1月，"三书"的第一种撰写甫就，并将转入第二种《敦

---

① 参看郭老师1983年7月24日、1984年6月24日致张力伟信。

煌变文校注》撰写的时候，敬爱的老师匆匆离开了我们。郭师在留给我和黄征的遗嘱中，希望我俩努力完成原定的科研规划，争取把三本书出齐。失去敬爱的导师，使我们感到无限的悲痛，也给我们的科研计划带来了很大的困难。1991年，《敦煌变文校注》基本完成，但这部近170万字的著作的出版却成了一个大难题。郭老师在世的时候，我们背靠大树好乘凉，出版的事用不着我们操心。而现在凭我们这样两个名不见经传的小人物，要出这样一本大书谈何容易呢！在我们困难的时刻，中华书局的师友伸出了援手，在沈锡麟、李解民、柴剑虹等先生的促成下，中华书局破例接受了我们这两个小人物撰写的"大著作"的出版。1997年5月，克服了排版中的种种困难（包括大量的造字），《敦煌变文校注》终于出版问世。《敦煌变文校注》出版后，得到了学术界的积极评价，先后评获国家新闻出版署第二届优秀古籍整理图书奖一等奖、中国社科院青年语言学家奖一等奖、国家社科基金项目优秀成果奖三等奖、第四届国家图书奖提名奖等许多荣誉。另外值得一提的是，该书的发行量也节节攀升，取得了一定的经济效益。

郭老师去世以后的三四年，是我的心情最感郁闷的几年。很长一段时间，我难以从遽失恩师的悲痛中摆脱出来，不知道前进的路又在何方。正在我迷惘困顿之际，许多师长给予了宝贵的关心和帮助。我先是到四川大学项楚先生那里攻读博士学位，后又到北京大学在裘锡圭先生的指导下做博士后研究。在北大期间，作为博士后研究课题，我以《康熙字典》《汉语大字典》等大型字典为中心，对历史上的疑难俗字进行了系统清理，并对3000多个向无确解的疑难字提出了自己的释读意见，其最终成果汇为100多万字的《汉语俗字丛考》。书稿完成后，我抱着试试看的心情把稿子交给了中华书局语言文字编辑室，没想到很快便得到他们的积极回应，后来书局的领导和各职能部门也是一路绿灯。拙著从1997年6月全部交稿到2000年1月正式出版，其间只有短短的两年半时间，对于一部近120万字的大书来说，这么快的出版速度在中华书局的出版史上恐怕是空前的。中华书局的领导和编辑对我这样一个小人物的著作倾注如此大的热情，并且几乎不要什么出版补贴，实在令人感动。这里我想特别指出的是，责任编辑陈抗先生为拙著的出版花费了不少心血，他那一丝不苟的工作作风使我和我的书都受益匪浅。所以当我得知《汉语俗字丛考》评获第五届国家图书奖提名奖和中国社科院青年语言学家奖一等奖的时候，我打心眼儿里认为：荣誉应该属于编辑，应该属于中华书局。

还可一提的是，继和郭老师、黄征教授合写的《〈伍子胥变文〉校补》一文在《文史》32辑发表以后，我自己独撰的《敦煌文献校读释例》《俗语词研究与敦煌文献的校理》《敦煌本〈父母恩重经〉研究》《论〈四声篇海〉》诸文也先后在《文史》41辑、45辑、49辑、52辑上发表。面对郭老师的遗像，我可以默默地说：老师，您临终前的嘱咐，学生已经做到了。当然，我并不认为我自己作出了什么了不起的成绩，而只是把它看作是中华书局和《文史》编辑部对我这样一个青年学子的提携和关爱,看作自己继续前进的动力。我还会努力的!

(原载《光明日报》2002年7月3日A3版;又收入《我与中华书局》,中华书局2002年出版)

在首届向全国推荐优秀古籍整理图书出版座谈会上的发言

有机会作为首届向全国推荐优秀古籍整理图书的作者参加这样一个座谈会，感到非常荣幸。

做好古代文化典籍的整理工作，事关中华民族优秀传统文化的继承、发展和创新，事关中华民族的未来。历代中央领导集体都十分重视中国古代文化典籍的传承和整理出版工作。党的十八大报告又进一步提出"建设优秀传统文化传承体系，弘扬中华优秀传统文化"的要求。中华人民共和国成立以来，特别是改革开放以来，在一批前辈学者的引领下，我国的古籍整理研究和出版工作迎来了蓬勃发展的繁荣局面，出现了一大批优秀的古籍整理著作。但由于种种原因，市场上也充斥着不少整理水平低劣、印制粗糙的所谓古籍整理著作，鱼目混珠，严重干扰了优秀古籍整理著作的出版和发行，严重影响了对中华民族优秀传统文化的正确理解和继承。正是在这种情况下，国家新闻出版广电总局、全国古籍整理出版规划领导小组适时启动了首届向全国推荐的优秀古籍整理图书的评选活动，通过出版社推荐、专家推荐、读者推荐、专家初审、通讯评审、会议论证、复核评审、媒体公示等一系列自下而上、自上而下的评审程序，最终确定了首届向全国推荐优秀古籍整理图书91种。这次评选活动程序严格规范，评选出的图书大都经过了时间的考验和读者口碑的检验，含括古籍整理的各个门类，是中华人民共和国成立以来我国古籍整理著作的优秀代表。这次评选，体现了国家对古籍整理出版工作的重视，对广大古籍整理工作者是极大的鼓舞，对出版人是一种鞭策，有利于形成整理者、出版人共同做好古籍整理传承工作，编好书、出好书的社会正气。

承蒙读者和专家的厚爱，我作为主要作者之一的两种图书榜上有名，即序号26《敦煌变文校注》和序号50《敦煌经部文献合集》。这是一份无比崇高的荣誉，我们感到无上光荣。

如众所知，敦煌文献的发现，是中国近代学术史上的大事。一百多年来，经过无数中外学人的共同努力，敦煌学已成为一门国际性的显学。但在20世纪80年代之前，由于种种原因，敦煌学是"吾国学术之伤心史"，以致有"敦煌在中国，研究在外国"的说法，这当然是我们国人的奇耻大辱。20世纪80年代以后，我国敦煌学界发愤图强，后先相继，成果丰硕，局面已大为改观。但真正优秀的著作仍不多见。推出一批高水平、集大成的敦煌文献整理著作，真正昂首自立于世界敦煌学著作之林，可以说是我国学术界几代人的心愿。自20世纪80年代中开始，在我的老师姜亮夫先生、蒋礼鸿先生、郭在贻先生、项楚先生、裘锡圭先生的引领下，我与敦煌文献整理结缘，并为之倾注了全部的心力。先后整理出版了《敦煌变文校注》《敦煌经部文献合集》《敦煌小说合集》等著作，受到学术界较高的评价，曾评获全国古籍整理优秀图书奖一等奖、国家图书奖提名奖、浙江省哲学社会科学优秀成果奖一等奖、中国出版政府奖图书奖等荣誉。这次又有幸入选首届向全国推荐优秀古籍整理图书，读者的信任，读者的肯定，是对我们最高的奖赏，我们倍感欣慰和荣幸。

在这里，我想就如何做好古籍的整理出版工作谈两点体会。

一是要加强团队合作。我们这一代人，由于"文化大革命"等政治运动的影响，先天不足，缺少老一辈学者那样的"通才"或"通人"，个人的知识结构往往有欠缺、有局限。而我们面对的古籍却往往无所不包。这就需要我们加强团队合作，群策群力，发挥集体的智慧，才能做出高水平的整理成果。尤其一些大部头或集大成性质的古籍整理项目，更需要如此。日本学者经常采用读书班的形式，就是一个好办法。我研究生毕业后，郭在贻先生就带领我和黄征师弟开展"敦煌学三书"的编撰工作，我们写的论文、著作，都由老师给我们把关。这种"师傅带徒弟"式的组合，不但能快出成果，而且容易出人才。这次被列在推荐图书之列的

《敦煌变文校注》，就是当年郭老师带领我们做的"敦煌学三书"之一。我想我自己能取得今天的成绩，和郭老师最初的培养是分不开的，这个基础是当年打下的。

　　二是要加强与出版社编辑的沟通与协调。一部好的古籍整理图书的出版，不但需要好作者，而且也需要有好编辑，作者和编辑的配合非常重要，缺一不可。由于受我的几个老师的影响，我和中华书局有非常好的合作关系。中华书局的编辑有个特点，他们往往本身就是学者，他们经常参加各类学术会议，了解学术动态；加上中华书局主办的《文史》杂志影响很大，有很庞大的作者群。所以中华书局的编辑和作者的互动很密切。我的几部书稿，就是中华书局编辑看中后向局里推荐出版的。中华书局九十周年庆典时，我曾在《光明日报》发过一篇题为《我和中华书局一起获奖》的命题作文（这个题目据说是时任副总编辑顾青定的），就是谈自己和中华书局亲密的合作关系。这次列在推荐之列的《敦煌经部文献合集》，更可以说是我们双方合作的典范。这部书的编撰计划刚提出来时，我联系了很多出版社，包括上海、杭州、四川的一些出版社，但到处碰壁。最后还是中华书局看中了。这部书的出版，最后我们向出版社提交的是排好版的版片，就是说中华书局拿到以后就可以开印了。是不是出版社没干什么事呢？不是的。这部书正式编撰之初，编辑就已经介入了，在我们提交的样稿的基础上，我们一起商定了完善的体例，包括整理的方式，底本参校本的择取原则，校注的繁简，甚至包括版式、字号、字体等细节问题，都已经事先商量设计好了。所以从体例方面而言，我们完成的书稿本身就是一部非常成熟的稿子，编辑审读时就很省事。其实这部书排版难度很大。我曾在该书的后记中说，这部书堪称是"世界上造字最多的书稿（仅伯2011号王仁昫《刊谬补缺切韵》一篇，造字就达6736个，加上约有1/5的造字需要返工，该篇实际造字8000个左右）"，"排版之难可登吉尼斯"。为避免来回折腾，出版社同意这部书就近在杭州排版。所以这部书的排版是在我办公室附近的浙江大学出版社排版公司进行的，录入员造字时，有时我们就坐在旁边，告诉她应该怎么造，保证所造的字不走样。需要时，我们就把责编请到杭州来，在宾馆里集中时间审读，一起商量解决排版中碰到的一些问题。正因为我们双方配合很默契，这部书后期的排版很顺利，排版质量也比较高。

总之，团队的合作，作者、编辑的配合，是一部大型古籍整理图书能够成功的关键。所以当我得知《敦煌变文校注》《敦煌经部文献合集》入选首届向全国推荐优秀古籍整理图书时，我并没有感到自己取得了多少成绩，而是打心眼儿里认为：这是老师培养的结果，是团队合作的结果，荣誉应该属于编辑，应该属于中华书局。我一定不辜负读者的信任和期盼，继续努力前行，加紧《敦煌文献合集》其他部类的整理工作，为读者奉献更多优秀的精神食粮，为中华民族优秀传统文化的继承、发展和创新作出自己应作的贡献！

谢谢大家！

（本文为2013年8月29日在国家新闻出版署"首届向全国推荐优秀古籍整理图书出版座谈会"上的发言，后刊登于《古籍整理出版情况简报》2013年第10、11期）

在思勉原创奖授奖仪式上的发言

各位领导、各位前辈、各位朋友：

今天，我有幸站在"思勉原创奖"的领奖台上，心情非常激动。

吕思勉先生是我国著名的史学家，是我敬仰的学术前辈。今天，我们能有幸获得以他的名字命名的"思勉原创奖"，这是无比崇高的学术荣誉，我感到无上光荣。

此时此刻，我深深怀念已故的杭州大学教授、我的本科论文指导老师和硕士论文指导老师蒋礼鸿先生、郭在贻先生。正是蒋先生、郭先生的谆谆教诲，引领我走上了学术道路，并对汉语俗字研究产生了浓厚的兴趣。

我要感谢我的博士论文指导老师项楚先生和我的博士后合作导师裘锡圭先生。我在我博士论文的后记中曾说：成都的天总是阴沉沉的，但我在川大感受到的到处都是灿烂的阳光。正是母校的阳光和雨露，给了我在治学的道路上继续前行的勇气。我的获奖著作《汉语俗字研究》就是我在川大求学期间完成的，项先生

1999年，作者（左二）与项楚（右一）、
裘锡圭（左一）两位先生的合影

是这本小书的第一位读者，他的悉心指正，帮我避免了不少疏失。裘锡圭先生是我国最著名的文字学家之一，我和其他许许多多喜欢汉字的初学者一样，是在裘先生的著作《文字学概要》的滋养下成长起来的。本书初稿完成后，承蒙裘锡圭先生审读并赐序，裘先生在对拙稿给予充分肯定的同时，也严肃地指出了书中的许多疏误。书中同样也凝聚着裘先生的心血。这次裘先生又在我事先毫不知情的情况下，推荐拙著参评"思勉原创奖"，能得到裘老师这样的严师的肯定，是一个学生莫大的荣耀。古人说举贤不避亲，虽然我未必能当得上"贤"的称号，但前辈学者对晚辈后学的殷切期盼，同样弥足珍贵，我将永远铭记在心间。

要感谢的还有很多很多，正因为如此，我想这一荣誉不仅是属于我个人的，更是属于培养我的母校、我的老师和其他许许多多长期来给了我关心和帮助的师友的。所以，当得知获奖的消息后，我在给思勉原创奖管理委员会的信中说："请允许我把本次获奖的奖金全部捐献给我的母校四川大学中国俗文化研究所，并在适当的时候以我的老师项楚先生的名义设立一个基金，用于资助该所的人才培养和科学研究工作。恳请给予支持，满足我这一卑微的心愿。"

荣誉只能说明过去，不能代表未来。此时此刻，我并没有感到自己取得了多少成绩，而只是更深刻地意识到了自己肩上的责任。我将铭记老师的教导，在治学的道路上不停地攀登，不断地前进,以无愧于"思勉原创奖"这一崇高的荣誉。

　　谢谢大家!

2013 年 10 月 26 日